Radtouren am Wasser
Hamburg & Umgebung

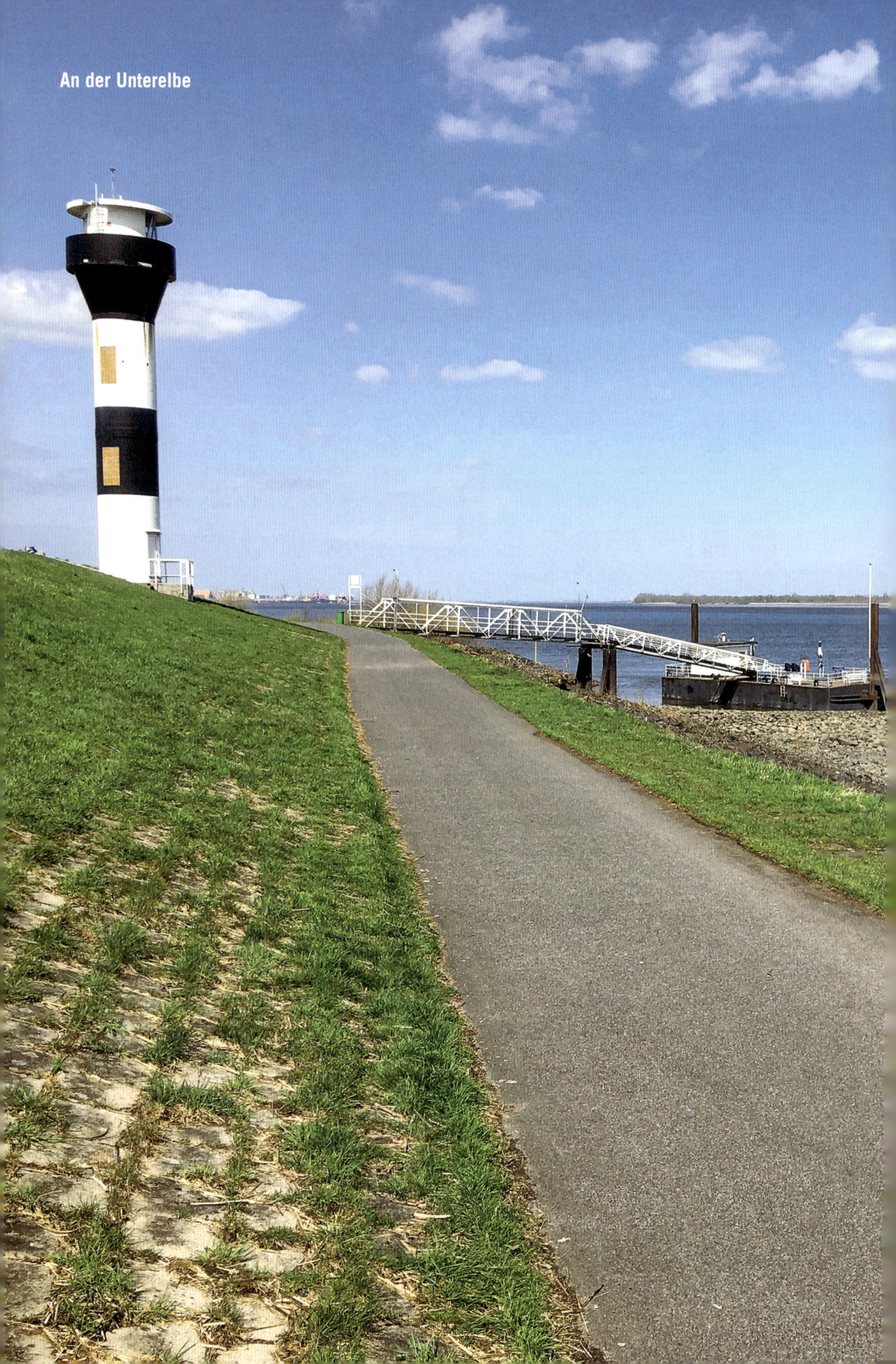
An der Unterelbe

Herbert Rönneburg

Radtouren am Wasser
HAMBURG & UMGEBUNG

30 Touren entlang von Elbe, Alster und Bille

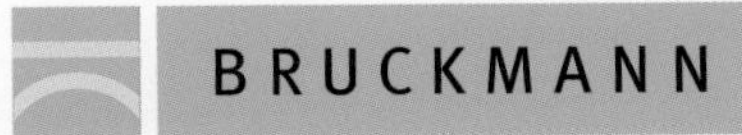

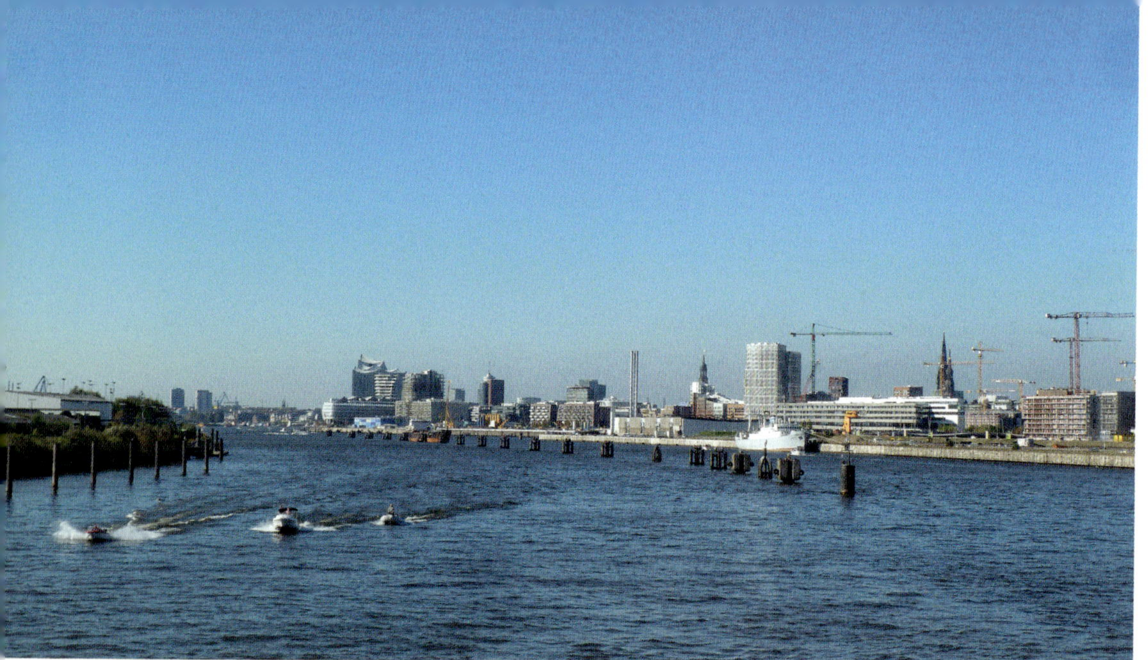

Herrliche Aussicht von der Norderelbbrücke auf die Hafencity (Tour 3)

Inhalt

RAUS AUS HAMBURG

Ein Weiher der Wandse in Tonndorf

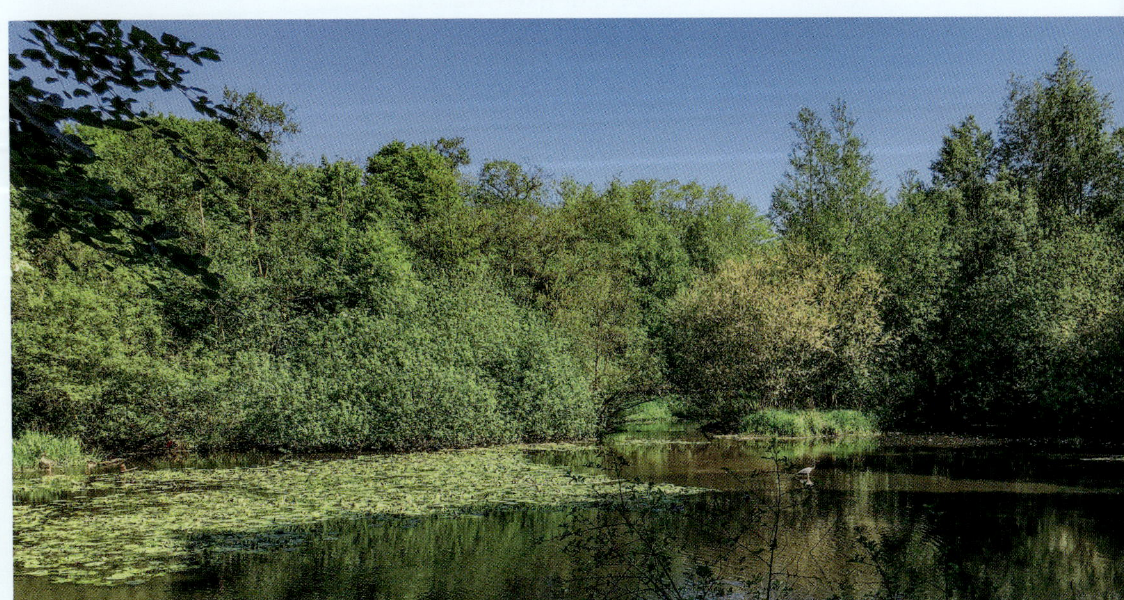

REIN NACH HAMBURG

DURCH HAMBURG

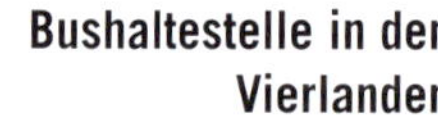

Bushaltestelle in den Vierlanden

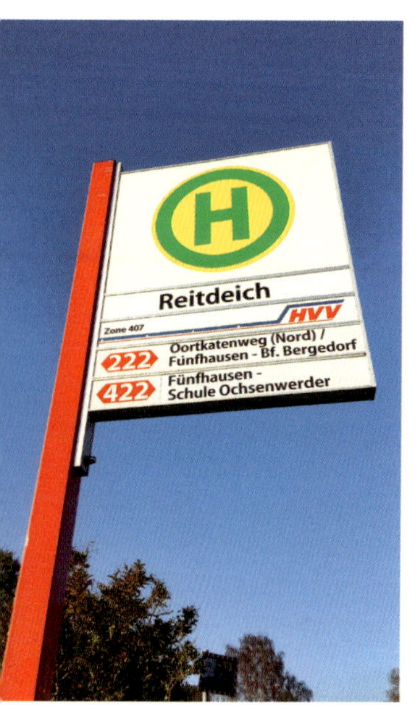

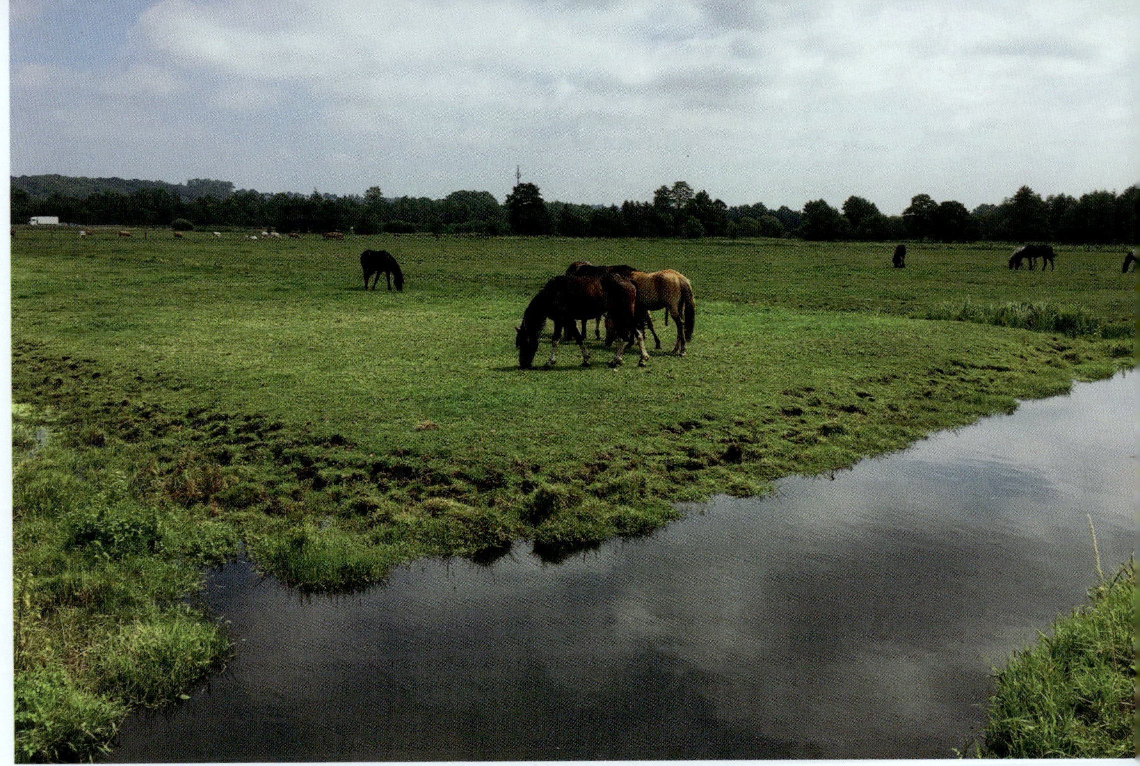

Pferdekoppel in den Vierlanden

Hamburg ist eine Großstadt!

Wer einmal mit dem Auto die scheinbar unendlich langen Ausfallstraßen Hamburgs bis zum Stadtrand gefahren ist, kann sich vielleicht nicht vorstellen, dass man vom inneren Stadtbereich sehr schnell auf motorverkehrsfreien Wegen und naturnah dem Großstadtgetümmel entfliehen kann.

Hamburg hat ein Netz von grünen Adern. So nenne ich die lauschigen, naturnahen Wege abseits des Motorverkehrs, die meist an Flüsschen und Bächen entlanglaufen und die es einem erlauben, mitten in der Stadt der Stadt zu entfliehen. Auf solchen Wegen kann man ohne große Vorplanung einen schönen Radferientag einlegen. Ich liebe diese grünen Schleichwege!

Diese Wege miteinander zu verbinden, habe ich mir zur Pfadfinderaufgabe gemacht. Und der öffentliche Personennahverkehr sorgt für die Hin- und Rückfahrt ohne Probleme.

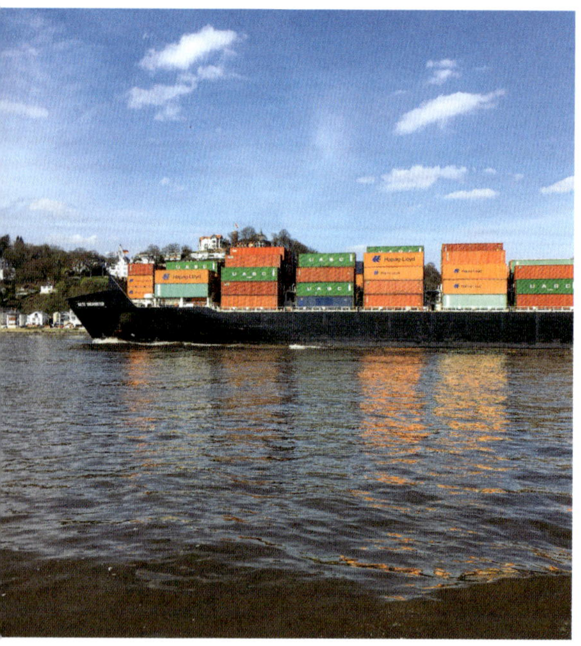

Containerschiff auf dem Weg in den Hafen

Hamburg ist eine grüne Stadt. Die vielen Parks und Wäldchen machen es möglich, auch ohne ein begleitendes Flüsschen die Stadt auf motorverkehrsfreien Wegen zu durchstreifen. Denn auch hier trifft man immer wieder auf Bäche als Teilzeitbegleiter. Die Natur der Stadt spielt in diesem Radführer also eine Hauptrolle.

Hamburg liegt in der Ebene. Bis auf den Geestrand und in den Harburger Bergen sind keine Steigungen zu erwarten. Was aber für den Fahrgenuss wichtig sein könnte, ist die Windrichtung. Es lohnt sich also, die Windstärke und Windrichtung zu beachten und die Tour gegebenenfalls entgegen der beschriebenen Richtung zu befahren.

Da wir in Hamburg häufig Westwind haben, habe ich die Touren im Westen der Stadt von außen nach innen führend beschrieben, die Touren im Osten führen aus der Stadt heraus. Alle Touren haben als End- und Ausgangspunkt eine Haltestelle der U-, A- und S-Bahnen bzw. der Regionalbahn.

Einführung

»Radtouren am Wasser« – diesen Titel kann dieser Radführer wörtlich nehmen, denn Hamburg ist eine Stadt am Wasser. Der große Strom Elbe, der sich mitten im Stadtgebiet in ein Binnendelta verzweigt, teilt die Stadt in eine Nord- und eine Südhälfte. Und in der Nordhälfte fließt ihm der zentrale Hamburger Fluss Alster zu, der den nördlichen Teil Hamburgs noch in eine Ost- und Westhälfte teilt. Die Alster ist in der Mitte der Stadt zu einem See aufgestaut, ein gern genutztes Spazier-, Jogging- und Segelrevier. Der Elbe und der Alster wiederum fließen viele kleinere Flüsse zu, die in den Außenbezirken Hamburgs ihre Quellen haben.

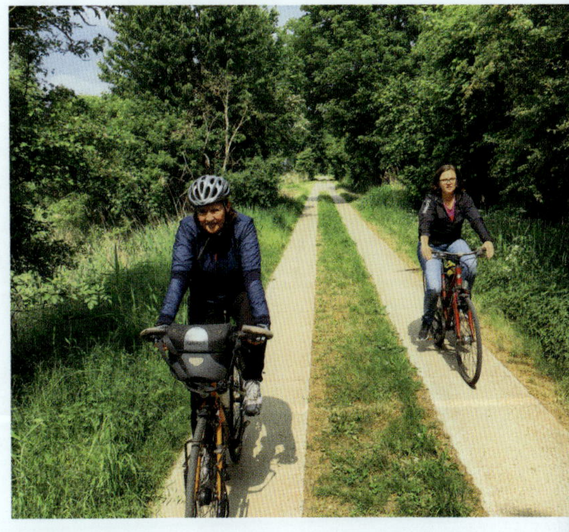

Herrliches Rollen auf dem Marschenbahndamm

Radwege und Sicherheit

Die meisten Touren dieses Radführers verlaufen genussvoll und stressfrei auf motorverkehrsfreien Wegen. Trotzdem sind einige Straßenabschnitte naturgemäß nicht zu vermeiden. Die größte Gefahr droht den Unfallstatistiken nach immer noch von Fahrzeugen, die rechts abbiegen und den Weg der Radfahrer kreuzen. An solchen Punkten ist also auch vom Radausflügler große Wachsamkeit gefordert. Die Frage, ob man mit oder ohne Helm fahren soll, wird auch in den Verbänden kontrovers diskutiert. Dies muss man individuell für sich entscheiden.

Wann welche Tour?

Grundsätzlich können alle Wege zu jeder Jahres- und Tageszeit befahren werden. Auch im Herbst und im Frühjahr hat man schöne Stadt- und Naturerlebnisse. Hat es am Tag zuvor geregnet, könnten einige Wege unbequem werden. An der Alster und auf ihrem Wanderweg sowie an der Elbepromenade ist an Wochenenden Hochbetrieb mit Spaziergängern: Das könnte den flotten Radfahrer etwas verdrießen. Wenn man die Möglichkeit hat, den Tag zu wählen, wäre dann ein Werktag vorteilhafter. Bei Tour 21 in der kürzeren Variante von Glückstadt nach Wedel sind die Sperrwerke der Krückau und der Pinnau im Winterhalbjahr nicht passierbar, im Sommerhalbjahr gibt es werktags wechselnde Passierzeiten, am Wochenende sind sie von 9 bis 18 Uhr geöffnet. Näheres dazu findet man auf der Website unter www.seestermuehe.de. Bei Tour 22 kann man die Sperrwerke vermeiden.

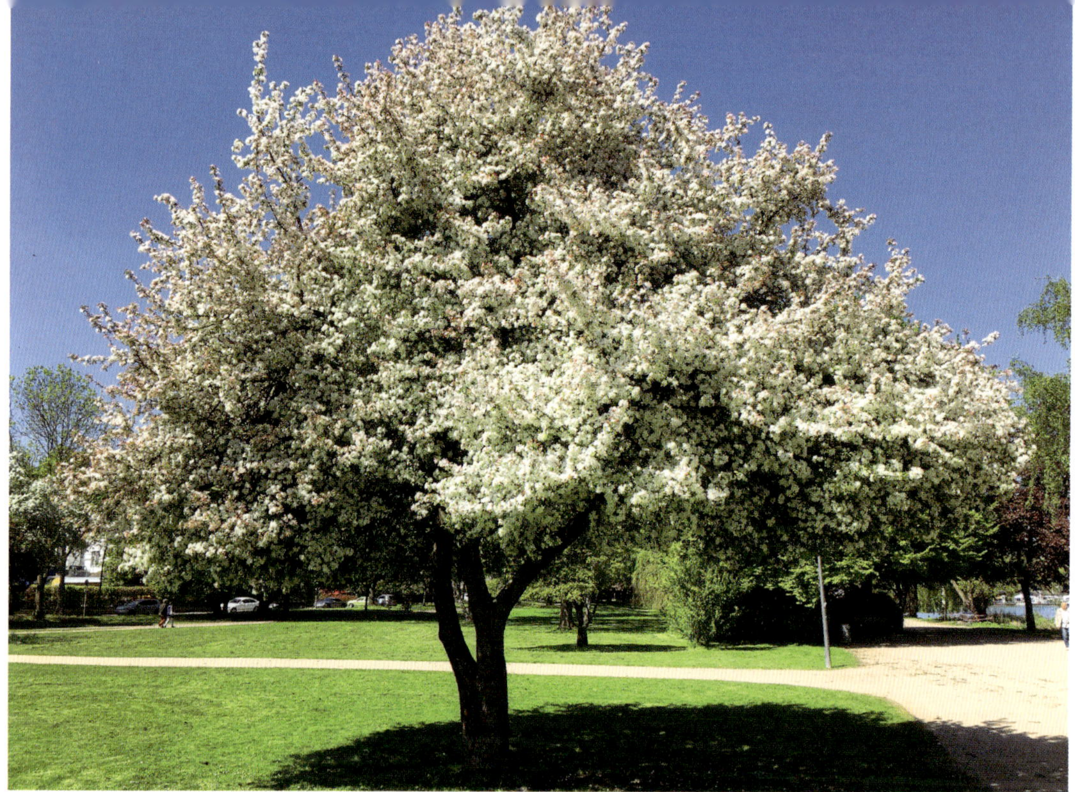

Frühling im Alsterpark

Welches Rad?

Für die schönen Touren in Hamburg braucht man kein spezielles Rad. Man kann sein vertrautes Rad nehmen und einfach losfahren. Auch eine spezielle Schaltung ist nicht nötig, weil Hamburg bis auf die Geestränder und das Hügelgebiet in Harburg keine nennenswerten Steigungen hat. Die meisten Touren sind auch mit schmalen Rennradreifen zu machen, einige Waldwege könnten es einem aber schwer machen. Hier lohnt es sich, den Text der einzelnen Touren zu lesen. Für die Dauer der Touren habe ich als Durchschnittstempo 12 km/h angesetzt und großzügig kalkuliert. Dazurechnen muss man natürlich dann noch die Zeit für Pausen und eventuelle Besichtigungen.

Fahrrad ausleihen

Das öffentliche Ausleihsystem »Stadtrad« in Hamburg ist ein sichtbarer Erfolg. Im Februar 2019 ist die zweite Generation an Rädern an den Start gegangen. Hamburger, die mit Gästen von außerhalb eine Fahrradtour planen, können im Normaltarif bis zu 4 Fahrräder ausleihen. Gäste ohne Hamburger Freunde können nach Downloaden der App und Registrierung im Lighttarif ein Fahrrad ausleihen, ohne eine Jahresgebühr zu zahlen. Und schon steht der (eventuellen gemeinsamen) Erkundung Hamburgs per Rad nichts mehr im Wege. Näheres unter: www.stadtrad.hamburg.de.

Nahverkehrstickets

Im Gegensatz zum weitverbreiteten Nahverkehrsbashing bin ich vom Hamburger Verkehrsverbund begeistert. Die U-Bahn ist ausgesprochen zuverlässig, die S-Bahn meist auch. Der vollständige Ausbau aller Stationen mit Liften wird vorangetrieben. Wer schon für die Anfahrt zur Tour ein Ticket für den Großbereich benötigt, kann auch gleich eine 9-Uhr-Tageskarte kaufen. Wenn dann während der Tour noch eine dritte Fahrt anfällt, lohnt sich die Tageskarte allemal. Gruppenkarten sind 9-Uhr-Tageskarten für bis zu fünf Personen, die zusammen fahren. Bei Fahrten in Gebiete außerhalb des Großbereichs muss man die günstigste Variante (Gruppenkarte, Tageskarte, Einzelfahrttickets) individuell kalkulieren. Für Hamburgbesucher könnte auch eine Hamburg-Card interessant sein; das ist eine Tageskarte oder eine Gruppentageskarte mit Rabattangeboten von vielen angeschlossenen Betrieben. Informationen gibt es auf der Website des Hamburger Verkehrsverbunds: www.hvv.de.

Fahrradmitnahme

In den U-/S- und A-Bahnen ist die Mitnahme von Fahrrädern kostenlos und werktags außerhalb der Hauptverkehrszeiten erlaubt (Sperrzeiten innerhalb 6–9 Uhr und 16–18 Uhr). Samstags und sonntags geht es ganztägig, in den Hamburg Schulsommerferien auch werktags ganztägig. In den R-Bahnen (Regionalbahnen) ist die Mitnahme ganztägig erlaubt, man braucht aber ein extra Fahrradtagesticket. Auf den Hafenfähren ist die Mitnahme kostenfrei und ganztägig erlaubt. Jedoch sind an schönen Sonn- und Feiertagen die Schiffe meist recht voll – auch mit Fahrrädern. Sogar einige Busse nehmen Fahrräder mit. Welche Linien das sind, kann man auf der Website des Hamburger Verkehrsverbunds abfragen: www.hvv.de.

Orientierung

Am bequemsten haben es natürlich diejenigen Nutzer dieses Radführers, die die Tracks der Touren auf ein Navigationsgerät laden können. Das könnte ein Navigationsgerät sein, das GPX-Dateien laden und lesen kann, oder ein Mobiltelefon mit einer Karten-App, auf die man ebenfalls als Overlay die Trackdateien laden kann. Gut wäre es, wenn die Hamburg-Karte dann schon offline auf dem Mobiltelefon abgespeichert ist: So schont man das Gebührenkonto und auch die Akkuleistung. Wer diese elektronische Möglichkeit nicht hat, kann mithilfe der Tourenbeschreibung den Weg z. B. auf dem Hamburger Radatlas vorab markieren. So kommt man gut durch die kleinteilige Wegführung der Schleichwege. Unterstützen bei der Wegefindung können auch die folgenden Karten:

- Bikeline Radatlas Hamburg 1:20 000
- Bikeline Radkarte Hamburg und Umgebung 1:75 000

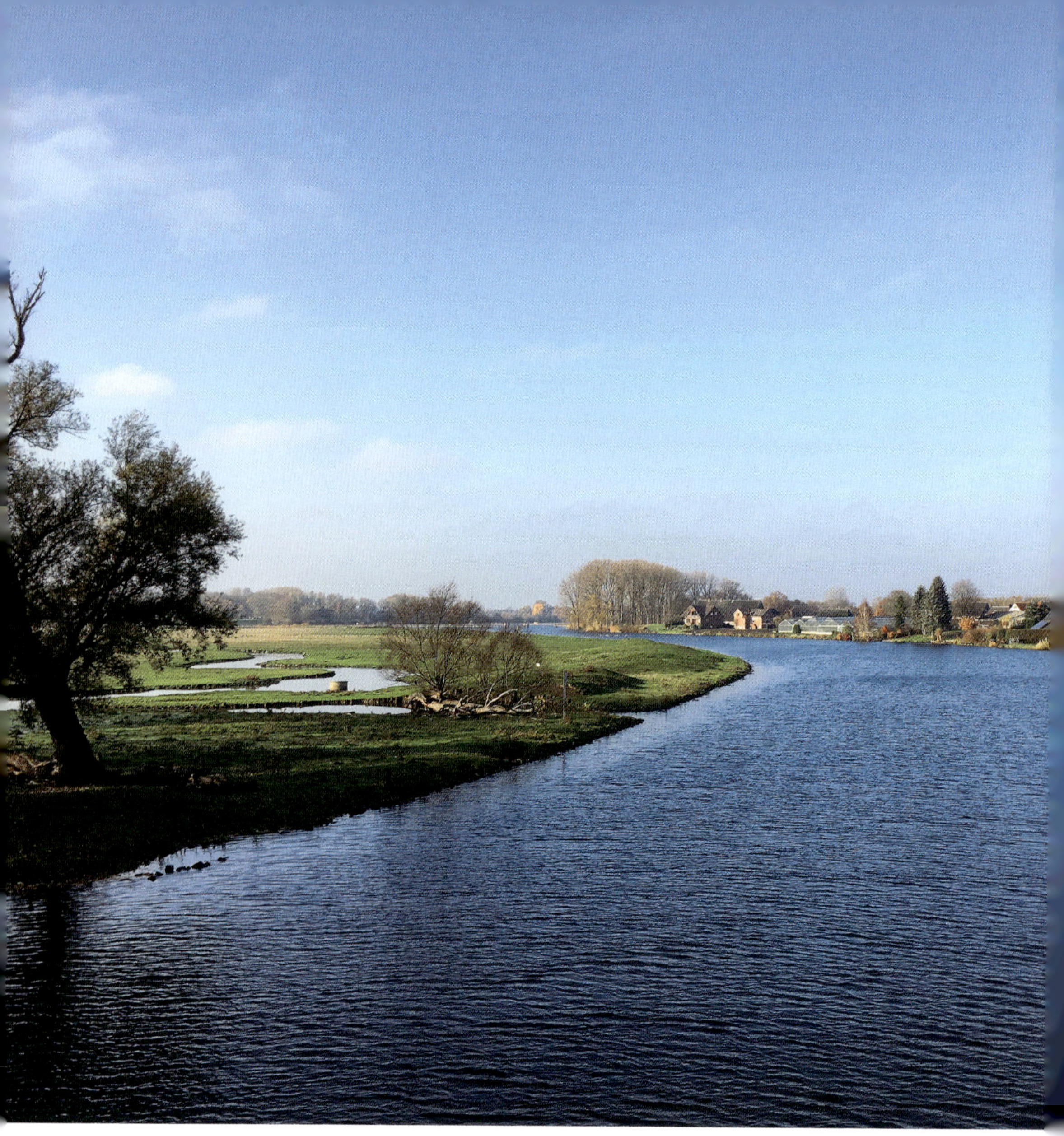

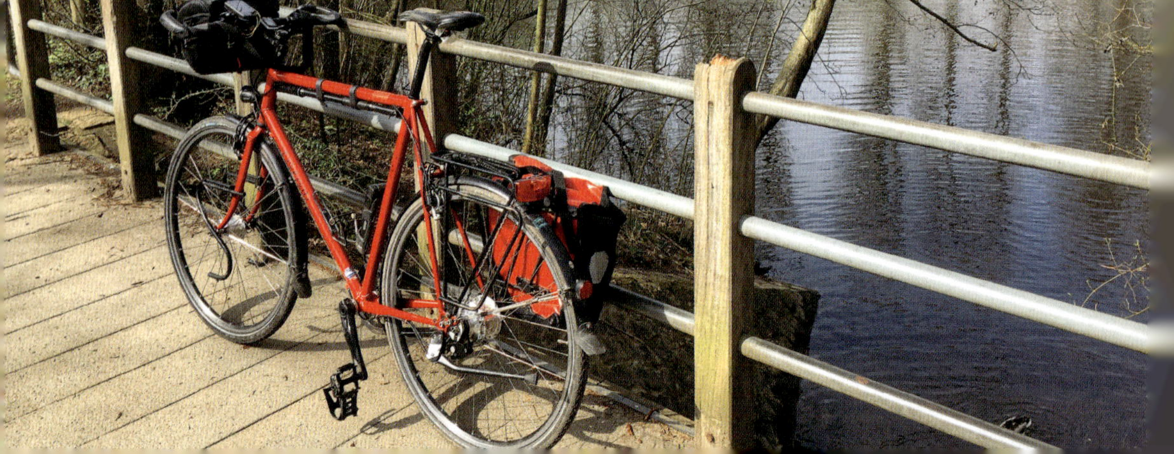

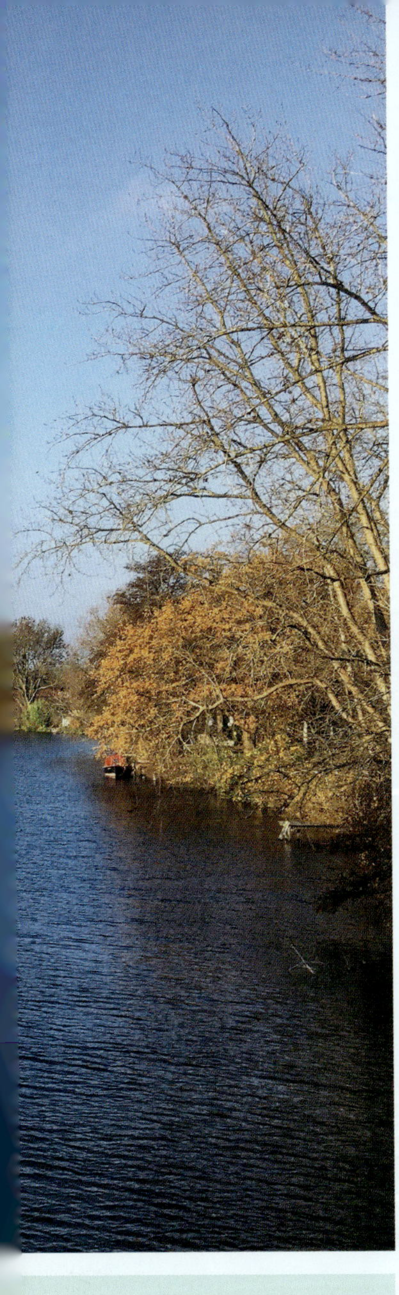

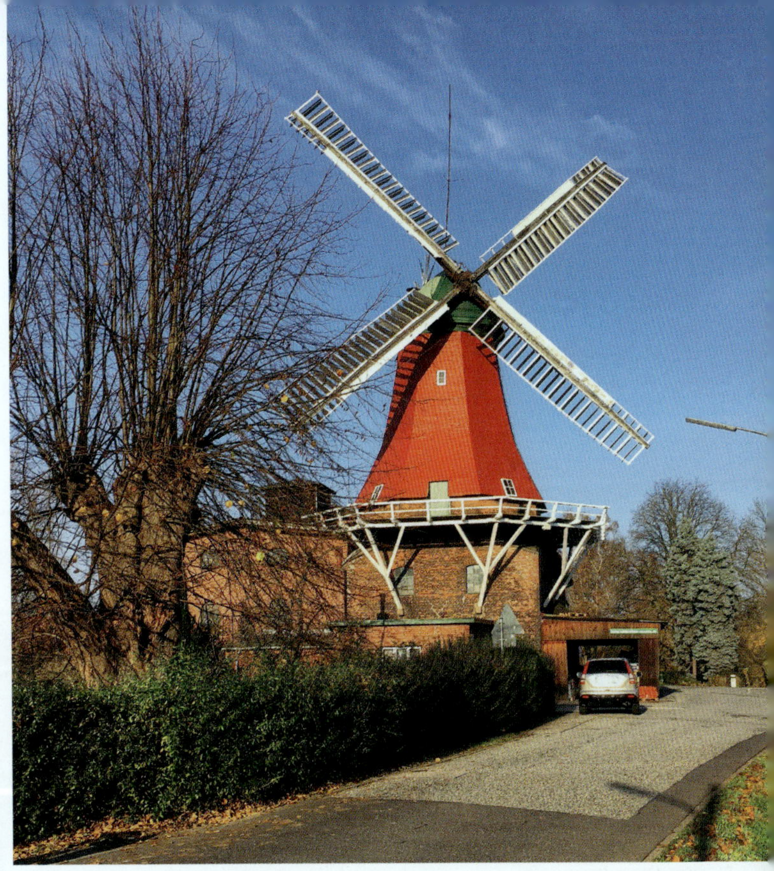

Rundtouren

Die Dove Elbe bei Allermöhe (o. li.). Die Reitbrooker Mühle (o. re.). Schafe: Deichpfleger am Klütjenfelder Hauptdeich (u. re). Idylle am Weiher der Schulenbrooksbek (u. li.).

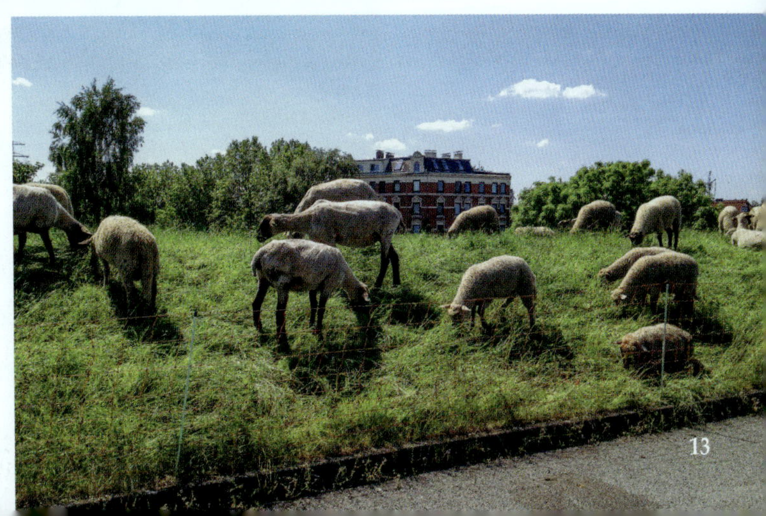

1

Einmal um die Außenalster

Die Tour für Hamburgbeginner

Leicht | 16 km | 1,5 Std.

Tourencharakter
Parkwege und Fahrradstraßen, wenig Autostraße

Ausgangs-/Endpunkt
U- und S-Bahn Hauptbahnhof; alle Bahnsteige mit Lift

GPS-Daten
53.552430, 10.006192

Anfahrt
Mit allen Schnellbahnen zur Haltestelle Hauptbahnhof-Nord oder Hauptbahnhof-Süd

Einkehr
Alsterperle, www.alsterperle.com; Barca an der Alster, www.barca-hamburg.de; AlsterCliff, www.alster-cliff.de

Hamburgneulinge lernen bei der Umrundung dieses Schmuckstücks die schönsten Aussichten und Cafés mit Blick auf die Skyline der City kennen. Ein Abstecher führt noch in umliegende angesagte Hamburger Stadtteile.

Am Hamburger Hauptbahnhof wenden wir uns auf der Nordseite zur Ernst-Merck-Brücke. Rechts von ihr geht es auf dem Holzdamm hinunter zur Alster. Bei der Einmündung überqueren wir an der Fußgängerampel die Straße An der Alster. Unsere Umrundung starten wir nach rechts auf einem schönen, abwechslungsreichen Zweirichtungsradweg. Aber Vorsicht: Es gibt schnelle Pendler, die uns verdeckt von Gebüsch mit rasender Geschwindigkeit entgegenkommen könnten. Schon hier gibt es zahlreiche Gelegenheiten, auf Pontons eine kontemplative Pause einzulegen!

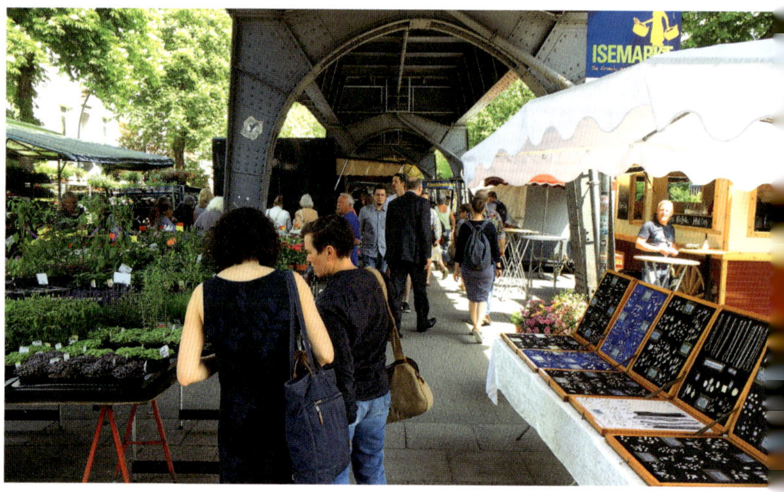

Lebhaftes Treiben auf dem Isemarkt

Aussichten vom Café Wir folgen dem Radweg immer am Ufer entlang bis hinter die Schwanenwikbrücke, wo bald die Alsterperle kommt: ein Kultkiosk mit Außenplätzen und einem wunderschönen Blick. Da die Tour nur kurz ist, kann man ja überall einen Stopp machen. Der Radweg geht im Uferpark parallel

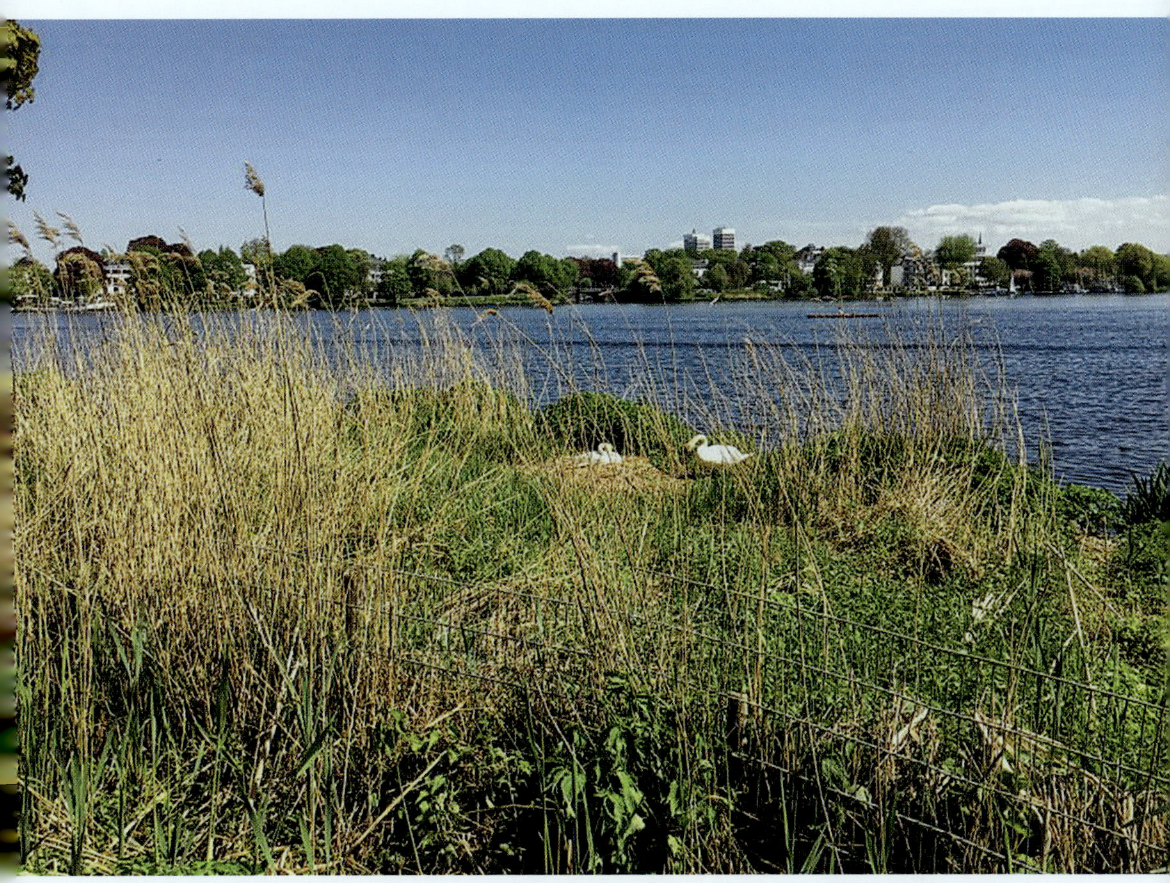

Das Schilf: Ruhezone für die Alsterschwäne

zur Straße weiter und überquert die Brücke am Feenteich, von dem noch Kanäle abgehen. Vorbei an einer Moschee und zwei Ruderclubs kommen wir nach einem Rechtsknick zur Einmündung der Osterbek in die Alster.

Bellevue Hinter der Brücke biegen wir dann gleich links ein in die Straße Bellevue. Bellevue ist wörtlich zu nehmen: Jetzt werden die Kameras gezückt. Wir folgen der Straße und biegen später links in die Straße Fernsicht ein. Nomen ist auch hier Omen: Von der Fernsichtbrücke und der Krugkoppelbrücke hat man einen wunderbaren Blick über die Wasserflächen mit den Parkrändern und der fernen Silhouette der Innenstadt.

Am Alsterkanal Jetzt folgt unser Abstecher in die Stadtteile. Vor der Krugkoppelbrücke geht rechts der Leinpfad ab, eine Fahrradstraße, die parallel zur Als-

Tipp

Dienstag- oder freitagvormittags kann man die Tour mit einem Besuch des Isemarkts verbinden: ein lang gezogener Markt, geschützt unter der Hochtrasse der U-Bahn.

ter verläuft. Auch hier gibt es versteckte Kanäle, an denen so manche Villa prunkt. Wir folgen dem Leinpfad bis zur Hudtwalkerstraße und schieben auf unserer Seite links über die Brücke.

In Eppendorf Wir umfahren die hübsche Fachwerkkirche St. Johannis in die Kellinghusenstraße und biegen sofort noch einmal links in die Heilwegstraße ab. Damit befinden wir uns im Stadtteil Eppendorf. Wir fahren bei der nächsten Möglichkeit rechts in die Kunhardtstraße, die uns zum U-Bahnhof Kellinghusenstraße bringt. Hinter dem Bahnhof, von der Goernestraße abgehend, folgen wir dem Weg durch den Kellinghusenpark parallel zur U-Bahn-Trasse. Er mündet in den Loehrsweg. Staunend gucken wir zu den Jugendstilensembles der Eppendorfer Bebauung hoch. Der Loehrsweg wird später zur Hegestraße, der wir bis zum Eppendorfer Baum folgen. Jetzt sind wir mitten drin im schicken Eppendorf mit seinen Boutiquen und Spezialitätengeschäften. Hier kann man sich einmal umgucken: Zeit genug ist ja!

Isemarkt Auf der belebten Straße geht es nach links über den Isebekkanal, um dann rechts in die Isestraße einzubiegen. An Dienstagen und Freitagen wird hier unter der Hochtrasse der U-Bahn bis 14 Uhr der Isemarkt abgehalten. Also schließen wir die Fahrräder an für einen Bummel über den Markt. Wenn wir uns sattgesehen haben und vielleicht die eine oder andere erworbene Spezialität in der Fahrradtasche haben, radeln wir am Ende des Marktes an der Hoheluftbrücke, ohne die Straße zu überqueren, nach links und fahren in die nächste, die Oberstraße, wieder links hinein. Oben liegt der kleine Innocentiapark – auch ein Schmuckstück. Nach einer Halbumrundung des Parks biegen wir rechts in die Innocentiastraße ein, fahren dann an der Rothenbaumchaussee links und gleich wieder rechts auf den Abschneider, die Abteistraße. Wir stoßen auf den Harvestehuder Weg, der uns nach rechts zurück zur Außenalster bringt.

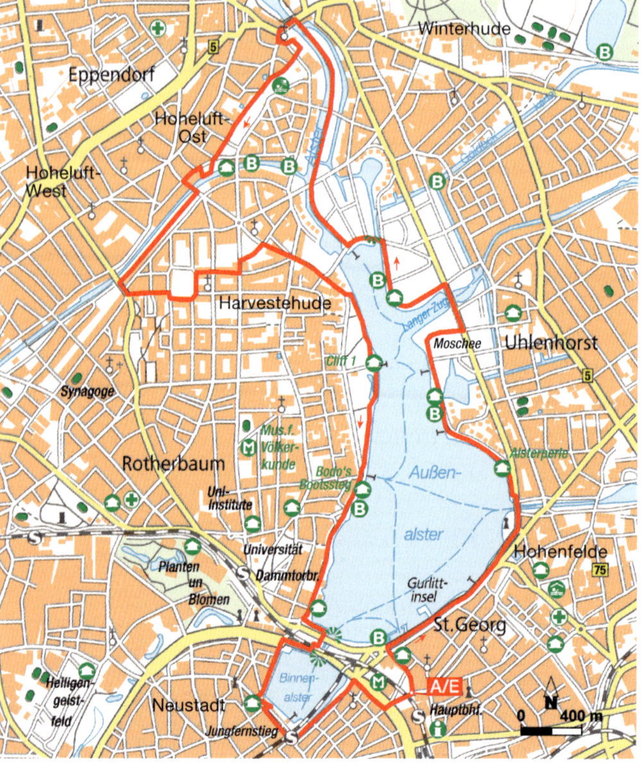

Im Alsterpark Jetzt können wir auf der Fahrradstraße fahren oder am breiten Uferweg. Das hängt davon ab, wie stark dieser Weg von Spaziergängern und Joggern frequentiert ist. Der Alsterpark ist ein wunderbares, meist blühendes Areal. Weiße,

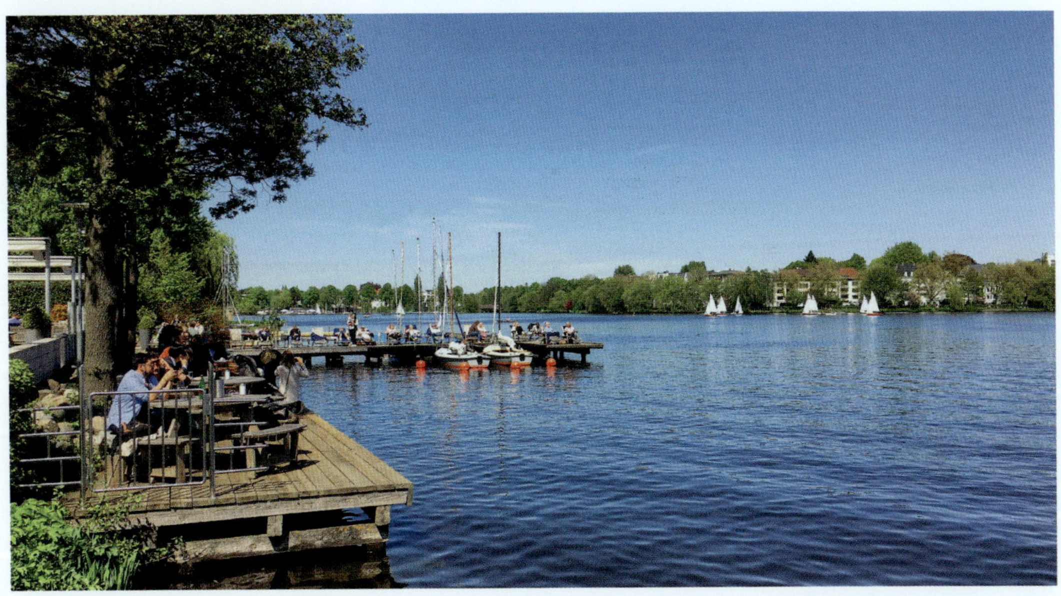

Schöne Aussichten von der Terrasse des Café Cliff an der Außenalster

sesselartige Holzstühle laden zum Verweilen ein. Die Uferränder sind mit Schilf bepflanzt als Schutz gegen Wellenschlag und als Rückzugsraum für Wasservögel. Große, seltene Bäume im Park spenden bei Bedarf Schatten. Das Café AlsterCliff mit einem grandiosen Blick auf das Wasser lädt zu einer Pause ein.

Von der Außenalster zur Binnenalster Am Ende des Uferweges kommen wir zu den beiden zentralen Brücken in Hamburg, der Lombardsbrücke und der Kennedybrücke. Wir können unseren Parcours immer an der Uferkante unter diesen Brücken hindurch fortsetzen, wenn die Bauarbeiten beendet sein werden. Wenn nicht fahren wir unter den Bahnbrücken geradeaus weiter. Wir umrunden jetzt einmal die Binnenalster und treffen auf den repräsentativen Boulevard Jungfernstieg. Wenn wir Lust haben, können wir herumstromern, eventuell zum Rathausplatz vorstoßen, das Becken der sogenannten kleinen Alster mit den angrenzenden Arkaden bewundern und an der Schleuse feststellen, dass der Alstersee eigentlich ein Stausee ist. Wir setzen unsere Umrundung auf dem Ballindamm fort und fahren an der großen Kreuzung rechts den Glockengiesserwall hoch. An der nächsten Ampel links sind wir wieder an unserem Ausgangpunkt, der Ernst-Merck-Brücke.

2 Große Inselrundfahrt

Vielfältiges Entdecken auf der Insel Wilhelmsburg

Leicht

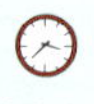

31 km

3 Std.

Tourencharakter
Rad- und Parkwege sowie Nebenstraßen

Ausgangs-/Endpunkt
U- und S-Bahn Landungsbrücken; Lifte vorhanden.

GPS-Daten
53.546037, 9.970835

Anfahrt
Die schönste Anfahrt zur Station Landungsbrücken erfolgt mit der U3 auf der Panoramatrasse.

Abkürzungen
1. Am Ende der Straße Einlagedeich nicht in den Moorwerder Hauptdeich einbiegen, sondern kurz davor in den Siedenfelder Weg fahren und dem folgen bis zur S-Bahn-Station Wilhelmsburg
2. Nach der Überquerung der A252 nicht rechts herum zur Unterquerung der Bahn ansetzen, sondern weiter geradaus dem Straßenverlauf folgen bis zur S-Bahn-Station Veddel (800 m)

Einkehr
Biergarten Zum Anleger, www.zum-anleger.de; Restaurant Elbepark Bunthaus, Do bis So geöffnet

Nur vier Kilometer Luftlinie vom Zentrum entfernt betreten wir auf der Insel Wilhelmsburg eine Welt im Kleinen: Hafenindustrien, dicht besiedelte Wohngebiete, Kanalromantik und Parks, Deichlandschaften, Naturschutzgebiete und Landwirtschaft; und mit Glück gibt es sogar Störche zu sehen!

Alter Elbtunnel und Landungsbrücken Rechts vom Bahnhof beginnen wir gleich mit einer Attraktion: dem Alten Elbtunnel! Kultig ist es, statt des Personenaufzugs den Autolift zu nehmen (an Werktagen). Auf der anderen Seite angekommen könnten wir gleich losradeln. Ich schiebe mein Rad aber immer zum Aussichtspunkt und bestaune die Skyline der Hansestadt jetzt von der anderen Flussseite.

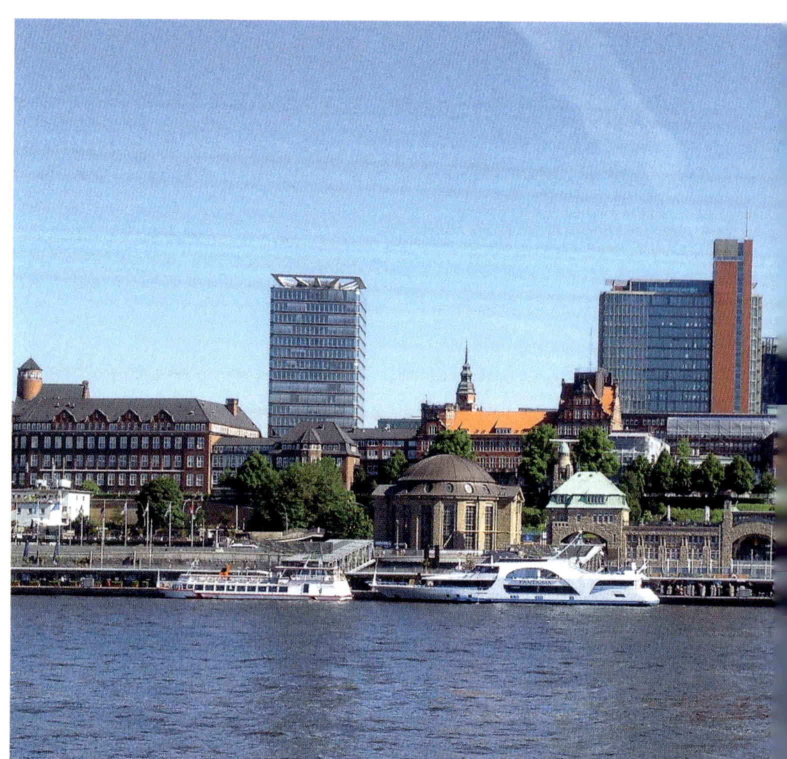

Die Skyline: grandiose Aussicht nach der Durchquerung des Alten Elbtunnels

Durch den Hafen Nach Verlassen des Elbtunnels nimmt man den neu angelegten Radweg bis hinauf zur Argentinienbrücke, wo man oben an der Fußgängerampel nach rechts abbiegt in die Klütjenfelder Straße. Hier ist ein Haltepunkt mit einer tollen Aussicht über die Wasser- und Hafenlandschaft. Diese Brücke ist sozusagen das Entrée zur Insel Wilhelmsburg. Auf einem nachträglich neben der Straßenbrücke anmontierten Radweg geht es in rasender Fahrt die Brücke hinunter. Wer hier an Wellen oder auch an ein Speedboot denkt, ist nicht verkehrt.

Tipp

Fischbrötchen auf den Landungsbrücken ist Kult!

Auf der Insel Im Straßenverlauf kommen wir – wichtig für die Rückfahrt – am rechts liegenden Fähranleger Ernst-August-Schleuse vorbei; die Schleuse selbst liegt links. Hinter der nächsten Kreuzung tauchen wir dann nach links ein in Wilhelmsburgs Grün. Gleich vor dem Brückchen des Vogelhüttendeichs folgen wir rechts einem schmalen Pfad – später mit Spuren der Eisenbahnvergangenheit – bis zum Kulturzentrum Honigfabrik. Hinter dem Zentrum liegt dann unser Begleiter für den nächsten Kilometer: der Veringkanal. Auf der anderen Seite des Kanals ist ein schön

Baumallee zur Bunthäuser Spitze

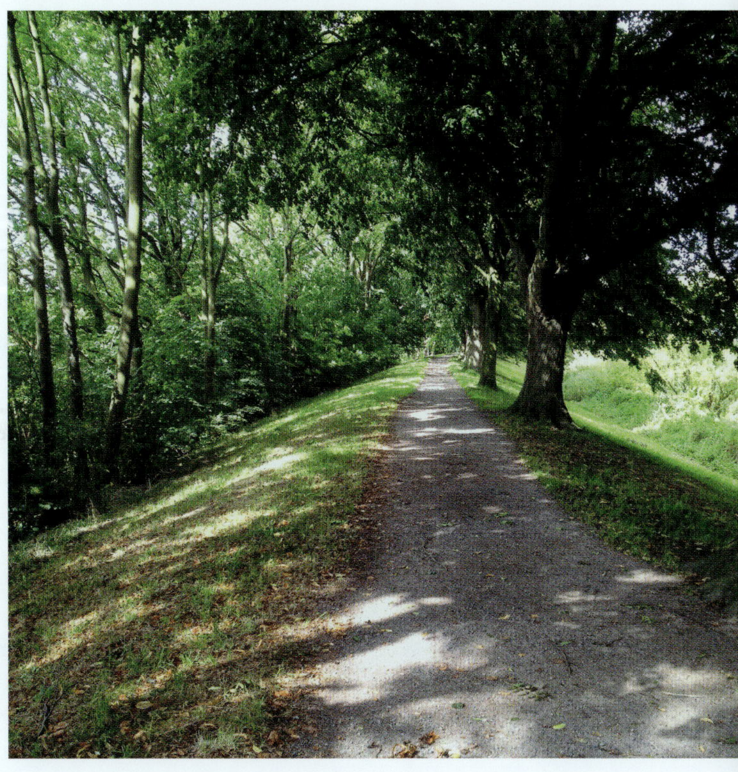

hergerichteter Radweg am Wasser. Am Ende des Kanalweges trennt sich unser Weg von der Route Nr. 26. Wir wenden uns nach links auf einem schnurgeraden Radweg zur Mitte der Insel. Vor der Hochtrasse der ehemaligen B75 biegen wir rechts zur Mengestraße ab, um dort rechts über die Fußgängerampel hinüber zum Inselpark zu kommen.

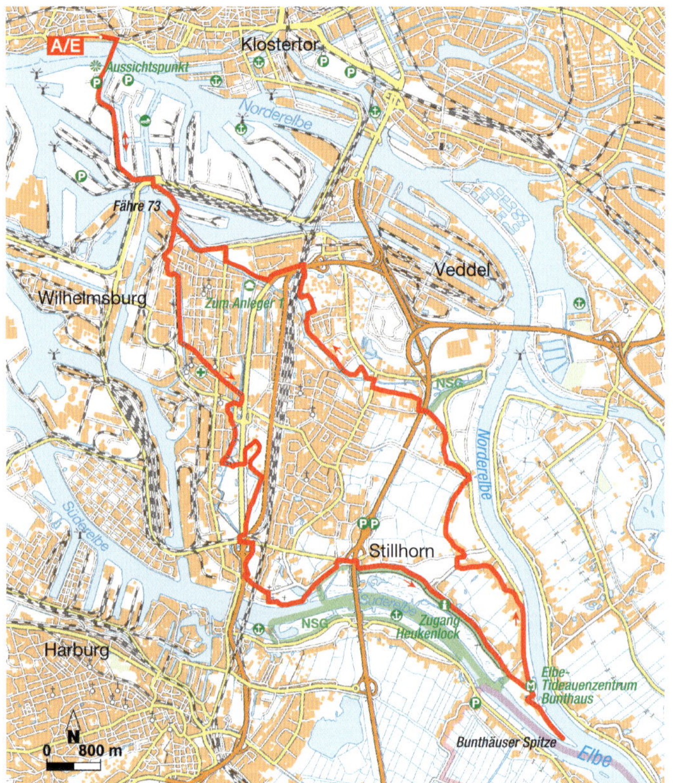

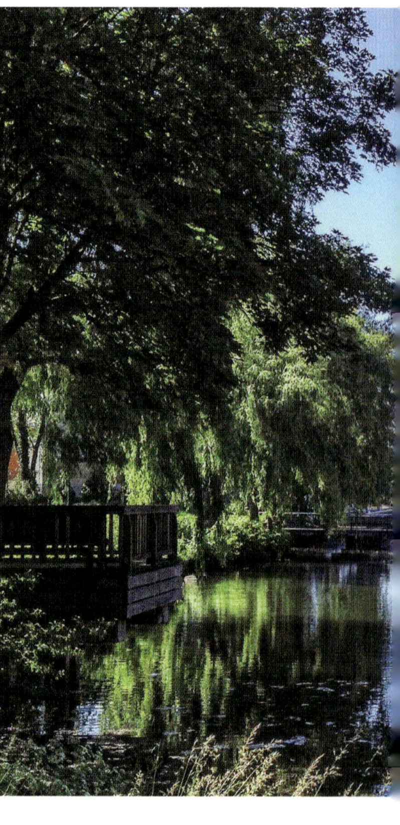

Verträumte Stille am Vehringkanal

Im Inselpark Das Gelände der ehemaligen Gartenbauausstellung war bis 2019 in der Mitte durch eine Schnellstraße geteilt. Es wird spannend sein zu sehen, wie in Zukunft die Parkteile zusammenwachsen werden. Am südlichen Ausgang Kornweide wurde im Jahre 2020 auch noch kräftig gebaut. Aber auf der westlichen Seite des Parks kann man inzwischen auf vertrauten Wegen wieder in gerader Linie von Nord nach Süd durchfahren.

Trotzdem lohnt es sich, den Park in allen Ecken zu durchstöbern. Für unsere Tour fahren wir in den westlichen Teil hinein und halten uns südwärts – immer geradeaus am Wasser des Rathauswettern entlang. Hinter den beiden Teichen Kükenbrack und Malbusen biegen wir mit dem Weg nach links und vor der ehemaligen Schnellstraßentrasse nach rechts.

Wir erreichen am Ende die Süderelbbrücke. Für unsere Tour biegen wir davor nach links in die Straße König-Georg-Deich. Die nächste Straße hinter der Bahnunterführung nach rechts gewendet (König-Georg-Weg) kommen wir zur Südseite der Insel. Hier finden sich Deiche und Deichvorland und sogar Kiesstrand: ideal, um an einem schönen Tag eine Pause einzu-

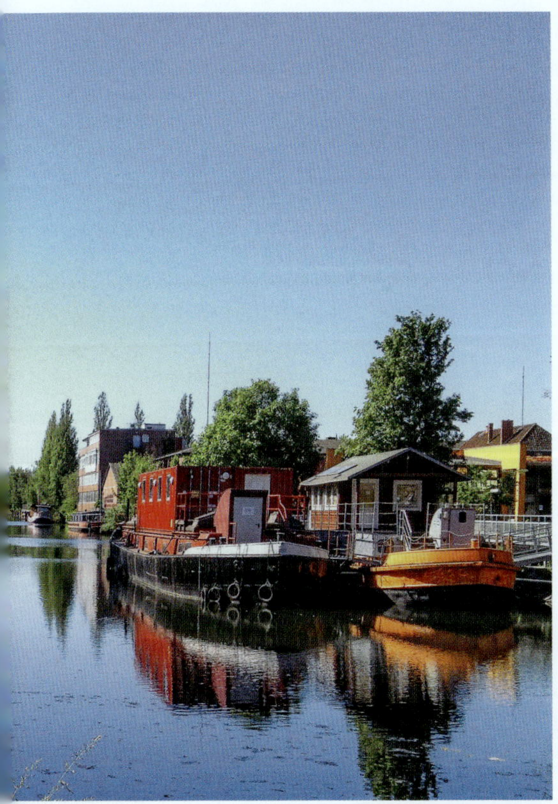

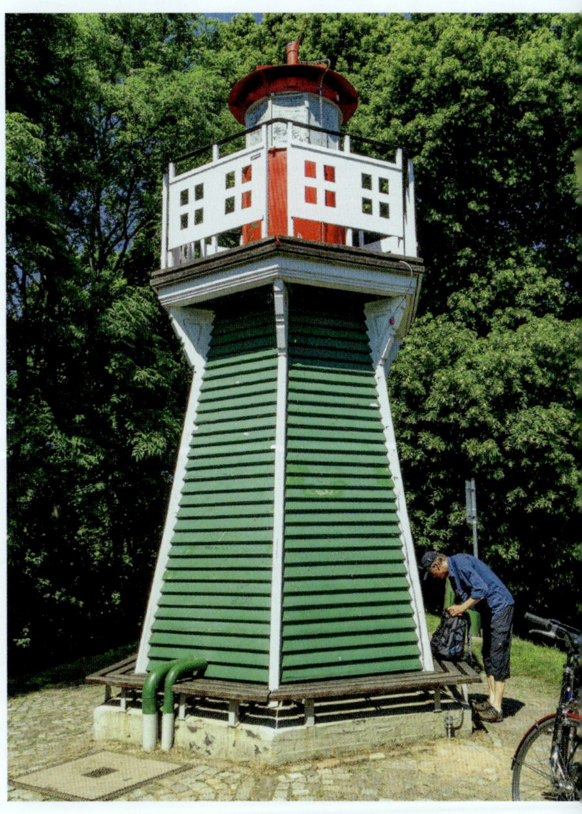

Das historische Leuchtfeuer an der Bunthäuser Spitze

legen und ein bisschen zu lagern. Mit dem Picknick würde ich allerdings noch warten.

Im Land der Deiche Nach der Pause fahren wir in östlicher Richtung am Deich entlang und unterqueren uns links wendend die Autobahn. Danach kehren wir zur Deichlinie zurück. Verblüfft schauen wir uns um: Plötzlich ist hier – quasi mitten in der Stadt – Landwirtschaft. Wir sehen deutlich, wo unser Salat herkommt! Nach der Straße Heukenlock führt rechts am Deich eine Auffahrt zu einem der letzten Tideauenwälder und Süßwasserwatten Europas, dem Heukenlock. Man kann die Fahrräder vor der kleinen Brücke über den großen Priel anschließen oder die Fahrräder durch das Gebiet schieben. Mit viel Glück sieht man die Seeadler, die dort auch brüten. Ob nun weiter auf Straße oder zu

Fuß durch das Naturschutzgebiet: wir kommen jetzt zur Südostecke der Insel – der Bunthäuser Spitze.

Die Bunthäuser Spitze In der Spitzkurve der Straße Moorwerder Hauptdeich führt rechts am Drängelgitter der Weg zur Spitze. Über eine von Bäumen gesäumte kleine Fußgängerallee erreicht man diesen wunderbaren Ort mit einem alten Signaltürmchen, das jetzt unter Denkmalschutz steht. Oben auf dem Türmchen kann man sehen, wie sich die Elbe in einen Nord- und einen Südarm teilt. Vor einem liegt dann ein Schilfgebiet, in dem die Libellen Schauflüge veranstalten: Hier ist jetzt mein ultimativer Ort für das mitgebrachte Picknick! Ist man wieder zurück an der Straße, kann man – falls man am Wochenende unterwegs ist – noch im alten Stakmeisterhaus das Elbe-Tidenauenzentrum besuchen. Auf dem Gelände daneben befindet sich ein Wohnmobilstellplatz in exklusiver Lage mit dem rustikalen Restaurant Bunthaus.

Tipp

Die Rückfahrt zu den Landungsbrücken kann man auch mit der Fähre 73 ab Ernst-August-Schleuse machen. Sie verkehrt leider nur Montag bis Freitag.

Häuser an alten Deichen Jetzt geht es weiter auf dem Moorwerder Hauptdeich, der hier in spitzem Winkel nach Norden führt. Uns interessiert aber nicht die Straße am neu gebauten Flutschutzdeich, sondern die alte Deichlinie mit ihren angeschmiegten Häusern: Deswegen biegen wir bald links ein in den Moorwerder Norderdeich und fahren später zweimal rechts in den Moorwerder Brückendamm und den Stillhorner Weg. Dann biegen wir links in den Einlagedeich ein: Auf diesen alten Deichlinien sieht man noch ein Stück ländliches Hamburg. Unsere Straße bringt uns zurück zum Moorwerder Hauptdeich, den wir aber gleich wieder nach links verlassen in den Goetjensorter Deich. Diese Straße schwenkt nach Westen. Es bleibt weiterhin ländlich: Hinter der Autobahn geht es kurz rechts und gleich wieder links in den Bullertweg. An der Kirchdorfer Straße angekommen fahren wir rechts über die Brücke und gleich wieder links in die Hövelpromenade. Jetzt wird es wieder lauschig. An der Gabelung nehmen wir den rechten Zweig, bis wir links – etwas überraschend – über ein Holzbrückchen in einen Kleingartenweg fahren können.

Tote Elbarme Am Ende dieses Weges sind wir dann wieder auf der Hövelpromenade parallel zur Wihelmsburger Dove Elbe, einem toten Seitenarm der großen Elbe. Die Dove Elbe ist hier romantisch bewachsen mit Teichrosen. Und plötzlich sieht man auf der anderen Seite Villen mit davor ankernden Yachten: noch eine Facette von Wilhelmsburg. Diesem Weg am Wasser bleiben wir treu, auch wenn er kurz in ein Wäldchen schwenkt. Links vom Sportplatz kehren wir zum Wasser zurück und stoßen dann auf die Hochtrasse der Bahn. Nach rechts – parallel zur Trasse – kommen wir zu einer Überführung. Wir überqueren die Schnellstraße und unterqueren die Bahnlinie auf einem breiten Radweg westwärts. Bald treffen wir wieder auf die Dove Elbe, die hier kanalisiert ist und Ernst-August-Kanal heißt. Wer jetzt noch einmal einkehren möchte, wechselt an der Schlenzigstraße über die Brücke zum anderen Ufer, wo sich das Gartenlokal »Zum Anleger« befindet. Hier sitzt man sehr nett bei Getränken und rustikalen Speisen und könnte sogar noch ein Kanu für eine kleine Bootstour mieten.

Zurück zum Elbtunnel oder mit der Fähre? Wir fahren weiter am Ufer zur nächsten Querung (Georg-Wilhelm-Straße) und dort nach rechts bis hinter den Deich am Nordufer der Insel, mit Blick auf das große Becken des Spreehafens, der nach dem Abbau der Freihafenzäune frei zugänglich ist. Unten an der Uferlinie halten wir uns links, queren die Ernst-August-Schleuse und sind damit wieder auf der Klütjenfelder Straße. Diese könnten wir nun zurück zum Elbtunnel nehmen. Wenn wir allerdings an einem Werktag unterwegs sind, folgt nun das letzte Highlight dieser Tour: die Fahrt mit der Fähre 73 zurück zu den St. Pauli Landungsbrücken (Mo bis Fr). Wenn man vorher eine Tageskarte gelöst hat, ist man gut dran: Die Fahrscheine des Verkehrsverbundes gelten auch auf den Fähren!

Rast am Deich

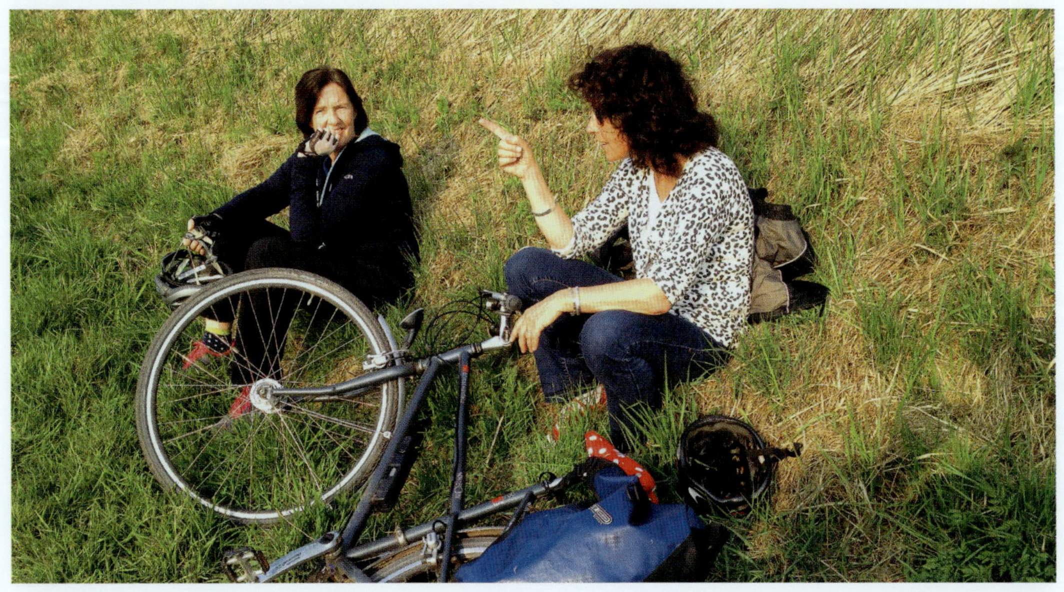

3

Rund um die östlichen Hafenbecken

Das Hamburg der Kanäle und Brücken

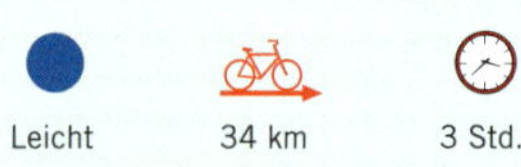

Tourencharakter
Die meiste Zeit auf Radwegen, etwas Straße, eine Brücke mit sehr flachen Treppenstufen (Schieben)

Ausgangs-/Endpunkt
Hauptbahnhof; alle Bahnsteige mit Lift

GPS-Daten
53.552430, 10.006192

Anfahrt
Mit allen Schnellbahnen zur Haltestelle Hauptbahnhof-Nord oder Hauptbahnhof-Süd

Abkürzungen
1. Wer nach dem Sperrwerk, das Kaltehofe vom Festland trennt, nur einmal links fährt und dann der Straße Ausschläger Elbdeich immer weiter folgt, kommt automatisch zur S-Bahn-Station Rothenburgsort.
2. Nach der Unterquerung der Norderelbbrücken kann man sich den Schlenker über Veddel und die Hafencity aufsparen und gleich auf dem schon bekannten Radweg am Oberhafen zurück zu den Deichtorhallen und dem Hauptbahnhof fahren.

Einkehr
Café Kaltehofe, www.wasserkunst-hamburg.de; Veddeler Fischgaststätte, www.veddeler-fischgaststaette.de; Speicherstadt Kaffeerösterei, www.speicherstadt-kaffee.de; Oberhafenkantine, www.oberhafenkantine-hamburg.de

Diese Rundtour bietet Wasser und Brücken satt und mehrere Flussinseln – eine davon mit idyllischen Kleingärten bedeckt. In der neu erschlossenen Hafencity findet sich die größte Attraktion, die Elbphilharmonie. Den Abschluss bildet ein Weltkulturerbe, die historische Speicherstadt.

Am Oberhafen Vom Hauptbahnhof, Ausgang Glockgießerwall, fahren wir links hinunter zur Oberhafenbrücke bei den Deichtorhallen, wo der neu gebaute Radweg an der Wasserkante die Hafencity mit den Norderelbbrücken verbindet: ein schöner, erhöhter Weg mit einem weiten Blick auf Hafenbecken und die Stelzentrasse der Deutschen Bahn. Nach einer zweiten Schleuse folgen wir einem Schild »Imbiss« nach links.

Die Oldtimertankstelle Wir streifen die sogenannte Oldtimertankstelle: ein liebevoll und originalgetreu restauriertes Ensemble aus den 50er-Jahren, wo Oldtimerfreunde ihre Lieblin-

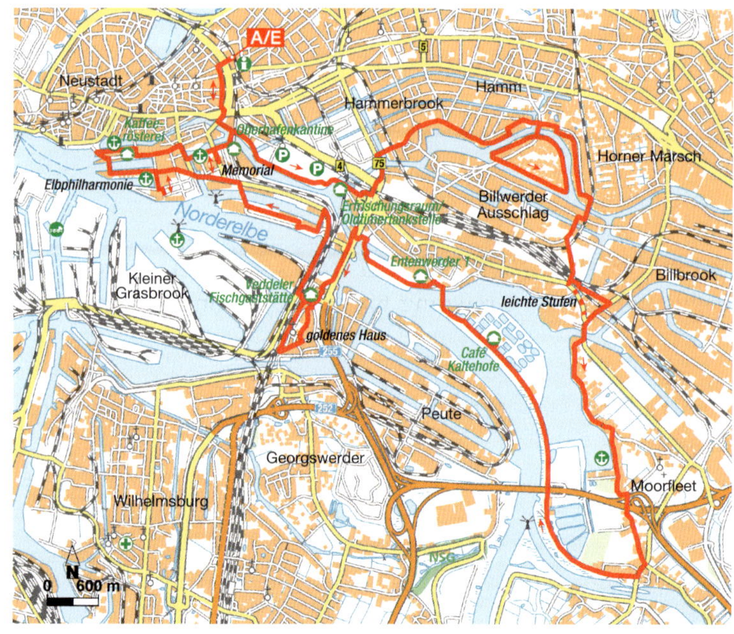

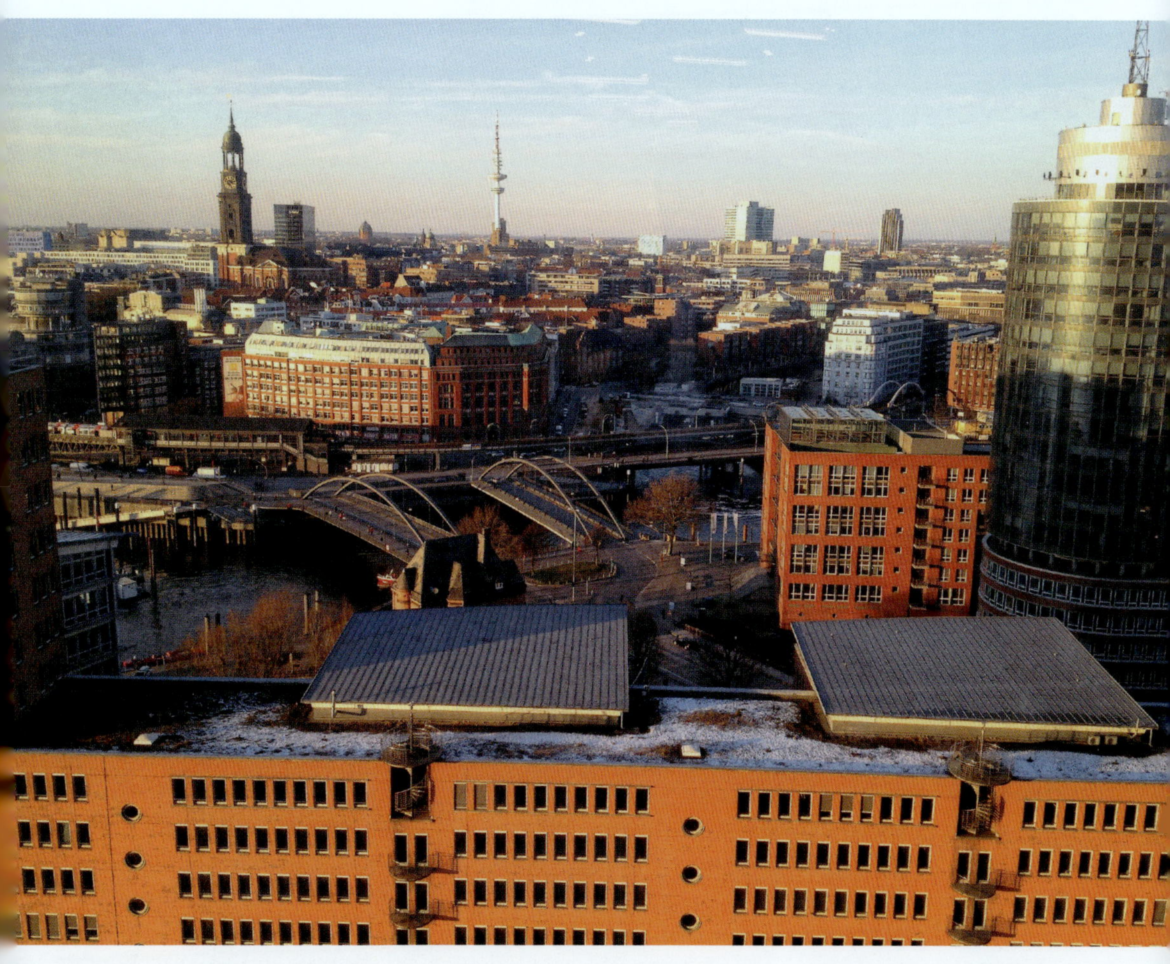

Gute Übersicht: der Ausblick auf die Dächer Hamburgs von der Elbphilharmonie

ge prüfen lassen und sich Rat holen können. Im neuen, aber nostalgisch eingerichteten Erfrischungsraum gibt es ab 4 Uhr morgens Frühstück und ab 11 Uhr hausgemachten Kuchen. Das könnte einen trotz der erst wenigen Kilometer in Versuchung bringen.

Durch Gewerbegebiete Vor der Tankstelle wenden wir uns rechts zur großen Kreuzung hin. Zweimal unter Gleisen hindurch überqueren wir sowohl die Amsinkstraße als auch den Heidenkampsweg. Gegenüber auf der Schwarzen Brücke haben wir einen schönen Ausblick auf die Bille. Das sollten wir genießen, denn jetzt müssen wir 1,5 Kilometer auf Straßen durchs Gewerbegebiet. Wir fahren also die nächste Straße, am Bullerdeich, nach rechts und an der Gabelung links in den Braakdamm, dessen Verlängerung Hammer Deich heißt. Diese Straße knickt irgendwann nach rechts und erreicht dann seine finale Kehre.

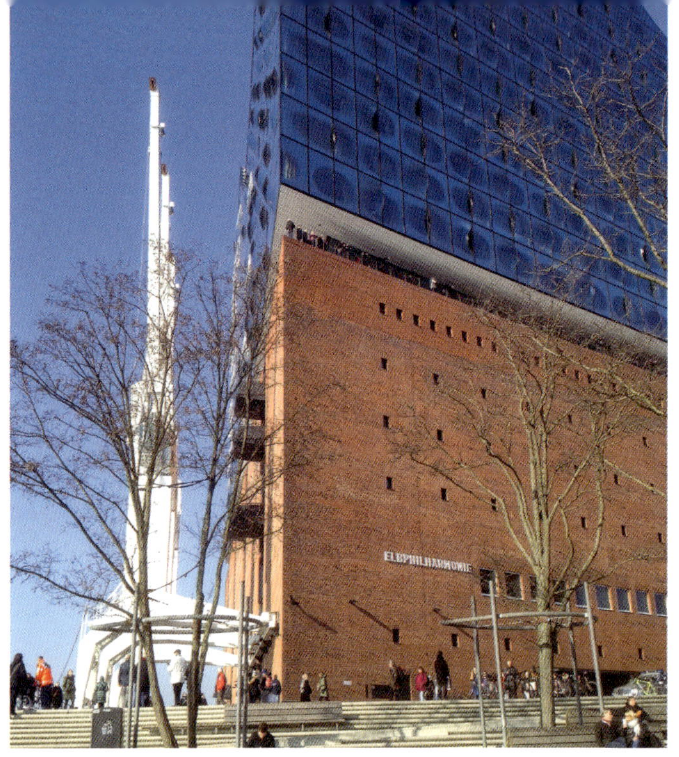

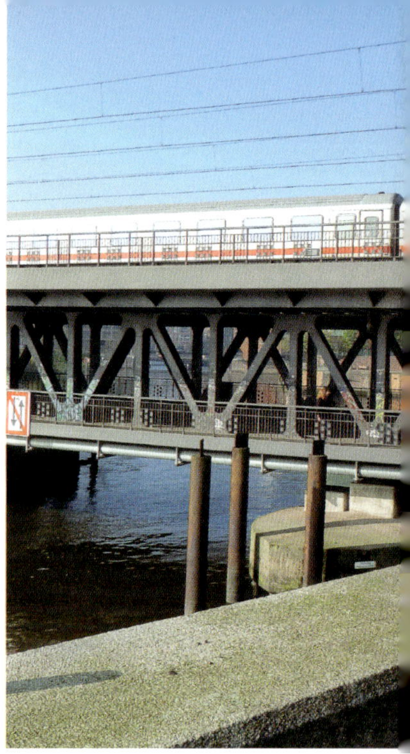

Tipp

Wer Schlangestehen für die Elbphilharmonie Plaza vermeiden will, kann auch online für ein definiertes Zeitfenster Zugangskarten für zwei Euro erwerben, www.elbphilharmonie.de.

Oben links: An der Wasserkante der Elbphilharmonie; rechts: Die zweistöckige Oberhafenbrücke

An der Bille Dort erreichen wir die grüne Wasserkante der Bille und schauen hinüber zu den Gärten der Billerhuder Insel. An deren Ufer schmiegen sich die Vereinshäuser von Wassersportvereinen und Motorbootclubs mit dem entsprechenden Fuhrpark davor. Am Wegende bringt uns die parallele Straße rechts nach wenigen Metern am Osterbrookplatz zu einer Fußgängerbrücke über den Südkanal – wunderbare Ausblicke.

Eine Insel nur mit Kleingärten Hinter der rechts liegenden Braunen Brücke fahren wir gleich rechts auf dem Strandweg West einmal um die Insel herum. Da schaut man in blumengeschmückte Gärten und auf liebevoll gestaltete Wassergrundstücke mit Terrassen und Anlegepontons. Nach 2,5 Kilometern verlassen wir die Insel wieder auf der Braunen Brücke. Rechts auf der Festlandseite in der Süderstraße fahren wir abermals durch die kleinen Königreiche der Kleingärtner, deren Weg Nr. 2 und Hauptweg uns bis zum Ende des Billebogens führen.

Verschlungene Wege zur Elbe Hinter den Kleingärten an der Straße Billufer überqueren wir wieder die Bille auf der Brücke

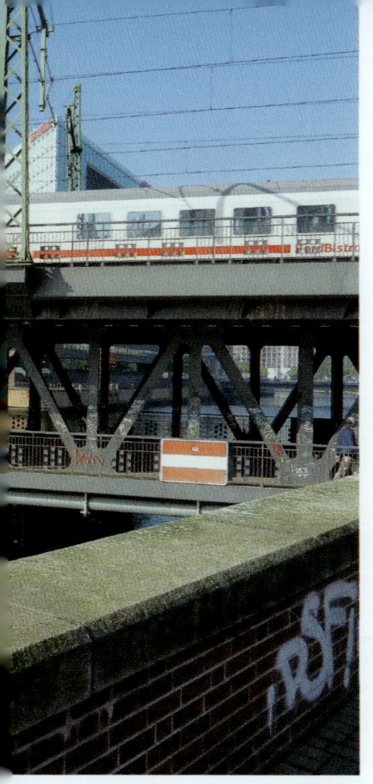

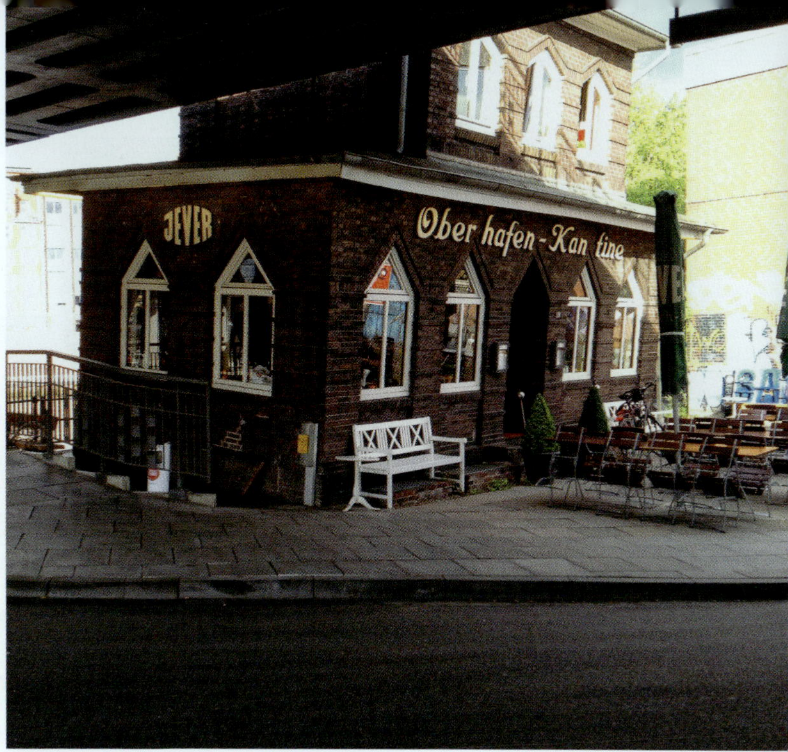

Schief: die Oberhafen-Kantine

der Güterumgehungsbahn und fahren kurz nach rechts und dann gleich wieder nach links. Hinter der Kreuzung mit der Grossmannstraße sehen wir halb links den Weg Langer Hagen – gesäumt von knorrigen, meterhohen Pappeln und Kleingärten. Ein etwas zugewachsener Weg führt uns zur nächsten Eisenbahnbrücke mit sehr flachen Stufen über den Tiefstackkanal. Oben ist ein schmaler Gang – von den Gleisen nur durch einen Zaun abgetrennt. An Kleingärten vorbei wenden wir uns an der Grusonstraße nach rechts zur Andreas-Meyer-Brücke, von der man einen fantastischen Ausblick auf die Billwerder Bucht hat. Alternativ kann man die Unterführung zum S-Bahnhof Tiefstack nutzen (ausgeschildert) und am anderen Ende links über die Ausschläger Allee die Andreas-Meyer-Brücke erreichen.

In den Vier- und Marschlanden Jetzt ändert sich die Landschaft: Wir sind im westlichsten Zipfel der Vier- und Marschlande, einem tief liegenden Gebiet, welches durch Deiche und Schleusen vor Überflutung geschützt werden muss. Wir biegen gleich rechts in den Moorfleeter Deich. Hier lohnt es sich schon mal, anzuhalten und den Fernblick zurück über die großen Wasserflächen zu genießen.

Die Insel Kaltehofe Nach drei Kilometern Fahrt auf der Deichstraße biegen wir an der Kreuzung rechts in den Tatenberger Weg und danach bei der zweiten Gelegenheit rechts in den

Moorfleeter Hauptdeich, der uns zur ehemaligen Insel Kaltehofe bringt. Hinter der Siedlung gehört die Straße nur den Radfahrern und Spaziergängern. Kaltehofe ist ein verwunschener Ort der Stille, nur von Ferne dringen die Hafengeräusche herüber. Die Becken der stillgelegten Wasseraufbereitungsanlage liegen bewegungslos vor einem. In der Mitte gibt es ein Museum und auch ein Café mit Terrasse. Wenn wir Kaltehofe über ein Sperrwerk verlassen, fahren wir gleich links in den Entenwerderpark – auch eine ehemalige Insel.

Auf der Insel Veddel Wir verlassen Entenwerder über eine kleine Brücke zum Festland und nähern uns den Norderelbbrücken, sozusagen der Aorta des Hamburger Durchgangsverkehrs. Ein kleiner Parcours führt unter diesen Brücken hindurch und dann rechts hoch zur Brückenauffahrt für einen kleinen Schlenker nach Süden auf die Insel Veddel. Dort gibt es eine vergoldete Häuserfassade, ein Kunstprojekt, das höchst kontrovers diskutiert wurde. Nach der Brückenfahrt erreichen wir einen bis jetzt noch unbebauten großen Platz. Im Moment steht hier einsam neben verfallenden, aufgegebenen Zollabfertigungsgebäuden die kultige Veddeler Fischgaststätte: ein deutsches Pendant zu englischen Fish-and-Chips-Shops. Auf der anderen Seite des Platzes fahren wir in die Straße Sieldeich. An deren Ende ist es rechts in der Veddeler Brückenstraße nur noch wenige Meter bis zum Goldenen Haus. Anschließend fahren wir die Straße bis zum Ende, biegen scharf rechts ab und kommen über die Straße Am Geleise zum Platz zurück.

In die Hafencity Durch eine Unterführung links am Platz geht es über die Freihafenelbbrücken wieder zurück. Die 2022 geplante Sanierung der Freihafenelbbrücke ist auf später verschoben worden. Wenn es soweit ist, wird es einen provisorischen Fußgängersteig geben, auf dem wir hinüberschieben können. Auf der Brücke hat man eine fantastische Aussicht auf die Hafencity, Europas größtes innerstädtisches Stadtentwicklungsprojekt mit dem dominanten Konzerthaus Elbphilharmonie. Hinter der Brücke folgen wir in einem Bogen der Versmannstraße, die inzwischen durchgehend zu befahren ist. Jetzt rollen wir in den schon erschlossenen Teil der Hafencity und nähern uns der Elbphilharmonie, die ja schon von Weitem zu sehen ist.

Auf die Elbphilharmonie Hier lohnt es sich unbedingt, die Fahrräder anzuschließen und nach Bezug der kostenlosen Zugangskarte mit der langen Rolltreppe (der »Tube«) auf die Plaza mit ihrem grandiosen Ausblick zu fahren. Das ist eine wirkliche

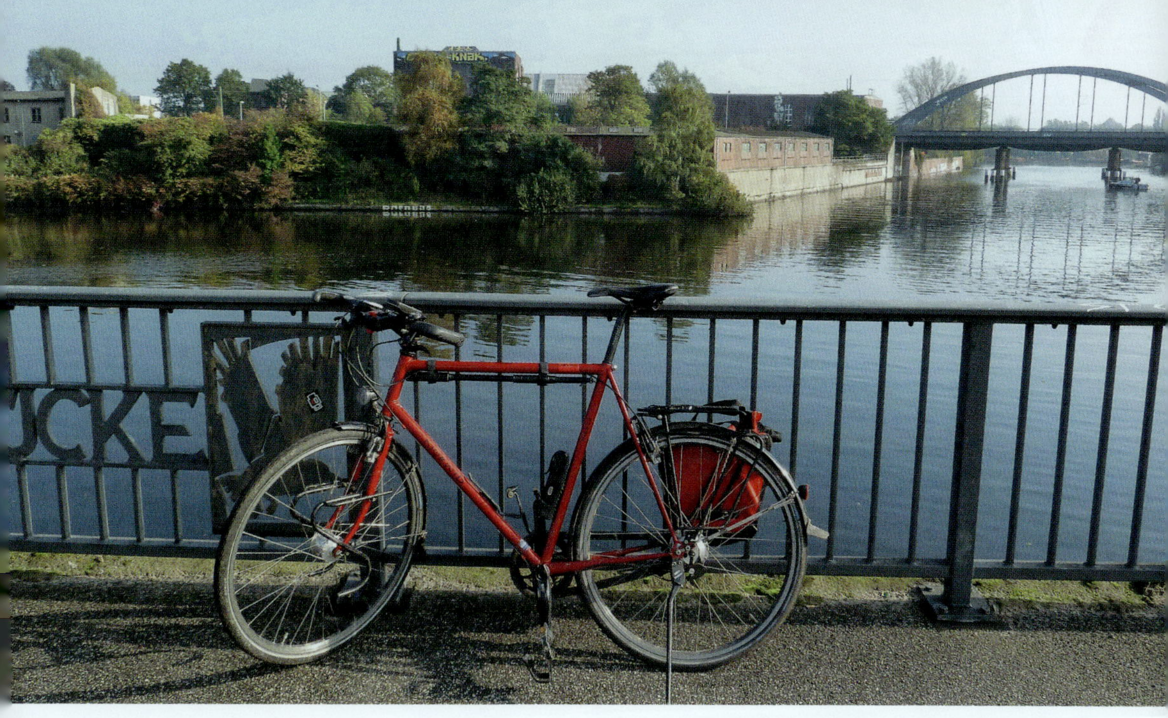

Die Bille an der Schwarzen Brücke

Attraktion, die man sich nicht entgehen lassen sollte. Wer jetzt Kaffeedurst hat und die Aussicht noch etwas genießen will, kann hier natürlich auch einkehren.

In die historische Speicherstadt Oder er macht – wieder auf dem Rad und wenige 100 Meter später – eine Pause im Café der Kaffeerösterei in der Straße Kehrwieder. Dazu fährt man über die vor der Elbphilharmonie liegende Mahatma-Ghandi-Brücke und biegt links in den Sandtorkai ein. Kurz vor der nächsten Brücke – der Niederbaumbrücke – geht es rechts in die Straße Kehrwieder. Die Kaffeerösterei ist ein uriges Café mit einer echten Kaffeeröstanlage in einem ehemaligen Speicher des Weltkulturerbes Speicherstadt. Nach der Kaffeepause rollen wir noch etwas geradeaus und fahren dann rechts über die Sandbrücke zurück zum Sandtorkai, in den wir links einbiegen. Wir sind jetzt umgeben von Fleeten und Hafenbecken. Das ist schon eine tolle Szenerie und animiert zu vielen Fotos. Wir biegen bald rechts in die Osakaallee ein, wo uns eine Rampe zur Fußgängerbrücke über den Magdeburger Hafen bringt. Drüben fahren wir geradeaus und nähern uns dem Ende der Tour. Kurz vor Ende – an der Oberhafenbrücke – befindet sich dann die legendäre Oberhafenkantine, ein Haus, dessen Fundament etwas abgesackt ist und deshalb schief steht. Hinter der Oberhafenbrücke sind wir wieder an den Deichtorhallen und können hinauf zum Hamburger Hauptbahnhof fahren.

4

Große Flughafenrunde

Grüne Wege mit Aussicht

Leicht

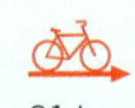
31 km

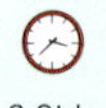
3 Std.

Tourencharakter
Park- und Radwege, wenig Straße

Ausgangs-/Endpunkt
U-Bahn Hoheluftbrücke; mit Lift

GPS-Daten
53.5779682, 9.9762291

Anfahrt
Mit der U3 zur Station Hoheluftbrücke

Abkürzungen
1. Am Ende des Flughafenweges an der riesigen Kreuzung mit der Alsterkrugchaussee könnte man geradeaus der Sengelmannstraße folgen und kommt nach weniger als 2 km an die gleichnamige U-Bahn-Station.
2. Kurz vor Ende der Tour könnte man, statt die Hudtwalkerstraße zu überqueren, nach links die wenigen Meter zur gleichnamigen U-Bahn-Station fahren.

Einkehr
Café im Park im Weiherpark in Eimsbüttel; Coffee to Fly, www.coffee-to-fly.de; Barmeiers Gartencafé, April bis Oktober geöffnet, www.cafe-barmeiers.de; Restaurant-Café Bobby Reich, www.bobbyreich.de

Nach einer Anfahrt durch Parks und Gehölze umrunden wir das Flughafengelände auf lauschigen Wegen im Uhrzeigersinn. Dazu haben wir interessante Ausblicke auf die Flugbewegungen auf dem Gelände und auch eine aussichtsreiche Einkehr im »Coffee to Fly«.

Durch Parks Gleich vor dem Bahnhofsgebäude wenden wir uns nach links auf den Radweg am Isebekkanal. Nach der Mansteinstraße führt uns bald rechts eine Radfahrerbrücke durch die Göbenstraße über den Ring 2 hinüber in die Unnastraße. Hier könnten wir geradeaus durchfahren oder durch einen kleinen Linksschwenk – schiebend – den parallel liegenden kleinen Weiherpark kennenlernen. Am Ende des Parks müssen wir auf jeden Fall der Unnastraße weiter folgen, den Heußweg überqueren und in die Verlängerung Eidelstedter Weg fahren. An der kommenden Ampel fahren wir halb rechts in die Stresemannallee ein. Nun können wir bald ins Grün kleinerer Wege abbiegen.

Kleinteilig durch Kleingartengebiete Kurz hinter dem Sträßchen Herlingsburg biegen wir auf den Hauptweg eines Kleingartengeländes, der einen Rechtsknick macht. An der Vicelinstraße angekommen schauen wir nach rechts und entdecken zwischen Schule und Kirche links einen kleinen Weg, der uns zu den nächsten Kleingärten führt. Deren Hauptweg folgen wir nach links auf seinem gewundenen Verlauf bis zum Ende an der Emil-Andresen-Straße. Der Weg führt gegenüber weiter, zwischen den Wohnanlagen durch und knickt später nach rechts ab. Kurze Zeit begleitet uns die Schillingsbek. Wir queren den Weg Schillingsbektal und biegen später links in das Sträßchen Döhrnstraße ein, das in einer Sackgasse endet. Ein paar Schritte geht es nun hinauf zur Julius-Vosseler-Straße, die wir an der Fußgängerampel überqueren. Wenige Meter folgen wir der Straße Odernskamp geradeaus und biegen am Zebrastreifen dann links in den Gazellenkamp ein. 50 Meter danach nehmen wir rechts das Grün zwischen Häusern, halten uns links

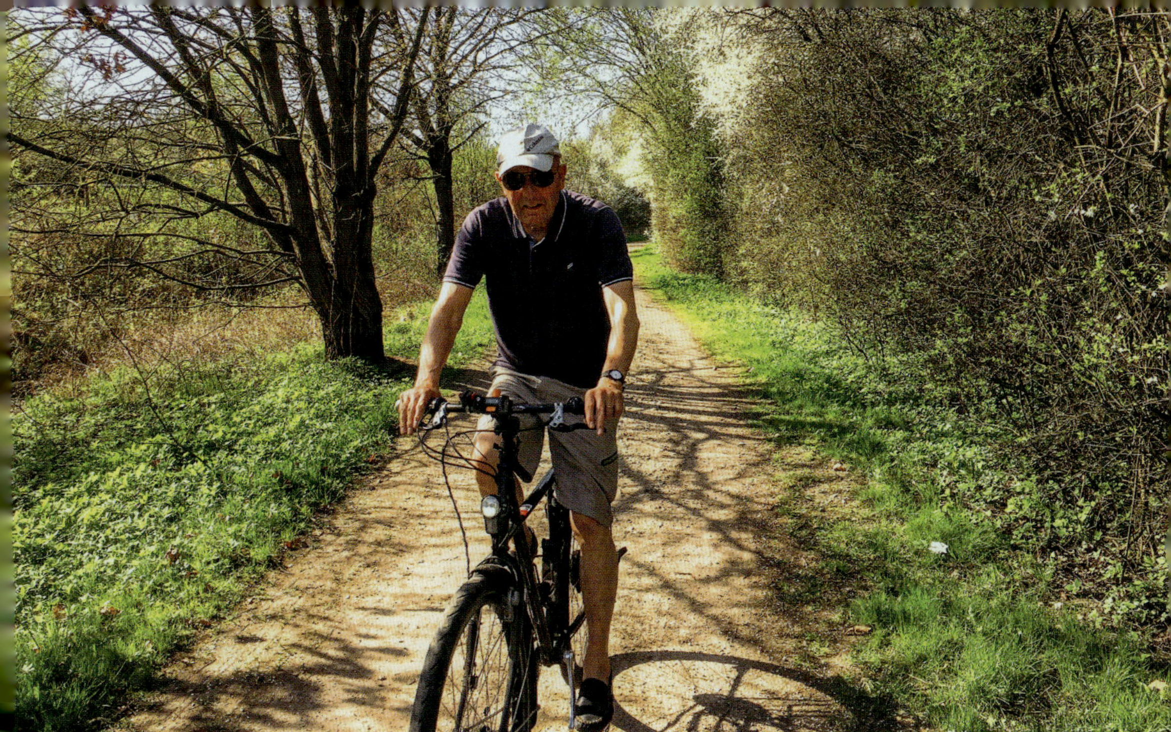

Verschlungene Pfade rund um den Flughafen

und überqueren danach die Stellinger Chaussee. Wir befinden uns jetzt auf der Hamburger Freizeitroute Nr. 10 und fahren in eine Kleingartenkolonie hinein. Nicht irritieren lassen: Der Weg macht mehrere Windungen. An einer Wegeinmündung bringt uns links der asphaltierte Teil zur Straße Hinter der Lieth. Hier fahren wir kurz nach rechts und gleich die nächste links (Hagendeel), dann wieder links in den Baarkamp und am Ende rechts in die Straße Deelwisch, die an der Brücke der Hamburger Güterumgehungsbahn endet. Wir queren den Kollauwanderweg auf dem Brückchen geradeaus. Wir fahren nicht in den Kleingarten hinein, sondern nehmen den schmalen Weg nach rechts entlang der Zäune. An dessen Ende fahren wir wenige Meter nach links und dann gleich wieder nach rechts hinein in den Wald Niendorfer Gehege.

Im Niendorfer Gehege Für eine Weile fahren wir geradeaus. Der Weg heißt im späteren Verlauf Bondenwald. Unsere Route geht dann nach rechts ab und folgt den Schildern des Hamburger Radwegesystems und des sogenannten grünen Rings, auf den wir hier stoßen. Kurz vor dem Friedhof biegen wir nach rechts ab in den Weg Borndeel und dann links in den Lokstedter Holt. Wir können nach der Überquerung der Kollaustraße unseren Weg auf dem Vogt-Cordes-Damm fortsetzen. Hier sehen wir schon von Weitem den Zaun an der Südspitze des Flughafengeländes.

Rund um den Flughafen Wir fahren jetzt links herum und treffen auch sehr bald auf einen kleinen Weg, der sich eng an die große Freifläche anschmiegt. Schnell erreichen wir eine kleine Anhöhe mit Sitzbänken. Der weitere Weg führt immer weiter auf einem schmalen Pfad nach Norden und wird bald von der Tarpenbek begleitet, die unterirdisch unter dem Flugfeld hindurchgeführt wurde. Hinter dem Rahwegteich fahren wir über ein Brückchen

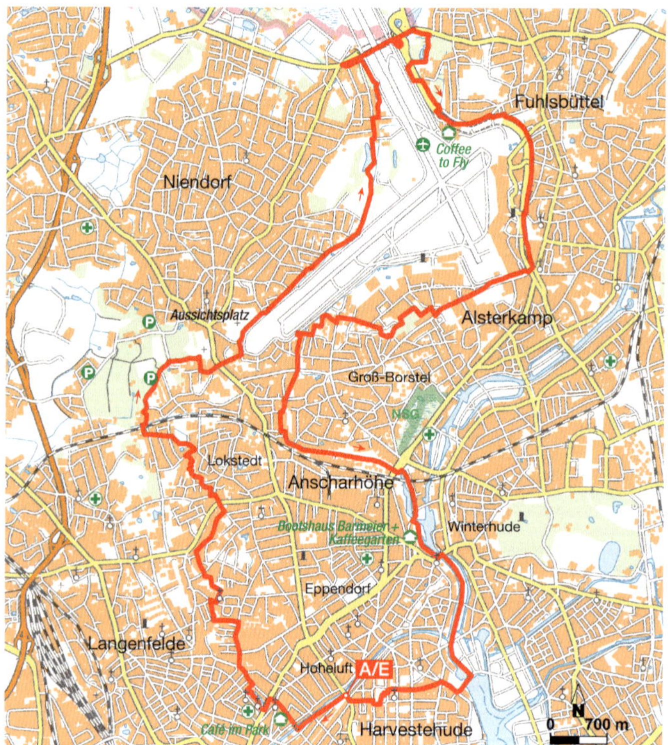

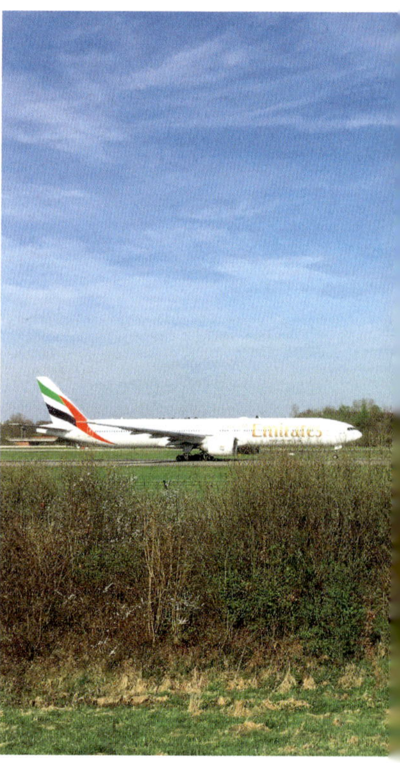

Ganz nah an den landenden Flugzeugen

auf die rechte Uferseite der Tarpenbek und überqueren auch noch den Raakmoorgraben. Am Ende – vor dem Krohnstiegtunnel – müssen wir kurz nach links auf den Bayernweg einschwenken, der uns zu einem Durchschlupf in der Lärmschutzwand zum Kronsteig bringt. Hier fahren wir rechts herum hinunter in den Tunnel. Am Ende – vor dem Krohnstiegtunnel – müssen wir kurz nach links auf den Bayernweg einschwenken, der uns zu einem Durchschlupf in der Lärmschutzwand zum Krohnstieg bringt. Hier fahren wir rechts herum hinunter in den Tunnel. An dessen Ende geht es schneckenförmig wieder hoch. Auch hier ist ein schöner Aussichtspunkt. An der Straße angekommen fahren wir geradeaus. Kurz hinter der Busbucht geht rechts ein Weg in ein Wäldchen, in dem wir unseren Weg um das Flughafengelände fortsetzen. An einer Einmündung fahren wir rechts und bleiben auf diesem Weg. Im Frühjahr duften hier Weißdorn und andere Blütenpflanzen.

Ein grandioser Aussichtsplatz Der lauschige Weg endet an der Straße Holtkoppel. Rechts herum die Straße hoch geht es zum Café Coffee to Fly. Egal, ob man nun sich etwas Gutes tun will oder nicht: Hier oben hat man eine grandiose Aussicht auf Starts

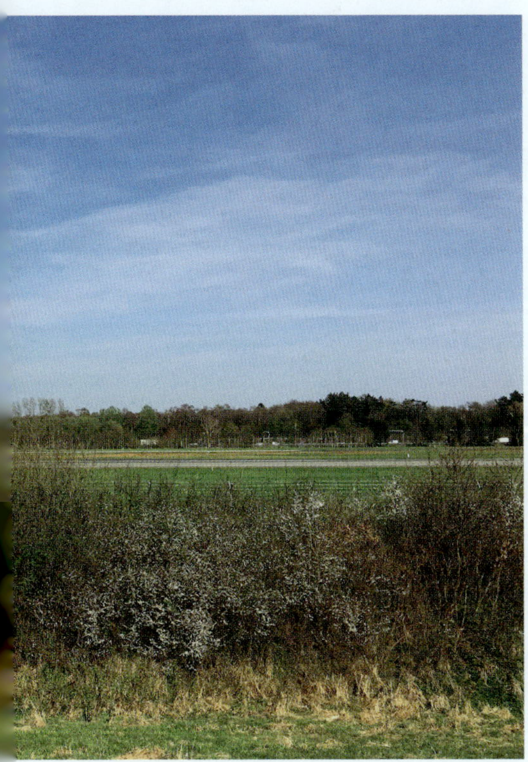

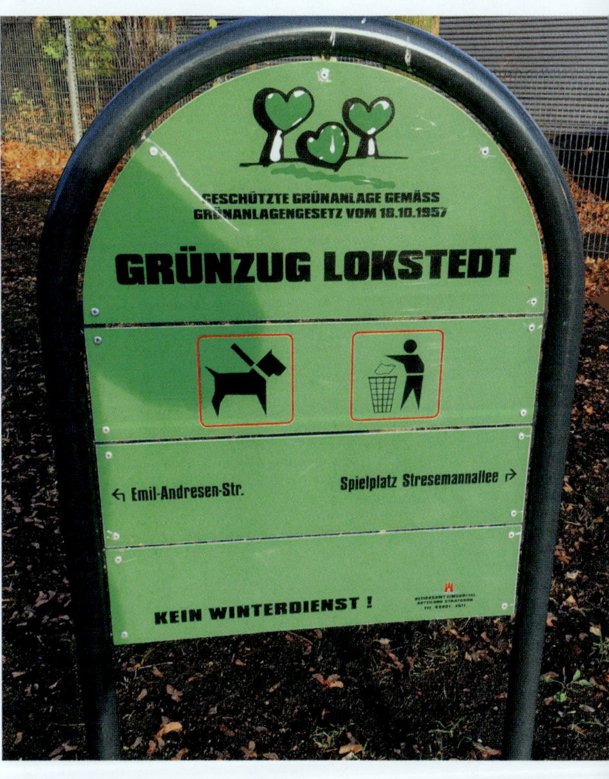

Hamburg: Stadt der Parks und der Bäume

und Landungen. Danach folgen wir der ruhigen Straße Holtkamp, bis sich rechts der Weg Rüümk auftut. Von diesem geht links bald ein Radweg ab, der direkt am Flugfeld entlangführt. Wenn der Wind günstig steht, fliegen die landenden Flugzeuge auf dieser Landebahn direkt über unseren Köpfen – ein etwas unheimliches Erlebnis. Der Weg führt weiter im Grünen nach Süden. Von dem ganzen Betrieb der Terminals und dem Autoverkehr bekommen wir dank der begrünten Lärmschutzwände überhaupt nichts mit.

Zurück mit der Tarpenbek Wenn dieser Weg zu Ende ist und wir uns mit einer überdimensionierten Kreuzung konfrontiert sehen, müssen wir diese an der Fußgängerampel gleich rechts hinüber queren und für 1,5 Kilometer einen Radweg in der Straße

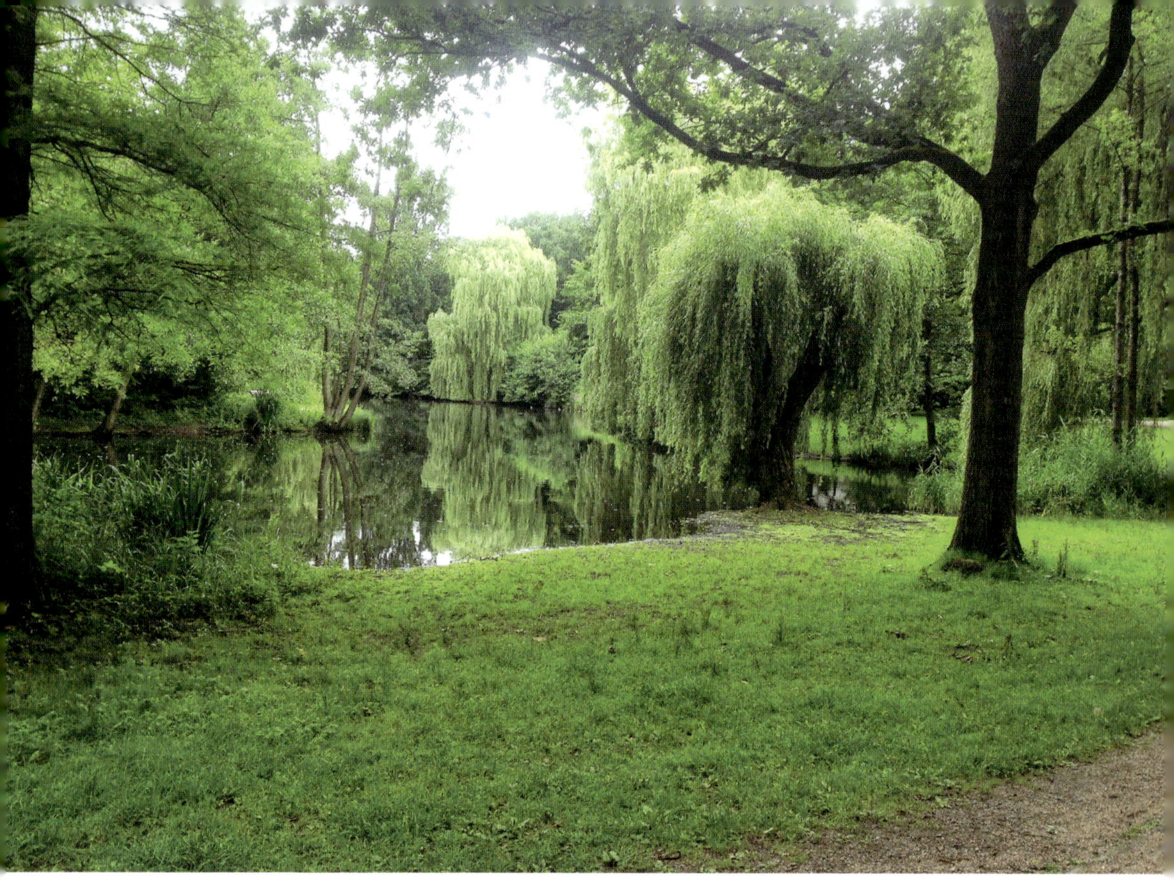

Der kleine Weiherpark in Eimsbüttel

Weg beim Jäger in Anspruch nehmen. Danach tauchen wir wieder ins Grün ein: Rechts tut sich das Wäldchen Borsteler Jäger auf, wo wir gleich rechts einbiegen. Wir befinden uns auf der Hamburger Freizeitroute Nr. 12, die uns mit ihren Wegweisern durch das Waldstück und die darauffolgenden verschlungenen Zickzackwege der Kleingärten führt – immer nahe dem Zaun zum Flughafengelände. Wir haben die Umrundung fast beendet, als wir wieder auf die Tarpenbek treffen, wo wir jetzt links auf den schmalen Weg entlang des Baches einbiegen. Wir bleiben immer an der Tarpenbek und folgen ihr auf einem schmalen Weg. Nach Unterquerung der Rosenbrookbrücke wird der Weg breiter und endet an der Eppendorfer Landstraße. Wir überqueren die Straße und suchen unseren Weg am Alsterufer hinter dem Bootshaus Barmeier, welches einen schönen Gastgarten hat und an einer Kaffeeklappe sehr guten selbst gebackenen Kuchen verkauft. Hier habe ich einen wunderbaren Rhabarberkuchen gegessen.

An der Alster Für unseren Weg zurück wird uns jetzt eine Weile die Alster begleiten. Hinter dem Bootshaus Barmeier führt der Weg rechts in den Haynspark. Wir nehmen den Weg, der im-

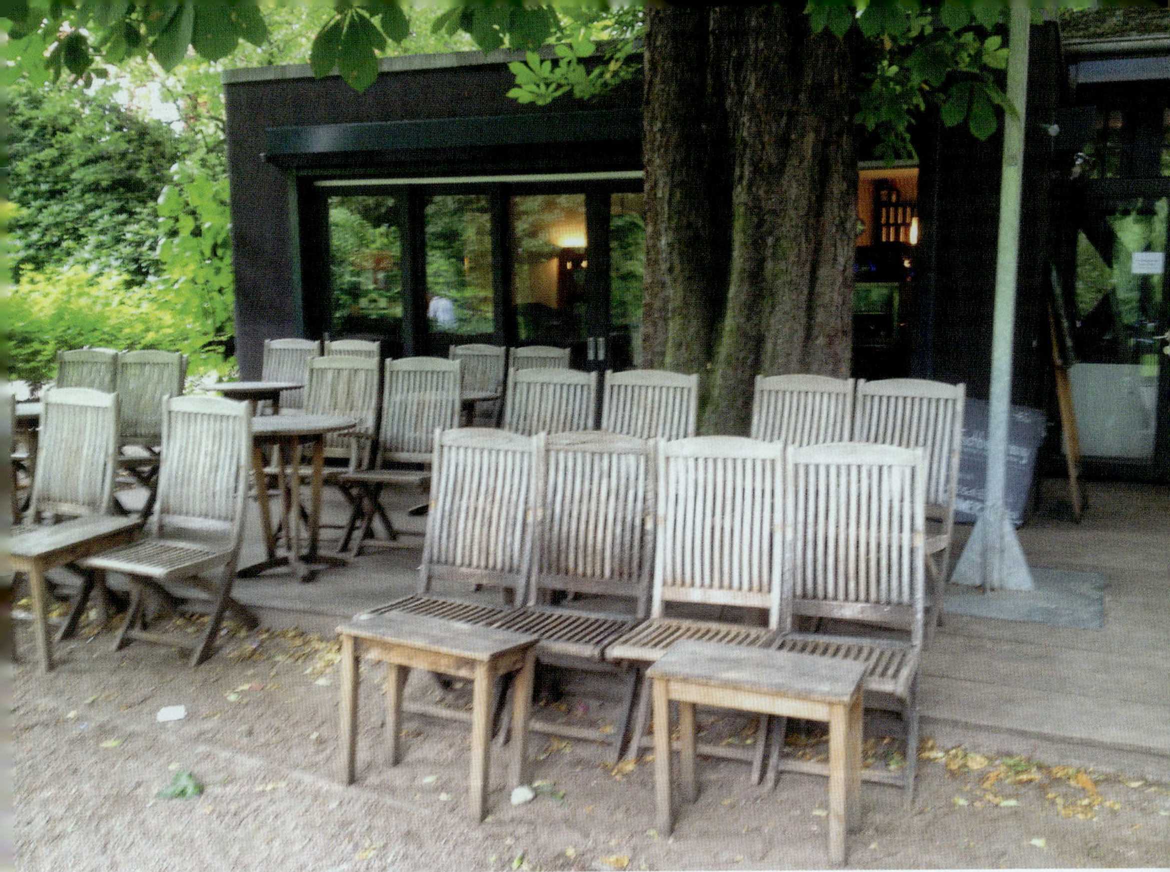

... und das beliebte Café im Weiherpark

mer nahe dem Wasser bleibt, bis wir zu einer Fußgängerbrücke kommen, die uns auf die andere Seite bringt. Hier müssen wir an einer Fußgängerampel die Hudtwalckerstraße überqueren, um weiter auf der Fahrradstraße Leinpfad rollen zu können. Am Ende des Leinpfads biegen wir rechts ab auf die Krugkoppelbrücke.

Hier muss man einfach anhalten und einen Blick auf die große Wasserfläche der Außenalster werfen. Vielleicht wollen wir den Augenblick auch noch ein wenig auf der Terrasse des Cafés Bobby Reich festhalten, das unterhalb der Brücke liegt. Wenn wir weiterfahren wollen, ist es nicht mehr weit zu unserem Ausgangspunkt: Wir verlassen die Krugkoppelbrücke und biegen in den Harvestehuder Weg rechts ein, der uns zum Kreisel mit dem Mittelweg führt. Schräg gegenüber ist die Einbahnstraße Hagedornstraße, die wir bis zum Ende fahren. Vor uns liegt dann der kleine, aber sehr schöne Innocentiapark. Als Abschlussbonbon kann man den halb durchfahren, am anderen Ende die Oberstraße suchen und sie herunterfahren. An der Ampel der Kreuzung mit der Straße Grindelberg sieht man dann schon rechts die U-Bahn-Station Hoheluftbrücke liegen.

5

An Kollau und Tarpenbek

Grüne Adern nach Norden und zurück

Leicht | 21 km | 2 Std.

Tourencharakter
Park- und Kleingartenwege, Wanderwege, wenig Straße

Ausgangs-/Endpunkt
U-Bahn Hagenbecks Tierpark; mit Lift

GPS-Daten
53.593118, 9.943964

Anfahrt
Mit der U2 zur Station Hagenbecks Tierpark

Abkürzung
Vor der Umrundung der Südspitze des Flughafengeländes könnte man geradeaus in die Straße Sootbörn fahren und ist dann nach 500 Metern an der U-Bahn-Station Niendorf-Markt.

Einkehr
Waldcafé Corell, www.waldcafe-corell.de

Diese Tour führt uns auf den herrlichen Kollauwanderweg und über versteckte Pfade entlang der Westseite des Flughafengeländes, wo sich interessante Ausblicke auf startende oder landende Flugzeuge bieten. Die Tarpenbek bringt uns schließlich zurück zur Kollau.

Durch die Stellinger Feldmark An der U-Bahn-Station Hagenbecks Tierpark fahren wir rechts in die Lokstedter Grenzstraße bis zum Kreisel. Hier könnte es geradeaus weiter durch die Straße Deelwisch gehen; schöner ist es, halb links in die parallele Stellinger Feldmark zu schwenken. Wir fahren den Hügel hoch, um dann oben rechts wieder hinunterzufahren. Unten biegen wir scharf rechts ab zu einem Brückchen über die Geelebek zurück zur Straße Deelwisch, die hier links vor einer Eisenbahnbrücke endet.

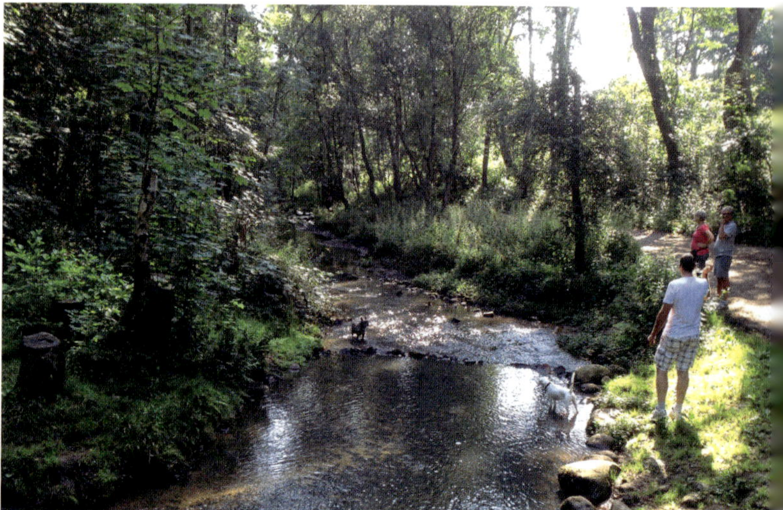

Sommerszene an der Kollau

Auf dem Kollauwanderweg Wir folgen der Kollau auf dem Kollauwanderweg nach links am Rande des Wäldchens Niendorfer Gehege. Die Kollau ist in den letzten Jahren wunderschön renaturiert worden, es sind zusätzliche Mäander, kleine Strom-

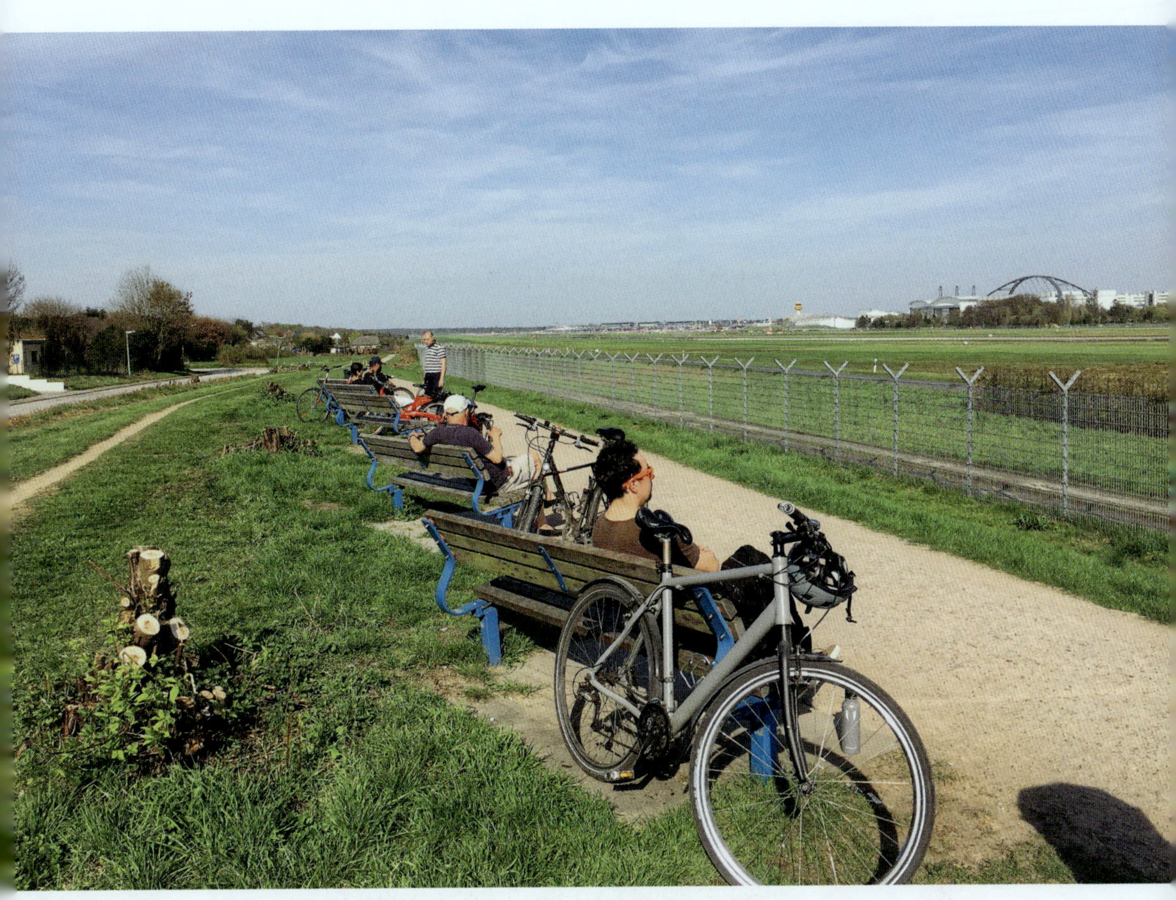

Bester Aussichtsplatz für Planespotter

schnellen und flache, bei Hochwasser überspülte Uferränder hergestellt worden. Nicht zuletzt deswegen müssen wir uns nach Querung der kleinen Brücke, die bald kommt, kurz vom Flüsschen entfernen – hinter der Brücke links und auch später dann an der Wegkreuzung links haltend. An der Vogt-Kölln-Straße sind wir wieder mit der Kollau vereint und folgen ihr jetzt für lange Zeit auf dem Kollauwanderweg, einem beliebten und schönen Weg immer im Grünen. Hinter einer großen Pferdekoppel lockt das Grasdach des Waldcafés Corell zu einer Kaffeepause.

Auf grünen Wegen zur nördlichen Stadtgrenze Nach der Querung der Friedrich-Ebert-Straße und später der Wendlohstraße trennen sich die Wege, die bis hier mit Tour 15 identisch sind. An der Gabelung des Weges fahren wir rechts auf der Hamburger Freizeitroute Nr. 10. Die Beschilderung leitet uns vor dem unmittelbar folgenden Brückchen nach links, rechts begleitet vom Viehlohgraben. Am zweiten Pfad biegen wir links ein, weiterhin mit dem Bach auf der rechten Seite, und kommen den Viehlohweg querend zu einem Waldstück. Später überqueren wir den Wagrierweg. Bei Kilometer 9 sind wir dann am Swebenweg, einer wichtigen Verkehrsader in Hamburg. Hier zweigt auch die Tour 7 von unserer ab. Jetzt müssen wir nach rechts auf einem straßenbegleitenden Radweg bis zur Einmündung des Garstedter Wegs fahren.

Gute Aussichten am Flughafen Hinter der Einmündung ist eine kleine Öffnung in der Lärmschutzwand, die uns auf dem Bayernweg zur westlichen Seite des Flughafengeländes führt. Wir rollen jetzt auf einen festen Sandweg sehr schön verschlungen durchs Grün. Kurz darauf treffen wir auf die Tarpenbek. Unser kleiner Pfad wird zunächst rechts von ihr begleitet. Es folgt ein Brückchen über den Raakmoorgraben und danach ein weiteres Brückchen über die Tarpenbek, die also jetzt links liegt. An dieser Stelle haben große Landschaftsarbeiten zur Renaturierung der Tarpenbek stattgefunden. Deswegen macht der Weg einen kleinen Schlenker zum Rahwegteich und kommt später wieder zurück an die Tarpenbek. Sie verschwindet bald wieder in Rohren unter der Landebahn: Wir werden sie auf der anderen Seite wiedersehen. Bei Kilometer 15 kommt man zu einem kleinen Hügel mit einigen Bänken, wo man gut eine Pause einlegen kann und sowohl Flugzeuge als auch die Planespotter mit ihren gewaltigen Teleobjektiven beobachten kann.

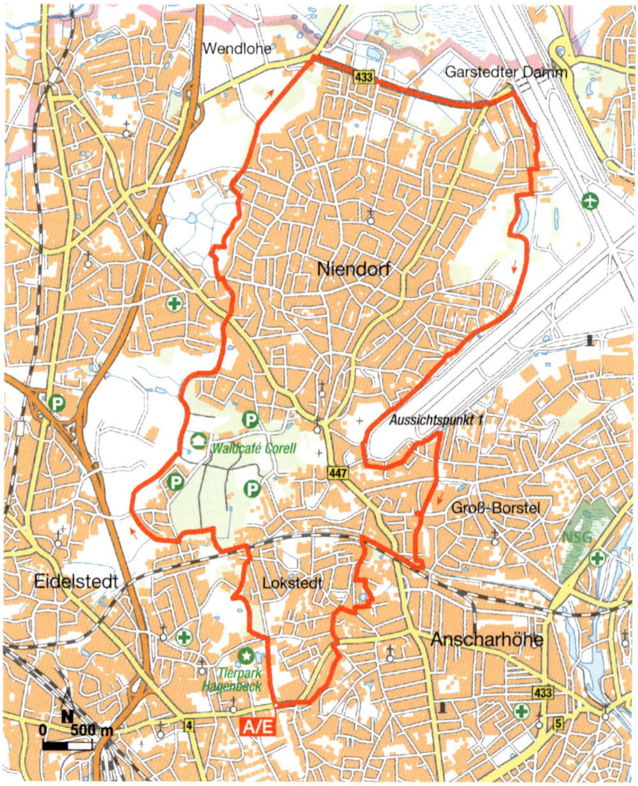

Zurück zur Kollau Nach der Pause bleiben wir nah am Flughafenzaun und umrunden die Südspitze. Nach 1,5 Kilometern geht rechts in spitzem Winkel ein Weg etwas abwärts (Vorsicht!) ab, um – Überraschung! – wieder der Tarpenbek zu folgen: ein schöner, zugewachsener Weg, dem wir weitere 1,5 Kilometer folgen bis zur Mündung der Kollau in die Tarpenbek. Statt ein Brückchen zu queren, fahren wir auf dem schmalen Pfad neben der Kollau, der direkt vor der Mündung nach rechts führt. Wir überqueren die Kollaustraße und kommen danach zur Niendorfer Straße. Für einen interessanten Parcours nehmen wir eine andere Route auf versteckten, kleinteiligen Wegen zurück zu unserem Ausgangspunkt.

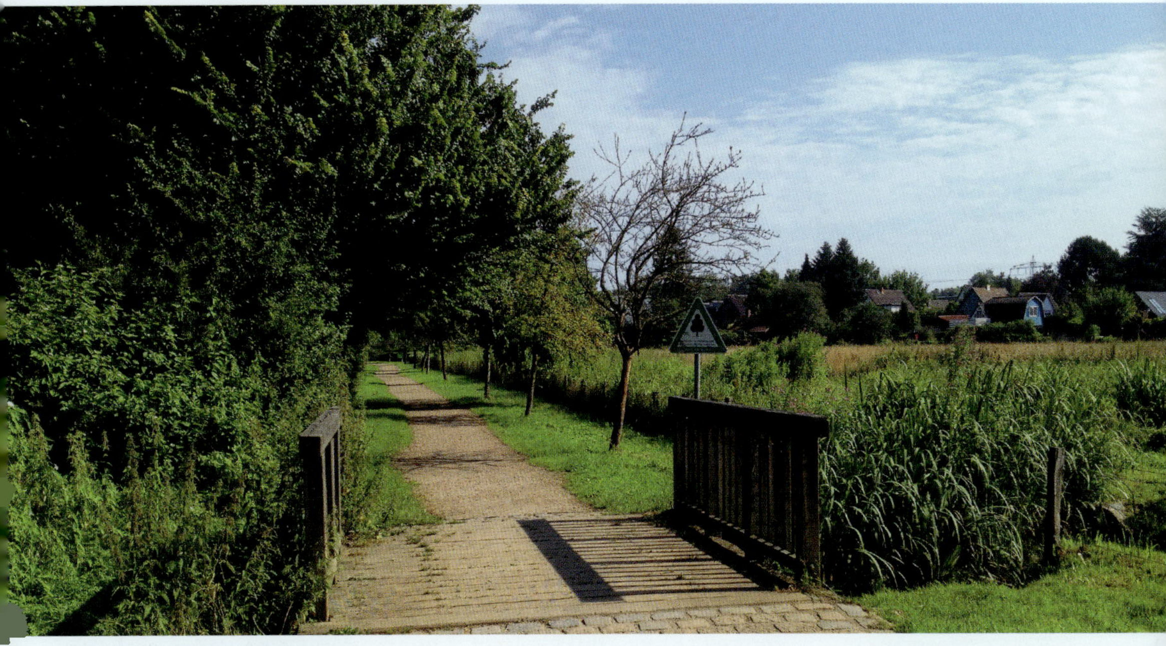

In der Stellinger Feldmark

Durch Parks und Kleingärten zurück Wir biegen links in die Niendorfer Straße und danach links in den Rütersbarg und wiederum links in die Straße Hartsprung. Bald liegt rechts von uns der kleine, schmucke Van-Eiken-Park mit seinem zentralen Teich. Wir fahren gerade durch ihn hindurch und überqueren zwischen luxuriösen Etagenhäusern und dem Gelände einer Altenwohnanlage die Straße Feldhoopstücken. Gegenüber setzt sich der Weg fort zur verkehrsberuhigten Grelkstraße, in die wir rechts einbiegen. An der Einmündung des Rütersbarg fahren wir links in einen sehr, sehr kleinen Parkstreifen, halten uns hier rechts, um am Ende rechts auf einen Plattenweg einzubiegen und dann links in die Stichstraße einer Wohnanlage. Die große Verkehrsachse Julius-Vosseler-Straße überqueren wir an der Fußgängerampel rechts und sind damit am Zugang zur Sackgasse der Döhrnstraße. Nach wenigen Metern auf ihr fahren wir auf einen Weg nach rechts und haben wieder einen Bach als Begleiter: die Schillingsbek. Diesem Pfad folgen wir jetzt immer geradeaus, bis er an der Kreuzung Julius-Vosseler-Straße und Koppelstraße endet. In Blickrichtung sehen wir schon die U-Bahn-Station Hagenbecks Tierpark, unseren Ausgangpunkt.

6 Von der Geest in die Marsch

Die große Rundtour im Osten Hamburgs

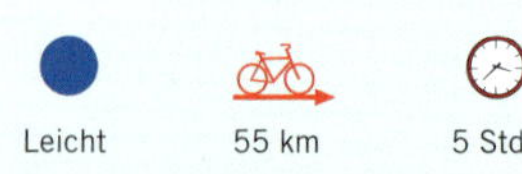

Tourencharakter
Park- und Kleingartenwege, Wirtschaftswege, Deichwege und Bahndamm, wenig Straße

Ausgangs-/Endpunkt
S-Bahn Bergedorf; mit Lift

GPS-Daten
53.489448, 10.206831

Anfahrt
Mit der S21 zur Station Bergedorf

Abkürzung
Wer vom Gleisdreieck auf dem Bahndamm geradeaus nach Bergedorf fährt, spart 10 km und trifft die beschriebene Tour an der Straße Pollhof wieder.

Einkehr
Das Elbcafé, www.das-elbcafe.de; Zollenspieker Fährhaus, www.zollenspieker-faehrhaus.de; Café & Restaurant an der Riepenburger Mühle, www.riepenburger-muehle.com; Hofcafé Eggers in der Ohe, www.hof-eggers.de

Auf Bergedorfs Geestkante genießen wir fantastische Ausblicke, bevor wir am Rande der Dalbekschlucht in die Marsch eintauchen. Hinter der Elbbrücke bei Geesthacht folgen wir der Deichlinie und überqueren auf dem Weg zurück bei Zollenspieker die Elbe mit der Fähre.

An die Schulenbrooksbek An der Ostseite der S-Bahn-Station halten wir geradeaus auf ein kleines Hafenbecken zu, wenden uns nach links und fahren dann rechts in die Alte Holstenstraße. Schräg links vor uns sehen wir schon das Bergedorfer Schloss, das wir uns für den Schluss aufsparen. Anschließend schieben wir durch die Fußgängerzone (Sachsentor), um am Ende die große Kreuzung Mohnhof zu überqueren. Etwas links versetzt geht es durch eine Sackgasse (Greves Garten) zum Schulenbrooksweg. Die Schulenbrooksbek überqueren wir nach rechts auf dem Möllers Kamp. Gleich hinter der Brücke nehmen wir links den Parkweg entlang des Baches – auch durch Kleingartengebiete –, bis wir vor einem Waldstück nach rechts zur August-Bebel-Straße radeln.

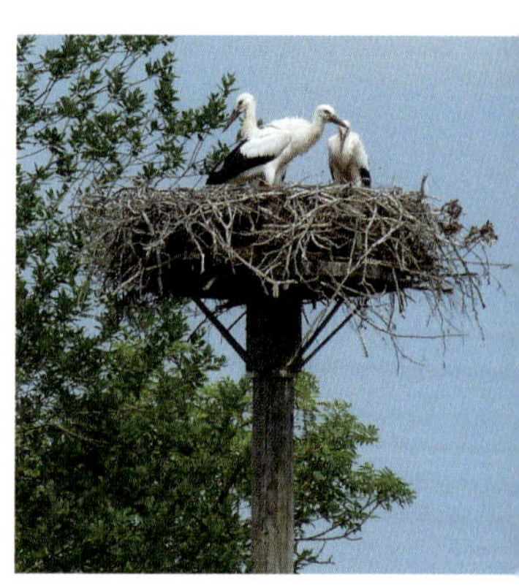

Storchennest auf dem Hof Eggers

Zur Geestkante Gleich dahinter fahren wir rechts die Straße An der Sternwarte bis zum Rechtsknick und dann links in den Weg Schorrhöhe. Wir folgen diesem Weg an der Geestkante mit wunderbaren Ausblicken immer am Zaun des Friedhofs entlang bis zu einer Wegeteilung. Wir nehmen den linken zum Hinterausgang des Friedhofs und müssen eventuell das kurze Stück hochschieben.

Zur Dalbekschlucht Oben biegen wir rechts in den Neuen Weg ein bis nach Börnsen, wo es rechts und bald wieder links in den Hamfelderredder geht. Der führt direkt auf die Dalbekschlucht

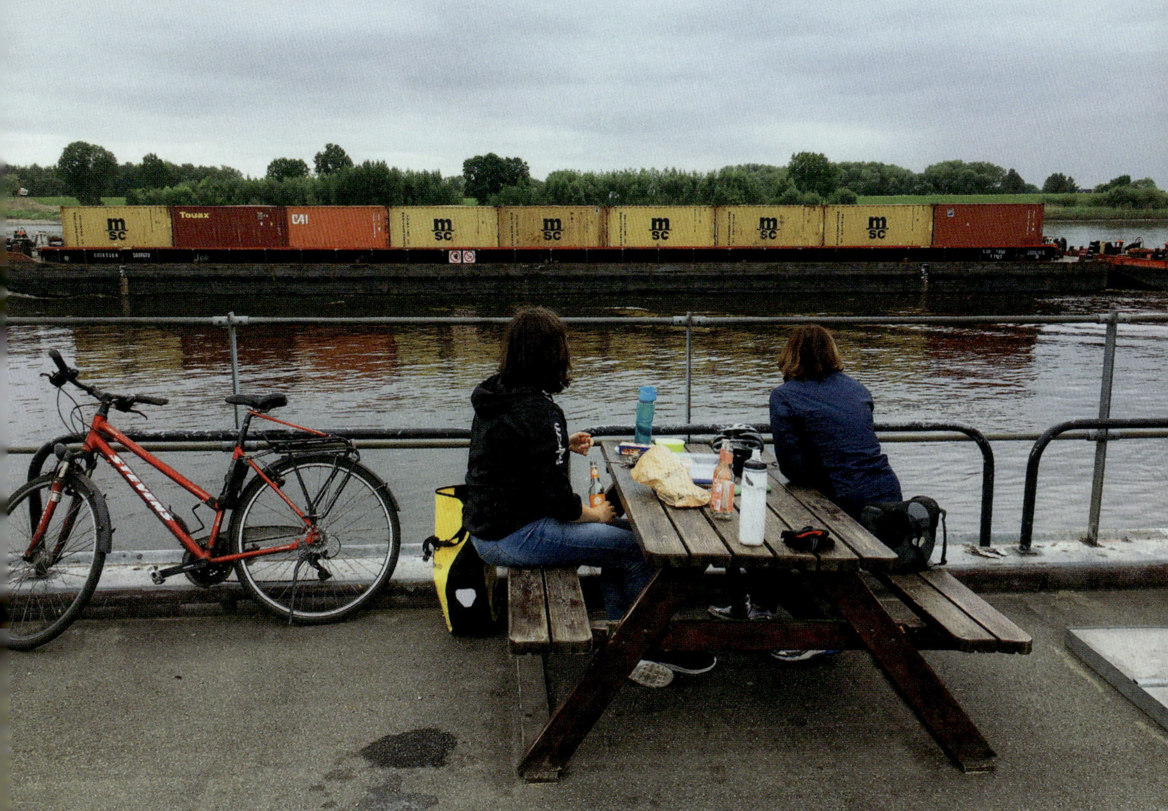

Pause am Fähranleger Zollenspieker

zu mit einer Informationstafel am Anfang. Hier stürzt die Dalbek in naturbelassenem Zustand die Geestkante herunter. Sehr schön ist zum Anfang des Frühlings der dichte Teppich aus Buschwindröschen. Oben am rechten Rand der Schlucht ist ein fahrradgängiger Weg, der uns später auf dem Dänenweg die Geestkante hinunterführt.

Durch die Marsch Unten in der Marsch überqueren wir die Hauptstraße an der Fußgängerampel für den Weg An der Mäsbek. Dann fahren wir links in den Weg Dröge Wisch, der nach kurzer Zeit nach rechts schwenkt und die A25 überquert. Ab seinem Linksknick haben wir jetzt links Feuchtwiesen, geradeaus kommen wir auf ein sandiges Stück mit Kiefern und Heidebewuchs.

Tipp

Die Fähre Zollenspieker verkehrt vom 1. März bis 30. November im Pendelverkehr.

Die Dänenbrücke Am Ende – wieder auf Asphalt – sehen wir eine historische Steinbrücke, die sogenannte Dänenbrücke, und biegen in die zweite Straße rechts, den Kiefernweg, ein und dann rechts in den Altengammer Hausdeich. Kurz vor der Elbe fahren wir links in den Borghorster Elbdeich bis zur Elbbrücke. Links vor der Brücke ist eine Rampe. Auf der Brücke können wir dann die schöne Aussicht nach allen Seiten genießen.

Immer am Deich entlang Wir befinden uns jetzt am östlichsten Punkt unserer Rundtour und fahren auf der anderen Elbseite auf einem Deichweg zurück. Hier lässt es sich gut rollen. Bei der Marienkirche in Drennhausen lädt das Elbcafé ab Mittag zu Kaffee und Kuchen ein. Wir passieren Stove mit seinem Strand und der improvisierten Galopprennbahn sowie zwei Campingplätzen. Zahlreiche Bänke auf der Deichkrone verführen zum Ausruhen mit genießerischem Blick auf die Elbauen.

Eine Fährfahrt mit Ausblicken Nach 14 Kilometern schönsten Rollens erreichen wir den Fähranleger hinüber nach Zollenspieker. Wer jetzt Hunger hat, kann im Zollenspieker Fährhaus einkehren oder – rustikaler – den Imbiss direkt am Anleger aufsuchen. Allerdings gibt es am Wochenende etwas später noch schönere Gelegenheiten.

Auf dem Marschenbahndamm Am Anleger fahren wir 600 Meter nach links auf dem Zollenspieker Hauptdeich bis zur ersten Möglichkeit, rechts in einen kleinen Weg einzubiegen, der uns rüber zum Kirchwerder Hauptdeich führt. Hier beginnt der Bahnradweg. Am ehemaligen Gleisdreieck mit seinem Spielplatz biegen wir nach rechts ab. Schon die zweite Straße links führt zur Riependorfer Mühle mit ihrem Mühlencafé; etwas später weist uns ein Schild nach links zum Hof Eggers mit seinem Hofcafé (nur am Wochenende). Im Sommerhalbjahr suchen hier auf den Wiesen Störche nach Nahrung und auf dem Hof haben sie ihre Nester auf den Dachfirsten. Danach fahren wir weiter entspannt auf dem Marschbahndamm durch kleine Waldstücke und feuchte Wiesen. Es lohnt sich, die Altengammer Kirche rechts anzuschauen: Das ist Fachwerk vom Feinsten.

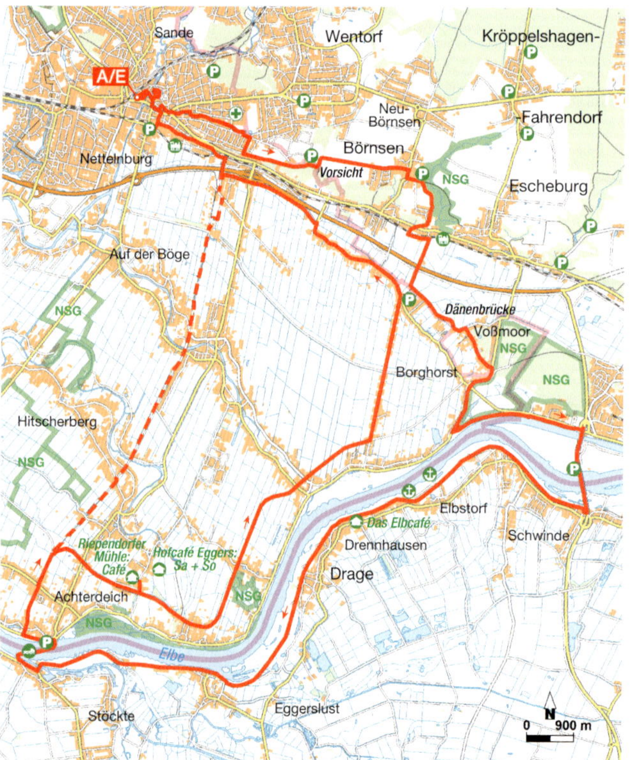

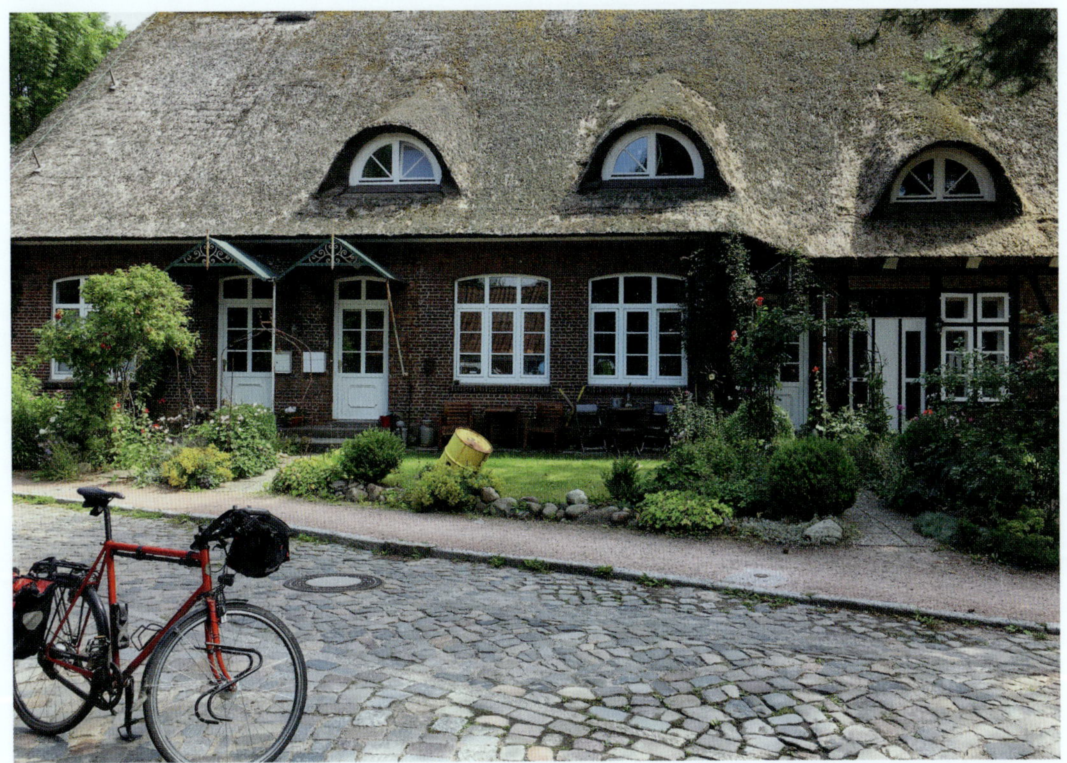

Traditionelle Häuser im Dorf Altengamme

Zurück nach Bergedorf In Altengamme biegen wir links in den schnurgeraden Gammer Weg ein und fahren an dessen Ende links in den Horster Damm, dem wir folgen bis zu seinem Rechtsknick. Vor dem Graben Brookwetterung biegen wir links ab in die Sackgasse Brookdeich, die zum Feldweg entlang der Autobahn wird. Der Feldweg lässt sich gut fahren, im Sommer locken Mirabellenbäume zum Naschen der Früchte. Später wieder auf Asphalt heißt er Boldtweg und führt mit einem Linksknick zur Rampe über die Autobahn auf der Straße Pollhof. Auf der anderen Seite biegen wir nach links in die Fahrradstraße, die hier wieder Brookdeich heißt, bis zur Straße Neuer Weg. Auf dieser fahren wir nach rechts immer geradeaus bis zur Fußgängerampel über die Bergedorfer Straße. Geradeaus kommen wir wieder über die uns nun schon bekannte Fußgängerstraße Sachsentor zurück in Richtung Bahnhof. Wenn wir jetzt noch Zeit und Lust haben, machen wir den kleinen Schlenker zum Bergedorfer Schloss und seinem Wassergraben drum herum.

Tipp

Das Hofcafé Eggers hat in der Sommersaison am Wochenende geöffnet und ist mein ultimativer Tipp für eine Einkehr: einfach cool!

7 Rundtour durch drei Moore

Versteckte Wege an Bächen

Leicht | 39 km | 3,5 Std.

Tourencharakter
Überwiegend Wanderwege an Bächen und in Kleingartengebieten, kaum Straße

Ausgangs-/Endpunkt
U-Bahn Hagenbecks Tierpark; mit Lift

GPS-Daten
53.593118, 9.943964

Anfahrt
Mit der U2 zur Station Hagenbecks Tierpark

Abkürzung
Wenn wir die Flughafenstraße erreicht haben, können wir dort direkt in die U-Bahn an der Haltestelle Fuhlsbüttel Nord einsteigen.

Einkehr
Pulvermühle, www.pulvermuehle.eu, 15–17 Uhr geschlossen; Antonios Eiscafé, Flughafenstraße 69

Diese Tour führt uns auf Radwegen an Hamburger Bächen zu drei Mooren: dem Ohmoor, dem Raakmoor und dem Eppendorfer Moor. Alle drei Moore sind kleine Naturoasen mit ganz besonderer Flora und Fauna.

Auf dem Kollauwanderweg Wir starten an der U-Bahn-Station Hagenbecks Tierpark. Die ersten neun Kilometer sind identisch mit Tour 5: Es geht an der Kollau entlang zur Stadtgrenze Hamburgs an der belebten Verkehrsachse Swebenweg.

Ins Ohmoor Wir überqueren den Swebenweg an der Ampel, um nach wenigen Metern auf der Ohechaussee rechts in den Herulerweg und dann die zweite wiederum rechts in den Moordamm einzubiegen. Wir folgen der Straße um einen Teich herum und nehmen dann nach der Überquerung des Ohmoorgrabens (kleine Brücke) links einen Fußweg, der von einem Waldstück begleitet wird. Am Ende fahren wir links in den Sachsenstieg, wo an seinem Rechtsknick halb links unser Einstieg ins erste Moor ist. Das Ohmoor schmiegt sich an den

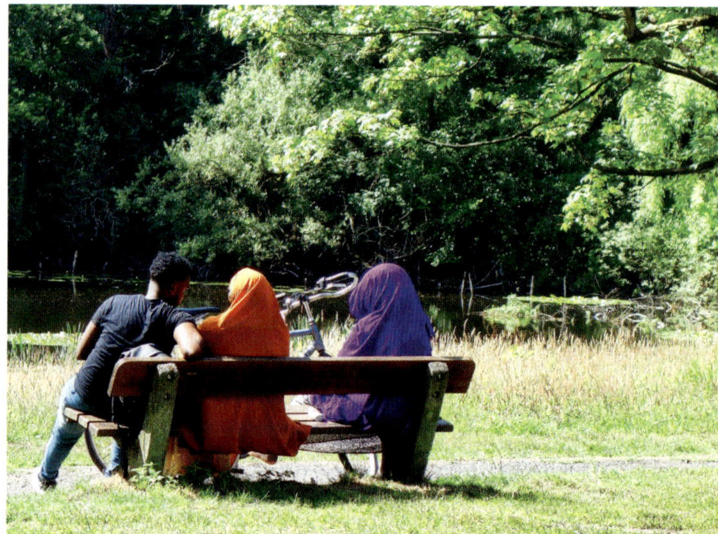

Park am Bornbach

Rand der nördlichen Landebahn des Flughafens. Der Weg ist mit Rindenmulch ausgekleidet, was unser Fortkommen etwas ausbremst. Wenn der Weg sich gabelt, fahren wir nach rechts zum Zaun der Landebahn, wo wir wieder links abbiegen. Am nördlichen Ende der Landebahn können wir den Weg nach rechts nehmen, um am Ende die Niendorfer Straße zu errei-

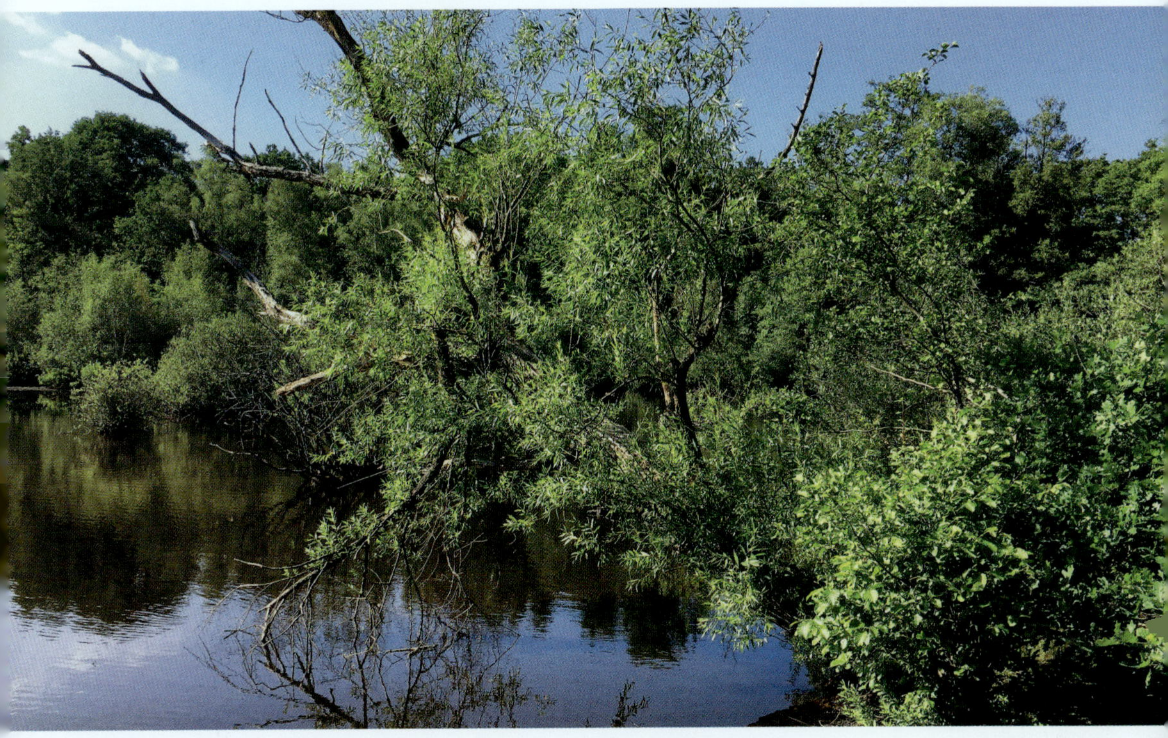

Weiher im Eppendorfer Moor

chen, die wir auf dem Radweg rechts herunterfahren bis vor die Kreuzung mit dem Krohnstieg. Links durch ein Rückhaltebecken fließt die Tarpenbek und hier mündet auch der Bornbach, der jetzt unsere Leitschnur wird.

Entlang des Bornbaches Wir passieren zwei kleine Brückchen und folgen dem Bornbach, der jetzt mal links, mal rechts vom Weg verläuft: eine herrliche Möglichkeit, auf grünen Wegen Stadtteile zu queren. Jenseits der Langenhorner Chaussee geht es vor einem Kleingartengebiet über ein Brückchen auf die andere Seite des Baches auf einen sehr schönen Weg zu einem romantischen Weiher, der zu einer Verschnaufpause einlädt. Wir bleiben immer nah am Bach. Alternativ zum schmalen Weg könnten wir vor dem Brückchen

Tipp

Sehr leckere Eisbecher gibt es in Antonios Eiscafé an der U-Bahn-Station Fuhlsbüttel Nord!

etwas nach rechts versetzt (parallel zum Bach) auch durch die Kleingärten fahren. Nachdem der Weg später auf einem weiteren Brückchen nach links geschwenkt ist, landen wir am Neuberger Weg, dem wir kurz nach rechts folgen, um uns dann hinter der U-Bahn wieder links dem Bornbach anzuvertrauen – immer nah an der U-Bahn-Trasse bis zur Station Kiwittsmoor. Der Bornbach und auch unser Weg knicken hinter dem Vorplatz nach rechts ab. 500 Meter später macht unser Bach nach einem Brückchen wiederum einen Rechtsknick. Der Bornbach führt uns nun über die Tangstedter Landstraße an einem weiteren Weiher vorbei in sein Quellgebiet. An einer Wegeinmündung verlassen wir den Bach nach rechts und folgen 250 Meter später rechts dem Jersbeker Weg. An dessen Ende fahren wir weiter geradeaus auf einem Parkweg, der uns direkt zum Raakmoorgraben führt.

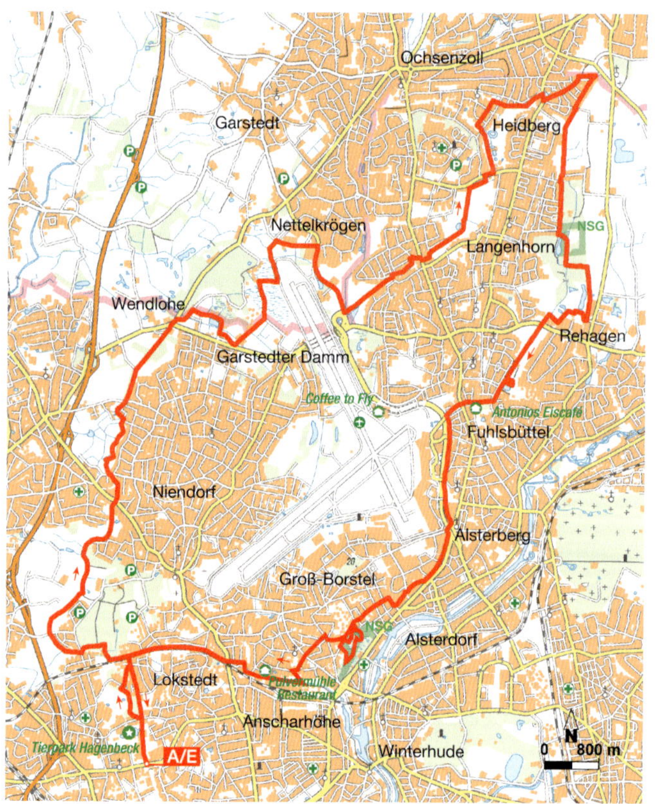

Im Raakmoor Vor dem Raakmoorweiher biegt ein Weg nach links ab, der uns nach wenigen Metern zu einem erhöhten Aussichtspunkt bringt. Danach knickt der Weg nach rechts ab und nach 300 Metern machen wir einen kleinen Schlenker nach links und anschließend nach rechts in den Weg Wildes Moor. Später am Linksknick biegen wir nach rechts ab und folgen dem verschlungenen Weg an Pferdekoppeln vorbei. Erst vor der Bebauung biegen wir in den Raakmoorgrund nach rechts ab. Nach wenigen Metern können wir am Raakmoorgraben nach links zurück auf unseren Wanderweg einbiegen.

Weiter am Raakmoorgraben Dieser quert im Folgenden den Ring 3 an einer Ampel. Wir bleiben weiter geradeaus – jetzt in einem Kleingartengebiet. Wir wechseln einmal die Bachseite. Nach einem Linksknick fahren wir rechts und gleich wieder rechts und umrunden einen weiteren Weiher. So kommen wir zur Flughafenstraße, wo wir rechts einbiegen. Hier könnte man die Tour beenden oder eine Pause im Eiscafé machen.

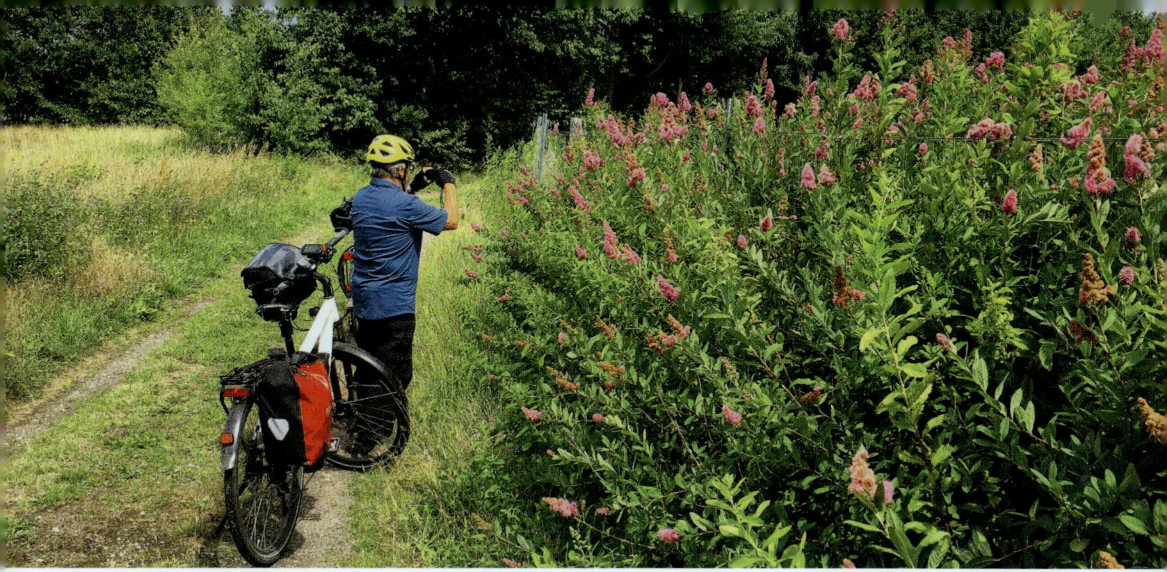

Blütenpracht am Ende der nördlichen Landebahn

Zum Flughafen Die Flughafenstraße führt uns – Nomen ist hier Omen – zum Flughafen, wo wir rechts unterhalb der Straßenauffahrt über die Schnellstraße unseren Weg um den Flughafen finden, auf den wir nach links einbiegen. Am Ende des Radweges fahren wir an einer sehr großen Kreuzung nach rechts auf die Alsterkrugchaussee.

Zum Eppendorfer Moor Nach 800 Metern biegen wir rechts in den Paeplowweg ein, an der Sportallee fahren wir links und an der Straße Heimkehr nach rechts. Später geht es nach einem Linksknick immer geradeaus durch Kleingartengebiete. Wir erkennen das Moorgebiet schon von Weitem durch seinen Baumbestand. Wir fahren nach links in das Moor hinein, umrunden den Weiher und kommen an der gleichen Stelle wieder heraus. Wir setzen unseren Weg fort (Weg 173) und biegen dann rechts ab in den Weg Rathbusch. An der Straße Klotzenmoor angekommen fahren wir schräg nach rechts versetzt in die Köppenstraße, die im weiteren Verlauf Brödermannsweg heißt. An seinem Rechtsknick fahren wir auf einem Fußweg geradeaus durch zur Tarpenbek, wo wir uns auf einem schmalen Weg nach rechts wenden, immer begleitet von der Tarpenbek, vorbei am Restaurant Pulvermühle.

Zurück auf dem Kollauwanderweg Nach 800 Metern kommen wir zur Kollaumündung. Hinter einem Brückchen fahren wir geradeaus durch die Sackgasse Auf dem Kollauer Hof, queren die Kollaustraße und folgen gegenüber dem Kollauwanderweg bis zu dem Punkt, wo wir ihn zu Beginn getroffen haben. Links unter der Eisenbahnbrücke hindurch geht es jetzt immer geradeaus zurück zum Ausgangspunkt.

8 An Gose und Dove Elbe

Die große Vierlandenrundfahrt

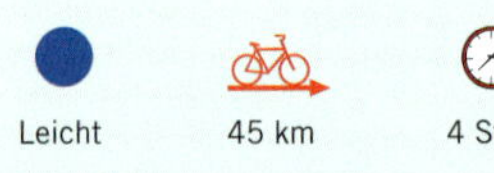

Tourencharakter
Überwiegend verkehrsarme Deichstraßen, im Naturschutzgebiet Reit ein Kilometer etwas unwegsam (evtl. Schieben)

Ausgangs-/Endpunkt
S-Bahn Mittlerer Landweg; mit Lift

GPS-Daten
53.497776, 10.131755

Anfahrt
Mit der S21 zur Station Mittlerer Landweg

Einkehr
Hofladen Stender, www.hofladen-stender.de; Landhaus Voigt, www.landhaus-voigt.de; Hofcafé Eggers in der Ohe, www.hof-eggers.de

Die große Rundfahrt durch die Landgemeinden Hamburgs auf schlängelnden Deichstraßen bietet wunderbare Panoramablicke auf diese besondere Landschaft. Mit von der Partie sind die beiden Altarme des großen Stroms Gose Elbe und Dove Elbe mit glitzernden Wasserflächen.

Zum Eichbaumsee An der S-Bahn-Station Mittlerer Landweg wenden wir uns nach rechts und folgen dem Mittleren Landweg immer geradeaus. Wir bleiben geradeaus bis zur finalen Sackgasse vor der Autobahn. An deren Ende führt ein kleiner Weg unter der Autobahn durch und schraubt sich auf die überquerende Brücke hoch.

Hinter der Brücke fahren wir gleich in die erste Straße rechts (Moorfleeter Deich) hinein und nach 150 Metern links in die Parkanlagen. Wir fahren jetzt auf die Wasserkante der Dove Elbe zu und dort nach links. Erst später müssen wir uns der

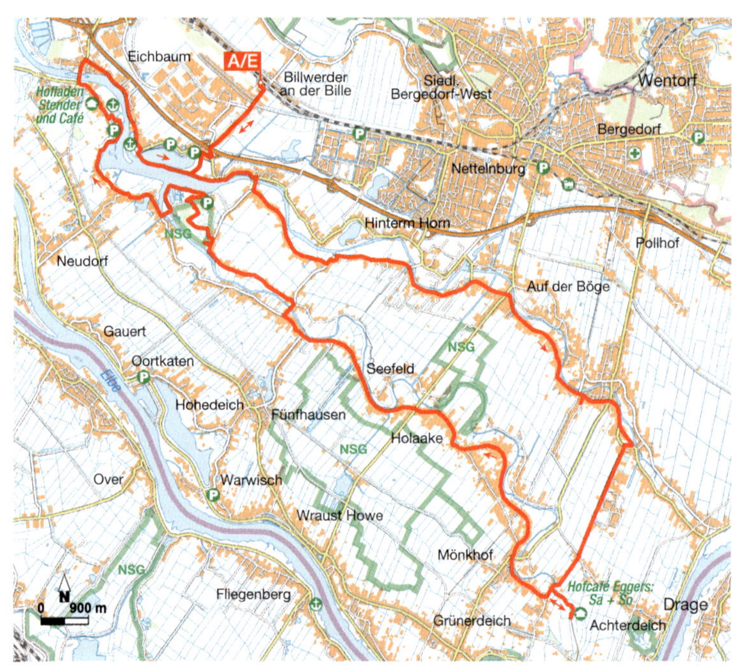

Deichstraße zuwenden. Links leuchten die roten Klinkersteine der Fachwerkkirche Allermöhe. Hinter der Kirche überqueren wir die Dove Elbe. Hier muss man einfach anhalten und Fotos schießen, so beeindruckend sieht es aus.

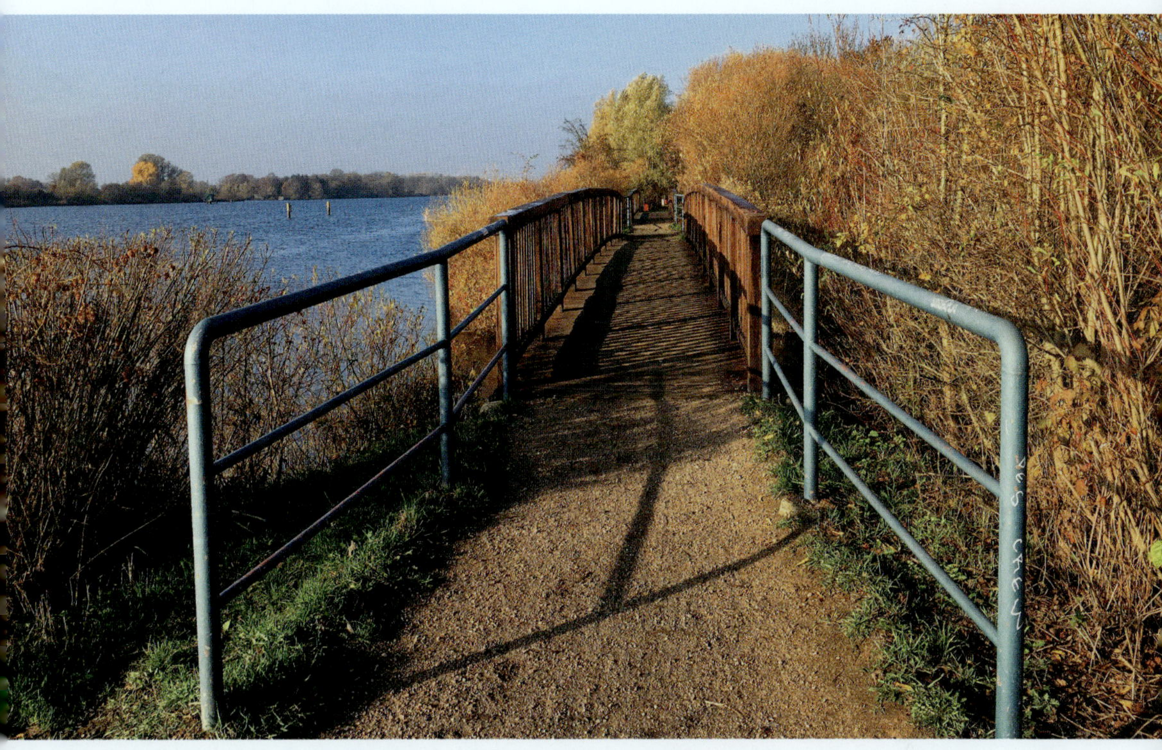

Radweg an der Dove Elbe

Auf der Deichstraße an der Dove Elbe An der folgenden Einmündung in den Vorderdeich biegen wir links ein. Die Straße, die später Neuengammer Hausdeich heißt, wird uns jetzt eine ganze Weile leiten. Auf dieser Deichstraße ist wenig Verkehr. Es macht großen Spaß, auf den gewundenen Straßen unterwegs zu sein und die Blicke nach allen Seiten in das Marschland und die Wasser schweifen zu lassen. Zehn Kilometer folgen wir dieser Deichstraße, mal mehr, mal weniger nah von der Dove Elbe begleitet. Wir kommen an der Reitbrooker Windmühle und dem einen oder anderen hübschen Bauernhaus vorbei. In Neuengamme lohnt ein kurzer Besuch der Kirche. Im weiteren Verlauf fahren wir abweichend vom Deich links herunter in die Straße Zwischen den Zäunen, die bald zur Deichstraße zurückkehrt.

Belastete Vergangenheit Wir müssen nun ein paar Meter auf der Deichstraße zurück und biegen nach links in den Jean-Dolidier-Weg ein. Hier nähern wir uns einem furchtbaren Kapitel deutscher Geschichte: Wir passieren das weitläufige Gelände des ehemaligen Konzentrationslagers Neuengamme, jetzt ein Ort des Gedenkens. Man sieht noch Reste des ehemaligen Gleisanschlusses, auf dem die Häftlinge mit Güterwagen nach Neuengamme hin- und auch abtransportiert wurden. Hier wird abstraktes Geschichtswissen ganz real. Nach einem Brückchen über die schmale Gose Elbe kommt links der Abzweig zum Bauernhofcafé Eggers (Samstag und Sonntag geöffnet). Der Abstecher lohnt sich schon allein wegen der vielen Störche, die dort leben. Auf unserem ursprünglichen Weg sind wir nach wenigen Metern am Scheitelpunkt unserer Tour.

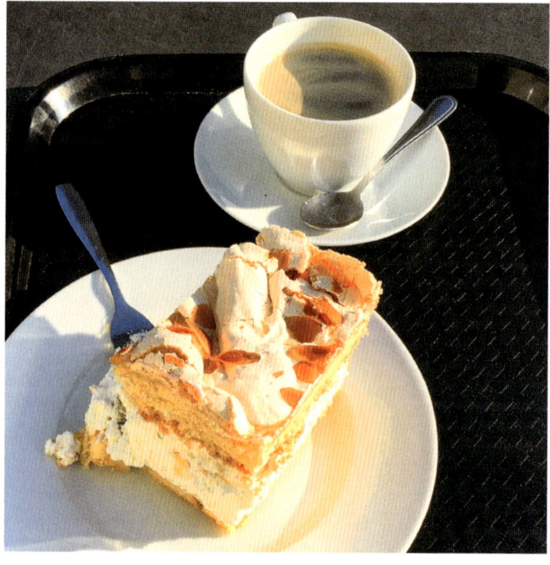

Tipp

Stachelbeerkuchen im Hofladen-Café Stender: sehr lecker!

Auf der Deichstraße an der Gose Elbe Wir drehen jetzt nach Westen und biegen dazu rechts ein in den Kirchwerder Hausdeich, zunächst von der Gose Elbe auf der rechten Seite begleitet. Wir queren den Heinrich-Stubbe-Weg und bleiben an einer Gabelung auf dem Hausdeich. Neun Kilometer mäandert die Deichstraße genauso wie die Gose Elbe in ihren Auen. Wenn sich rechts die Wulffsbrücke auftut, wechseln wir die Seite und fahren gleich danach wieder links am Ufer entlang. Zuerst haben wir ein wenig Kopfsteinpflaster, aber keine Angst: Der Belag geht bald über in eine Teerdecke.

In der wilden Reit Jetzt wird es noch einmal wild: Wir nähern uns der Spitze dieser ehemaligen Elbinsel mit ihrem Naturschutzgebiet »die Reit«, einem Amphibien- und Vogelparadies. Die Reit ist ein sumpfiger Dschungel, durch den ein etwas erhöht angelegter Besucherweg führt, sodass wir ohne nasse Füße und Reifen hindurchkommen. Die meiste Zeit kann man da auch pedalieren. Unter einigen tief hängenden Ästen sollte man absteigen und durchschieben. Bei unserem Entree in die Reit passieren wir die Baracken des Infohauses des NABU und eine Forschungsstation. Am Ende kommen wir auf dem Reitdeich an, wo wir rechts fahren bis zur Wasserseite und dann nach links an der Wasserkante einmal die Spitze umrunden.

Ochsenwerder An der Reitschleusenbrücke überqueren wir die Gose Elbe wieder und kommen auf unsere ursprüngliche Deichstraße zurück, die jetzt Ochsenwerder Norderdeich heißt. Hier biegen wir rechts ein. Jetzt wird es belebter. Yachtclubs und Werften beherbergen viele Schiffe. Auch Restaurants tun sich auf, z. B. das Landhaus Voigt gleich hinter der Schleusenbrücke. Wir folgen dem Norderdeich und nutzen die Möglichkeit, noch einmal auf Pfaden nahe der Wasserkante zu rollen, indem wir hinter einem historischen, weiß gestrichenen Haus mit der Hausnummer 32 rechts den Weg zur Uferkante nehmen. Die Straße heißt inzwischen Tatenberger Deich. Der Pfad verläuft parallel zur Straße und kommt dann auch bald wieder zu ihr zurück. Später passieren wir noch den Hofladen Stender, der mit seinem Café und hausgebackenem Kuchen lockt.

Zurück zum Ausgangspunkt Im weiteren Verlauf nähern wir uns der Tatenberger Schleuse, die wir nach rechts überqueren, um dann in die nächste Straße rechts, den Moorfleeter Deich, einzubiegen. Bald können wir auf einen Weg am Ufer schwenken. Er führt um ein kleines Hafenbecken herum und bleibt dann in Ufernähe zwischen Dove Elbe und Eichbaumsee. So kommen wir zu der Stelle, an der wir unsere Rundtour begonnen haben, und kehren auf dem Weg, den wir auf dem Hinweg schon genommen haben, zum Bahnhof Mittlerer Landweg zurück.

Prachtvolles Portal in einem Vierlandehaus

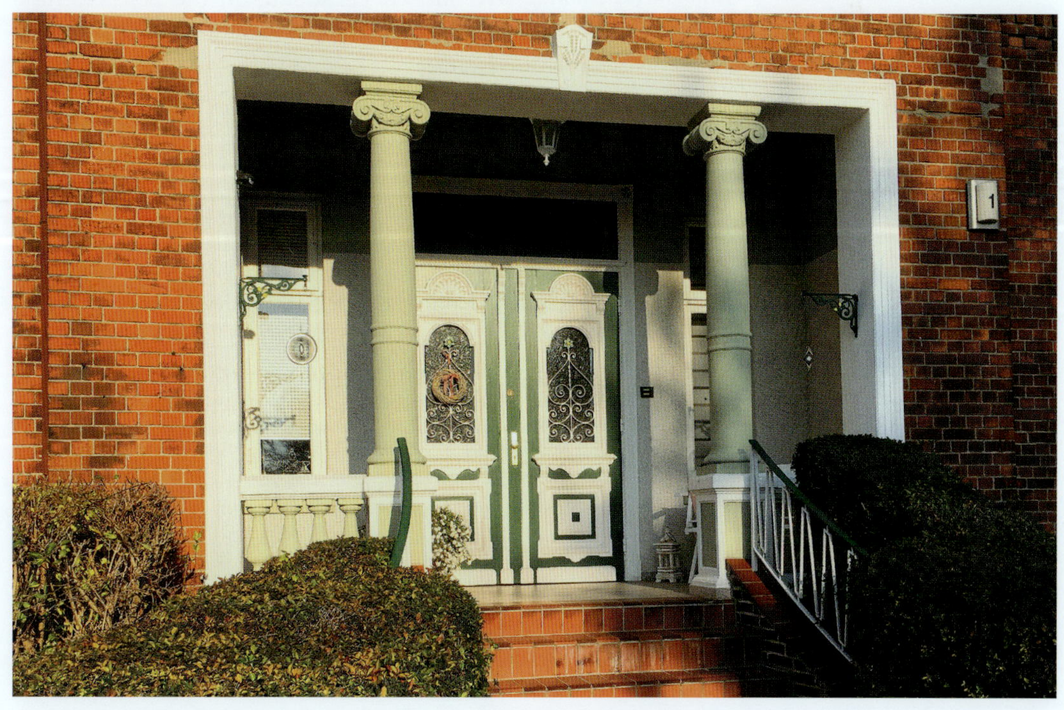

9 An Osterbek und Seebek

Ein See, ein Friedhof und ein Moor

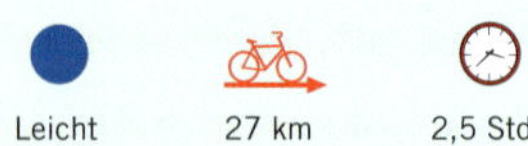

Leicht | 27 km | 2,5 Std.

Tourencharakter
Überwiegend Parkwege, am Anfang und Ende etwas Straße

Ausgangs-/Endpunkt
U-Bahn Klosterstern; mit Lift

GPS-Daten
53.581149, 9.988488

Anfahrt
Mit der U1 zur Station Klosterstern

Abkürzung
Nach dem Verlassen des Friedhofs kommen wir zur U- und S-Bahn-Station Ohlsdorf. Lifte vorhanden.

Einkehr
Restaurant T.R.U.D.E., www.trude-hh.de; Café Bobby Reich, www.bobbyreich.de

Die Osterbek begleitet uns ab ihrer Mündung, bis wir auf die Seebek treffen, die uns zum größten Parkfriedhof der Welt bringt. Nachdem wir den durchfahren haben, bringt uns die Alster noch zum Eppendorfer Moor.

Vom Klosterstern zur Alster An der U-Bahn-Station Klosterstern fahren wir aus dem Kreisverkehr rechts in den Harvestehuder Weg und biegen unten an der Alster links zur Krugkoppelbrücke ab. Auf der Brücke und auch unten vom Steg des Traditionscafés Bobby Reich hat man einen fantastischen Blick über die Alster auf die Skyline der Innenstadt. Später biegen wir rechts in die Straße Bellevue ein: ein passender Name. Nach einem Linksknick sind wir an der breiten Mündung der kanalisierten Osterbek in die Alster.

Am Osterbekkanal Wir fahren geradeaus in die Körnerstraße bis zum Mühlenkamp, dann rechts über die Brücke und gleich

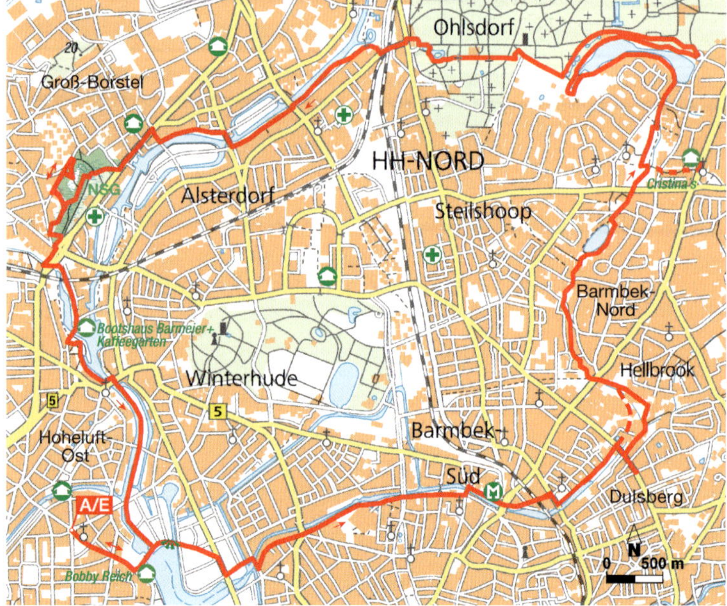

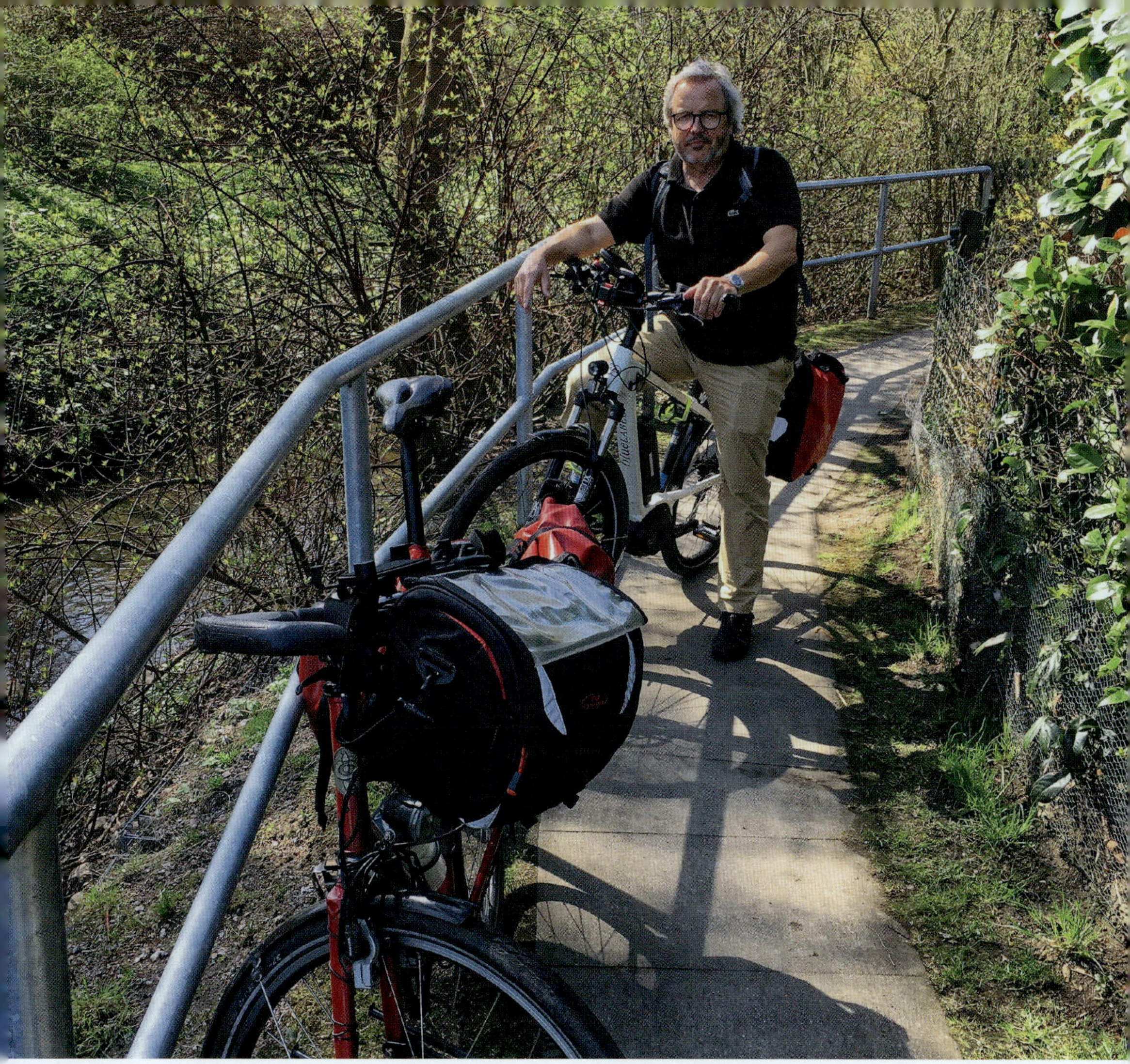

An der Mündung der Seebek

wieder links in den Hans-Henny-Jahnn-Weg, danach über die Barmbeker Straße hinüber in die verkehrsberuhigte Osterbeksstraße. Schöne Ausblicke auf den Wasserzug haben wir von Brücken über den Kanal. Nach der Saarlandstraße wechseln wir später an der Hufnerstraße die Uferseite. Das bringt uns zum Areal des Museums für Arbeit, wo der Beginn der Touren 14 und 29 ist. Vorbei am riesigen Bohrkopf T.R.U.D.E. und dem gleichnamigen Restaurant endet der Weg an der Bramfelderstraße. Fußgängerampeln zu unserer Linken bringen uns auf die gegenüberliegende Seite zur Straße Lämmersieth, die wir bis zur Krausestraße fahren. Dort geht es kurz nach rechts, bis sich vor der Brücke links ein Parkweg auftut. Nach der Hälfte des Weges schrumpft die Osterbek zu einem Bach. Vor uns liegt wie ein Riegel die stark befahrene Nordschleswiger Straße, die wir an einer Fußgängerampel linkerhand überqueren können.

An der Mündung der Seebek Jetzt haben wir die Wahl: Der bequemere Weg ist rechts von der Osterbek (Variante A), der interessantere geht links von der Osterbek (Variante B). Für Variante A überqueren wir die Osterbek und fahren links in den breiten Parkweg hinein – mit dem Flüsschen dann auf der linken Seite – und queren ihn später auf einem Brückchen linkerhand. Hier trennt sich unsere Tour von Tour 14 und 29. Für unsere Tour fahren wir weiter geradeaus auf der Bogenbrücke über die U-Bahn-Gleise in ein Kleingartengebiet und nach ein paar Metern rechts auf einem Weg hindurch. Am Wichelkamp angekommen wenden wir uns vor den U-Bahn-Gleisen nach links und treffen dann bald auf die Seebek. In der Variante B biegen wir vor der Osterbek links ein auf einen Pfad zwischen Kleingärten und Bebauung. Ein lauschiger Weg rechterhand bringt uns gleich zur Mündung der Seebek in die Osterbek. Der Weg an der Seebek quert ein kleines Holzbrückchen und führt unmittelbar dahinter links auf einen superschmalen Pfad am Ufer der Seebek. Mir machen solche Wege Freude. Schon bald wird der Weg breiter und wir stoßen auf die Variante A. Unter den Gleisen der U-Bahn queren wir die Bramfelder Straße und setzen den Weg an der Seebek fort.

Turm auf dem Ohlsdorfer Friedhof

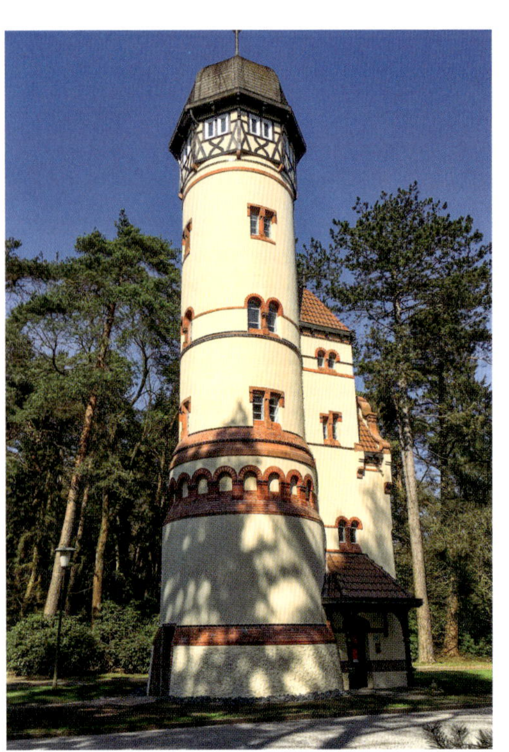

Die Seebek: unsere Leitschnur Hinter dem Appelhoffweiher geht es links vom Bach weiter. Über die Steilshooper Allee hinüber fahren wir immer weiter geradeaus.

Durchfahrt durch den Parkfriedhof Ohlsdorf Die Seebek führt uns später noch einmal über ein Brückchen zur anderen Uferseite zum Bramfelder See, den wir links herum fast ganz umrunden. Am Ende treffen wir auf ein Rondell mit einer Zufahrt zum Ohlsdorfer Friedhof. Dort hinein nehmen wir den ersten Weg links, der sich zu anfangs immer nahe dem Zaun an der Südgrenze des Friedhofs hält. Wir können uns jetzt ein wenig treiben lassen. Am Ende müssen wir den Haupteingang auf der Westseite erreichen.

Von der Alster zum Eppendorfer Moor Wir haben noch ein Schlussbonbon. Dazu queren wir die Fuhlsbüttler Straße und fahren hinein in die Alsterdorfer Straße und hinter den Brücken der Schnellbahnen rechts in die Rathenaustraße und dann

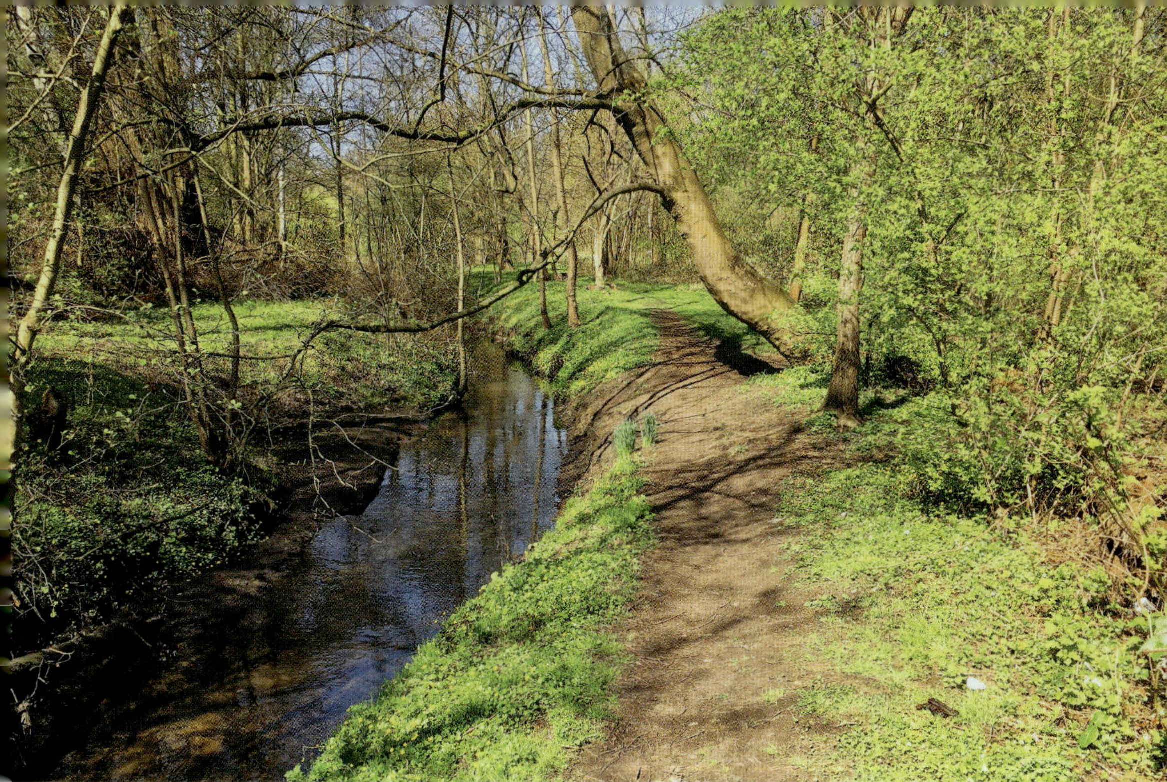

Schmaler Weg an der Seebek

hinunter auf den Weg direkt am Alsterlauf, dem wir bis zur Hindenburgstraße folgen. Bei der Hindenburgbrücke wechseln wir die Uferseite. Am Alsterdorfer Damm fahren wir zur Straße hoch und biegen rechts ein bis zur Kreuzung mit der Alsterkrugchaussee. Auf dieser fahren wir 500 Meter nach links, bis sich rechts ein Zugang zum Moor auftut. Dort können wir um den zentralen Weiher mit schönen Ausblicken herumfahren. Am Ende müssen wir dieses Gebiet im Süden verlassen.

An der Tarpenbek Die große Straßenkreuzung Deelböge müssen wir geradeaus überqueren und vor der Rosenbrookbrücke rechts den Weg zur Tarpenbek hinunter nehmen, wo wir uns nach links wenden. Der führt uns zur Einmündung in die Alster an der Eppendorfer Landstraße. Hinter einem Gebäudeensemble mit der Bootsvermietung Barmeier und dem schönen Gastgarten überqueren wir die Mündung und bleiben auf dem Weg immer nahe dem Wasser der Alster. An der Fußgängerbrücke mit der langen Rampe fahren wir auf die andere Seite der Alster und nach rechts zur Hudtwalkerstraße.

Zurück zum Ausgangspunkt Wir überqueren die Hudtwalkerstraße an der Ampel und rollen gegenüber in die Fahrradstraße Leinpfad. Sie endet an der Krugkoppelbrücke, wo wir den Weg zurück ja schon kennen.

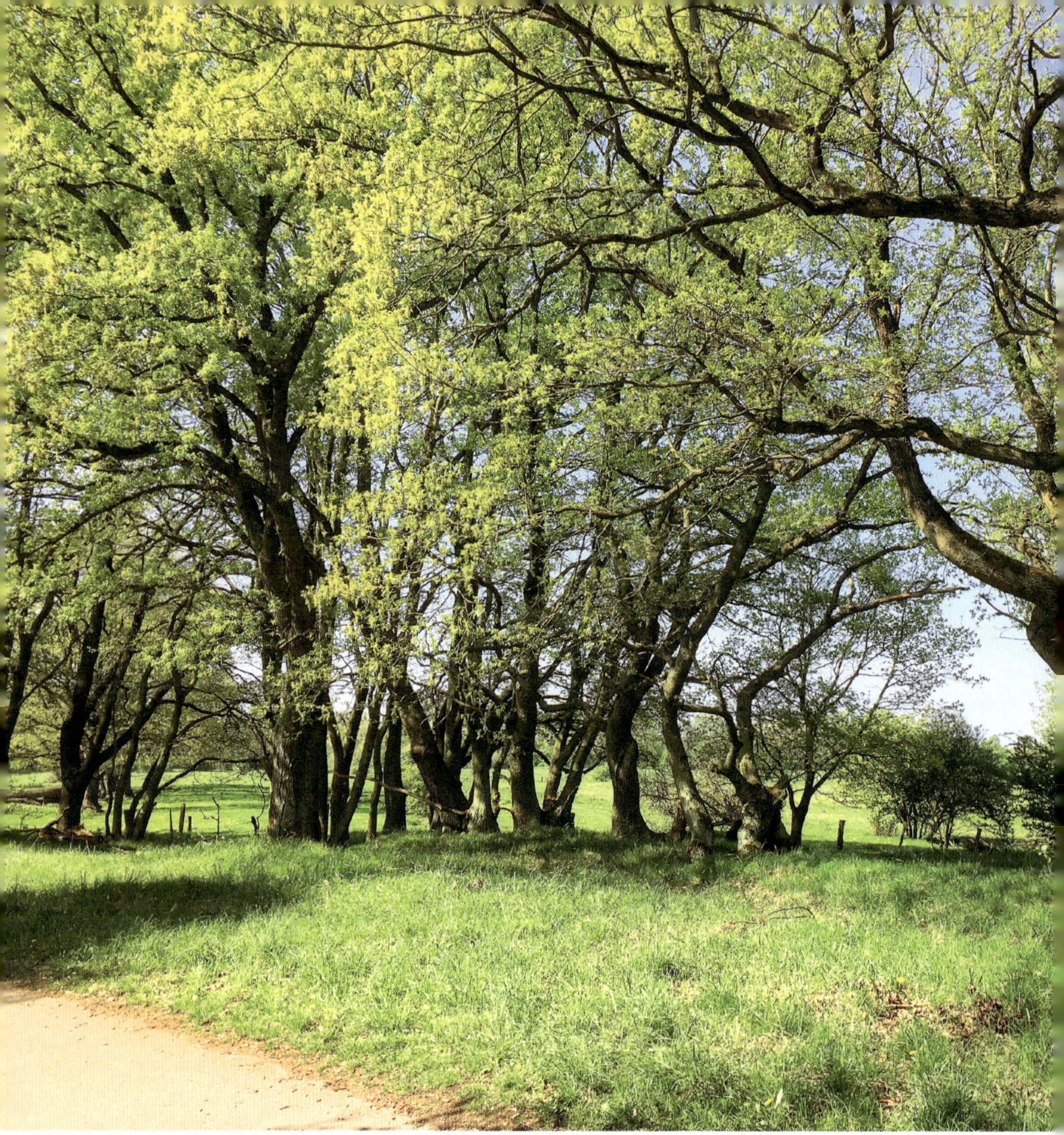

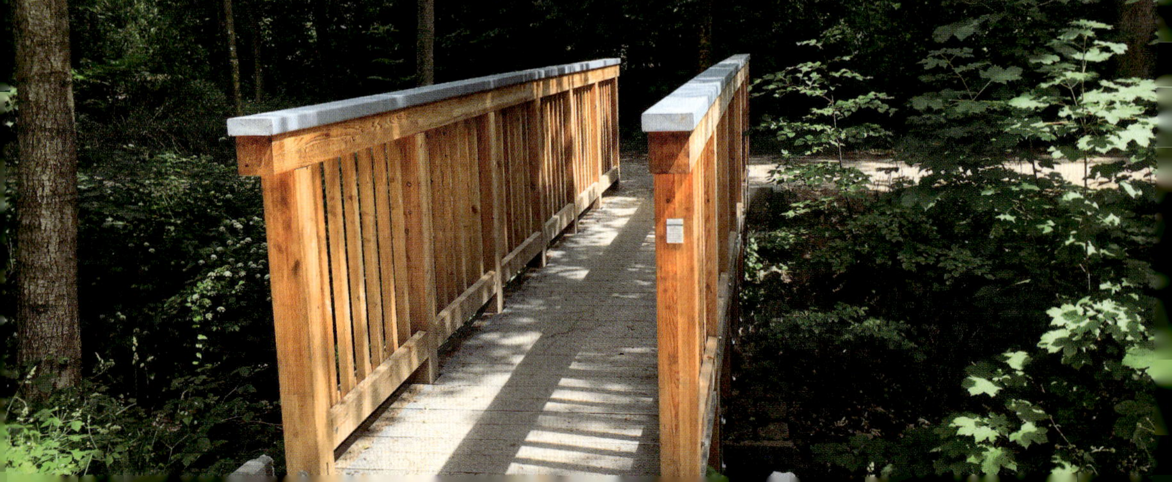

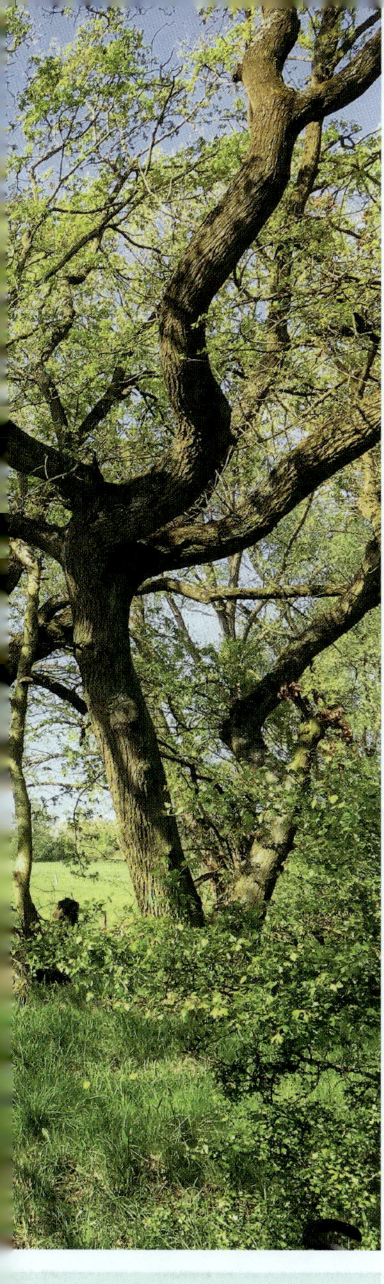

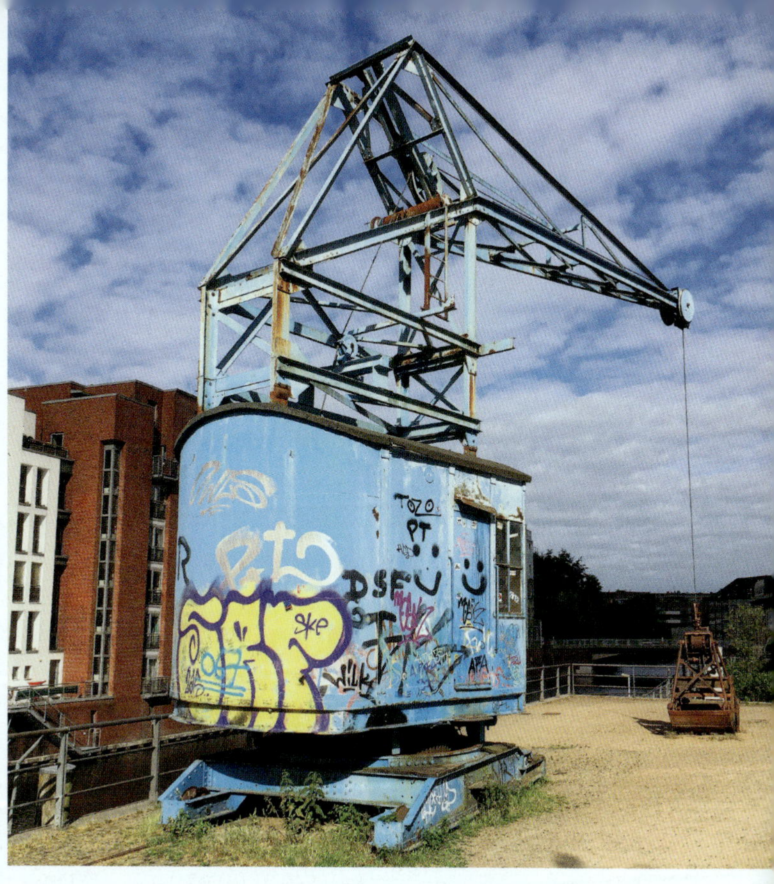

Raus aus Hamburg

Knorrige Bäume in der Boberger Niederung (o. li.). Historischer Kran am Museum für Arbeit in Barmbek (o. re.). Pause mit Hamburger Franzbrötchen (u. re). Brücke über die Bille am romantischen Billewanderweg (u. li.).

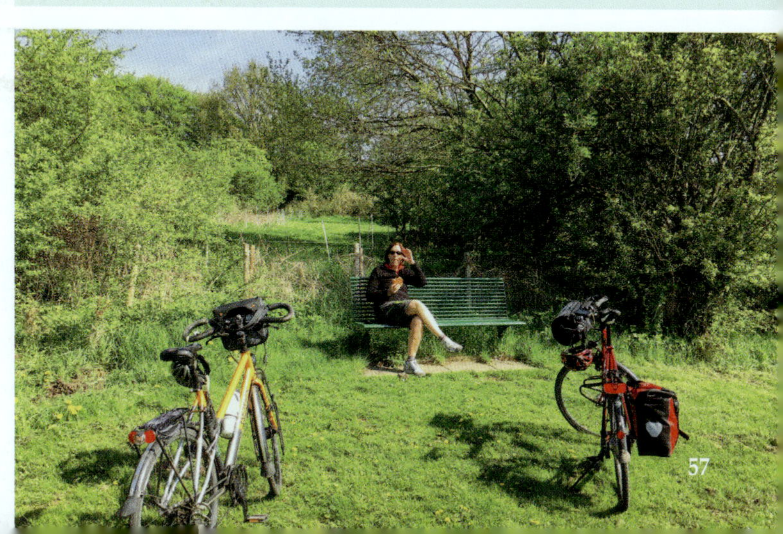

10

An der Bille

Durch die Boberger Niederung und das Bille-Urstromtal

Mittel | 32 km | 3 Std.

Tourencharakter
Park und Wanderwege, an einigen wenigen Stellen auch sehr schmal, kaum Straße

Ausgangspunkt
U- und S-Bahn Berliner Tor; nur die U-Bahn hat einen Lift.

GPS-Daten
53.553418, 10.024477

Endpunkt
S-Bahn Aumühle mit einem Lift; Tageskarte lohnt nicht

Anfahrt
Mit der U2, U3, U4 oder S3, S2, S21 zur Station Berliner Tor. Vom Endpunkt fährt die S21 zurück in die Stadt.

Einkehr
Dorfkrug Boberg, www.dorfkrug-boberg.de; Hansebäcker Junge am Bahnhof Bergedorf; Fürst Bismarck Mühle, www.bismarckmuehle.com

Im Frühling, wenn die Wasserlilien blühen, ist das Radfahren durch die Boberger Niederung wunderschön. Hinter Bergedorf dann hat die Bille sich ein Tal gegraben und ist komplett naturbelassen. Im Sommer lohnt es sich, Badekleidung mitzunehmen für eine Erfrischung im Naturbad Tonteich.

Hoch über der Straße An der Ostseite des Bahnhofs überqueren wir die Gleise auf einer Brücke auf der linken Seite und nehmen den Radweg die Geestkante hoch. Abgetrennt in Höhe und Weite vom Verkehr genießen wir diesen Parkweg. Am Hammer Berg fahren wir nach links und gleich danach rechts in den Horner Weg. 400 Meter später, hinter den S-Bahn-Gleisen, führt uns rechts der Weg Hohle Rönne die Geestkante herunter. Hier trennt sich unsere Route von Tour 11.

In die Kleingärten Nach Querung der Horner Landstraße fahren wir in einem Kleingartengebiet an einer Gabelung links

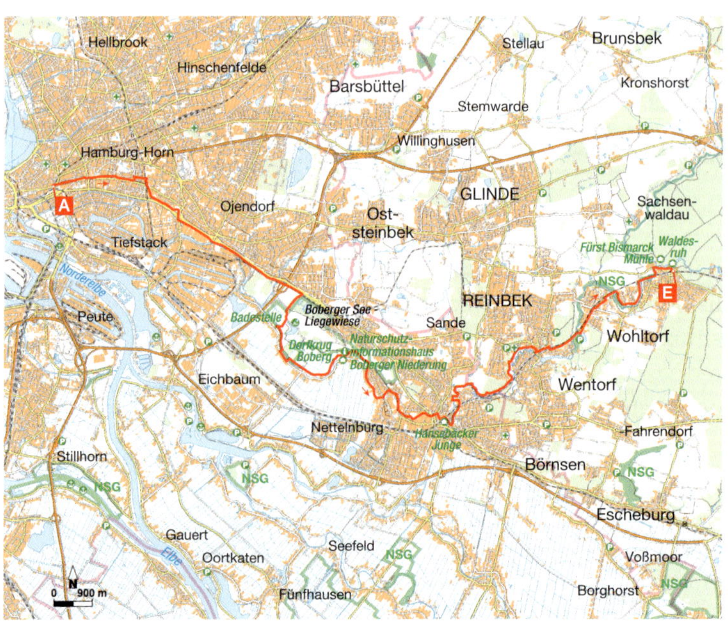

und biegen dann später in den zweiten Weg nach links ein, den Nelkenweg. Über den Bauerbergweg hinweg kommen wir zum kleinen Park an der Horner Rampe, wo sich unser Weg nach rechts zur Straße hochwindet, die uns unter die B5 hin-

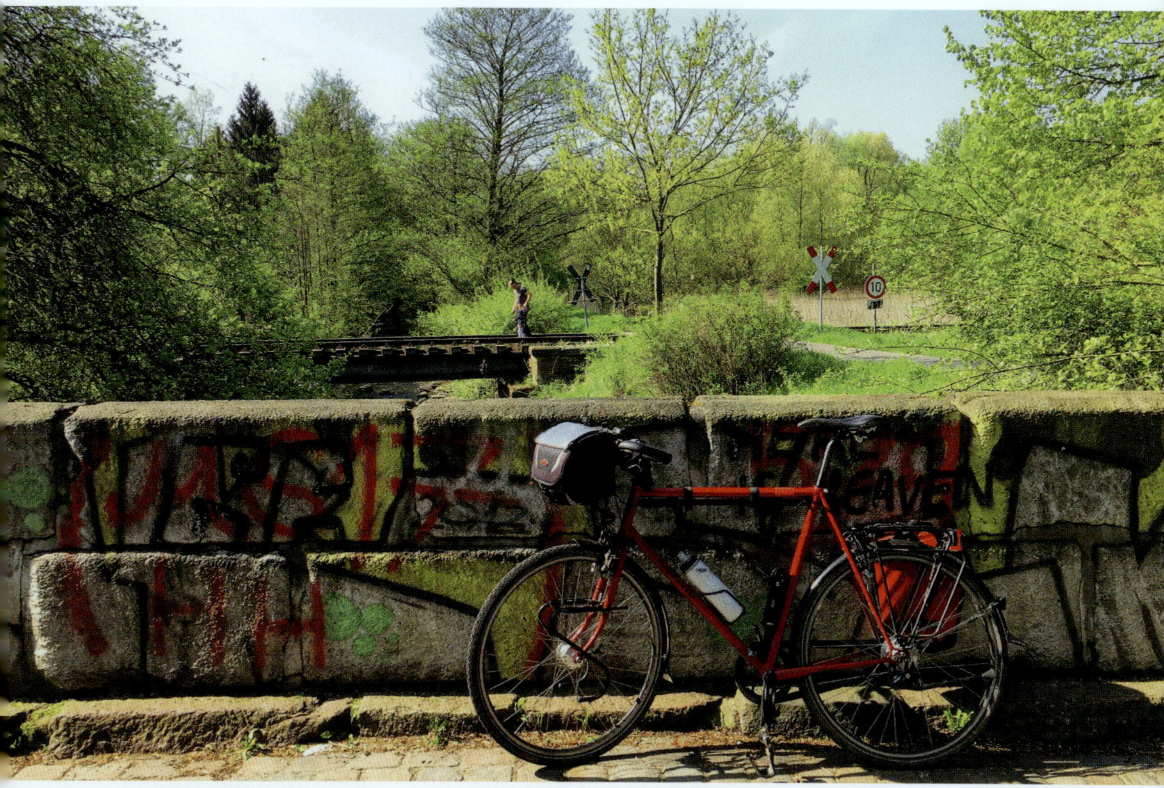

Steinbrücke über die Glinder Au

durchführt. Dahinter queren wir die Straße und fahren parallel zur Hochtrasse der Schnellstraße. Über den Horner Brückenweg hinüber folgen wir der Kolumbusstraße.

Die Bille Wenn die Straße endet, bleibt der Radweg unterhalb der Geestkante und stößt dann zum ersten Mal auf die kanalisierte Bille. Unser Weg geht aber immer parallel zur Schnellstraßentrasse. Hinter der Steinbrücke über die Glinder Au fahren wir unter der Autobahn hindurch und biegen danach auf den ersten Weg nach rechts ein: Jetzt wird es richtig schön!

Moor und Segelflugzeuge Wir passieren das Achtermoor und kommen dann zur Stirnseite des Segelflugplatzes. Der Weg ist von alten, knorrigen Bäumen gesäumt. Wenn sich der Weg an einem Badeteich gabelt, nehmen wir den rechten schmalen Pfad von dreien, der kurz vor der Billwerder Kirche endet. Die Bille ist hier nur ein Bach. Mein Lieblingswanderweg geht vor der Brücke nach links, gesäumt von Feldern, Wiesen und Koppeln.

Natur pur an der Bille An der Straße Boberger Furt befindet sich links das Dünenhaus Boberg mit einer kleinen Ausstellung und rechts der romantische Dorfkrug Boberg. Etwas schräg nach links versetzt setzen wir auf der anderen Seite der Straße unsere Tour fort. An einem kleinen Waldstück am Fuße des Geesthanges nehmen wir den zentralen Weg nach rechts und bleiben an einer Gabelung rechts. Später biegen wir scharf rechts auf eine kleine Brücke über die Bille und bleiben bei ihr. Später, nach der Querung des Ladenbeker Furtwegs, geht es links versetzt weiter bis zum Sander Damm, wo die Bille unter der Erde verschwindet. Wir müssen jetzt links die große Kreuzung überqueren und nach 100 Metern auf dem Sander Damm rechts und gleich noch einmal rechts zur Westseite des Bahnhofs Bergedorf abbiegen. Vor dem Bahnhof geht es links zur Alten Holstenstraße mit einem großen Eckcafé.

Tipp

Ein Besuch im Boberger Dünenhaus ist lohnenswert! Montags geschlossen.

Ein Schloss umspült von Billewasser Rechts unter den Gleisen hindurch sehen wir bald links das von Billewasser umspülte Bergedorfer Schloss. Wir fahren auf die Schlossinsel und verlassen sie wieder auf der gegenüberliegenden Seite über ein Brückchen. Wir folgen dem Lauf der Bille auf dem Weg Schillerufer, der uns zur Unterführung der Bahngleise in die Chrysanderstraße bringt. Von dieser geht sehr bald links ein Grünstreifen ab zu einer Brücke über die Bille. Drüben halten wir uns dann rechts und sind damit wieder auf den Billewanderweg.

Im Urstromtal der Bille Wir bleiben jetzt immer nahe dem mäandrierenden Flüsschen in urwüchsiger Landschaft. Nach einem Feld steigen wir die Talkante hoch in den Krähenwald. Oben auf dem Querweg wenden wir uns nach rechts. Das Flüsschen ist jetzt wieder auf der anderen Seite der Bahngleise. Wir beachten vorher abzweigende Wege nach links und auch einmal nach rechts nicht und folgen dem Weg bis zu einer Gabelung, wo wir den rechten, abwärtsgehenden Weg nehmen. Er führt uns im Billetal in einem Bogen nach Reinbek und endet an der Straße Völckers Park, die uns zur Bahnhofsstraße führt. Hier fahren wir rechts und nach 500 Metern links vom Bahnhof hoch. Oben hinter der Brücke über die Gleise biegen wir links in den Eschenweg ein. Wir fahren geradeaus und überqueren auf einer Brücke erneut die Bille. An der Straße Am Tonteich fahren wir nach links weiter, es sei denn, wir wollen eine Schwimmbadpause machen.

Auf zum Sachsenwald Wir fahren Am Tonteich durch bis zur S-Bahn-Station Wohltorf und bleiben auf dieser Seite der Bahngleise auf dem Weg immer parallel zu den Gleisen. An einer Brücke treffen wir wieder auf die Bille, die hier einen großen Bogen rechts um die Siedlung Krabbenkamp macht. Unser Weg macht den Bogen mit und trifft am Ende des Halbrunds wieder auf die Gleise. Die Bille und unser Weg, der jetzt recht schmal wird, wenden sich davor nach rechts. Wenn die Bille und wir mit unserem Weg dann doch noch die Gleise unterqueren, sind wir schon im Zielgebiet. Unser schmaler Weg führt uns jetzt zur Sachsenwaldstraße, wo wir rechts einbiegen.

Das schöne Aumühle Nur wenige Meter später geht links die Straße Am Mühlenteich zum Rand des Sachsenwaldes ab. Am großen Mühlenteich gibt es mehrere Restaurants zur finalen Einkehr. Danach fahren wir die Straße zu Ende und sehen dann schon die Auffahrt zur S-Bahn-Station.

Der Billeradweg mit schönsten Ausblicken in die Boberger Niederung

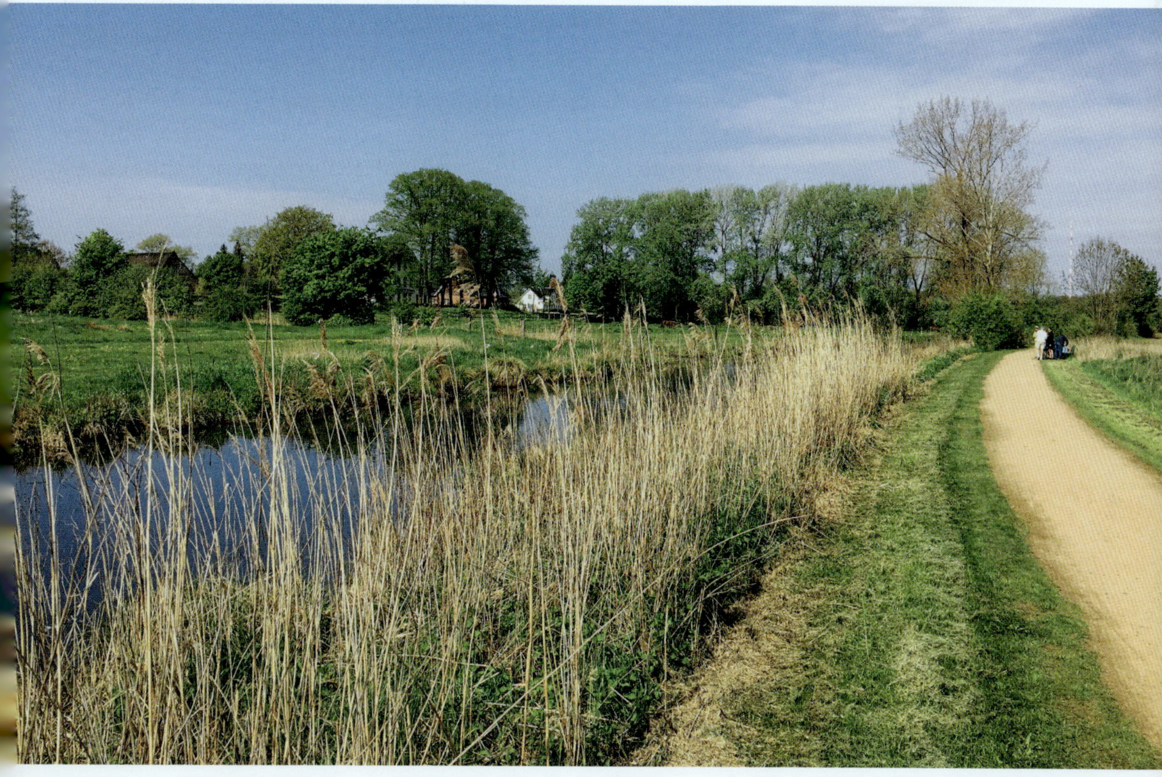

11

Am Geestrand zur Glinder Au

Auf Radwegen zum Sachsenwald

Leicht

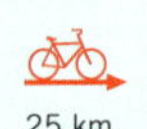
25 km

2,5 Std.

Tourencharakter
Meist Park- und Feldwege, Radwege, sehr wenig Straße, 25 Meter schieben

Ausgangspunkt
U- und S-Bahn Berliner Tor; nur die U-Bahn hat einen Lift.

GPS-Daten
53.553418, 10.024477

Endpunkt
S-Bahn Wohltorf; mit Lift; Wohltorf liegt außerhalb der Ringe AB des Verkehrsverbundes: Einzelkarte ist lohnender als Tageskarte.

Anfahrt
Mit der U2, U3, U4 oder S3, S2, S21 zur Station Berliner Tor. Vom Endpunkt fährt die S21 zurück in die Stadt.

Abkürzung
Wenn man am Weiher der Glinder Au ist, kann man nach rechts in die Siedlung Mümmelmannsberg hineinfahren und dort die U-Bahn nehmen.

Einkehr
Café May an der U-Bahn Horner Rennbahn; viele Einkehrmöglichkeiten auf dem Glinder Markt

Diese Tour führt uns auf einem Radweg auf dem Geestrand zur Glinder Au, wo wir auf Wegen an der Au und durch Felder über Gut Domhorst Glinde erreichen. Nach einer Pause auf dem Glinder Markt geht es über das naturbelassene Tal der Bille zur S-Bahn-Station Wohltorf.

Hoch über der Straße Die ersten 3,5 Kilometer sind identisch mit Tour 10 und können dort nachgelesen werden. An der Horner Landstraße unten angekommen fahren wir aber dann gleich wieder hoch auf der Straße Beim Rauhen Haus. Bei einem Linksknick bleiben wir geradeaus auf dem Weg des Parks, der nach dem Bau der U-Bahn entstanden ist. Inzwischen ist er zugewachsen mit hohen Bäumen.

Auf und neben der U-Bahn-Trasse An und hinter der unübersichtlichen Kreuzung Horner Rennbahn wird noch bis 2026 an der Erweiterung der U4 gebaut. Wir müssen links vom Café May hinter der Häuserreihe zur Rennbahnstraße den Weg zur Unterführung der Kreuzung suchen. Dort sehen wir dann die Rampe, die hinabführt. Auf der anderen Seite kommen wir am Einkaufszentrum heraus und wenden uns möglichst nach rechts. Da die Wege unserer Route noch eine ganze Weile gesperrt sein werden, schlage ich eine Umfahrung vor: links in die mehrspurige Hauptstraße Washingtonallee einbiegen, nach 400 m links durch die Stengelestraße zurück zum Parkgelände zurückkehren und dort nach rechts auf den Parkweg einschwenken. Er geht immer auf der gedeckelten U-Bahn-Trasse entlang, bis er dann am U-Bahnhof Merkenstraße an einem offenen Abschnitt entlangführt.

Am Schleemer Bach Der Weg endet, wenn wir den Schleemer Bach erreicht haben. Links zwischen den Bäumen sehen wir das Schwimmbad Billstedt. Der renaturierte Bach ist ein Kleinod, das hier kurz vor seiner Mündung in die Bille steht. Wir wenden uns nach rechts, überqueren die Möllner Landstraße und fahren nun rasant die Geestkante hinunter. Wir unterqueren

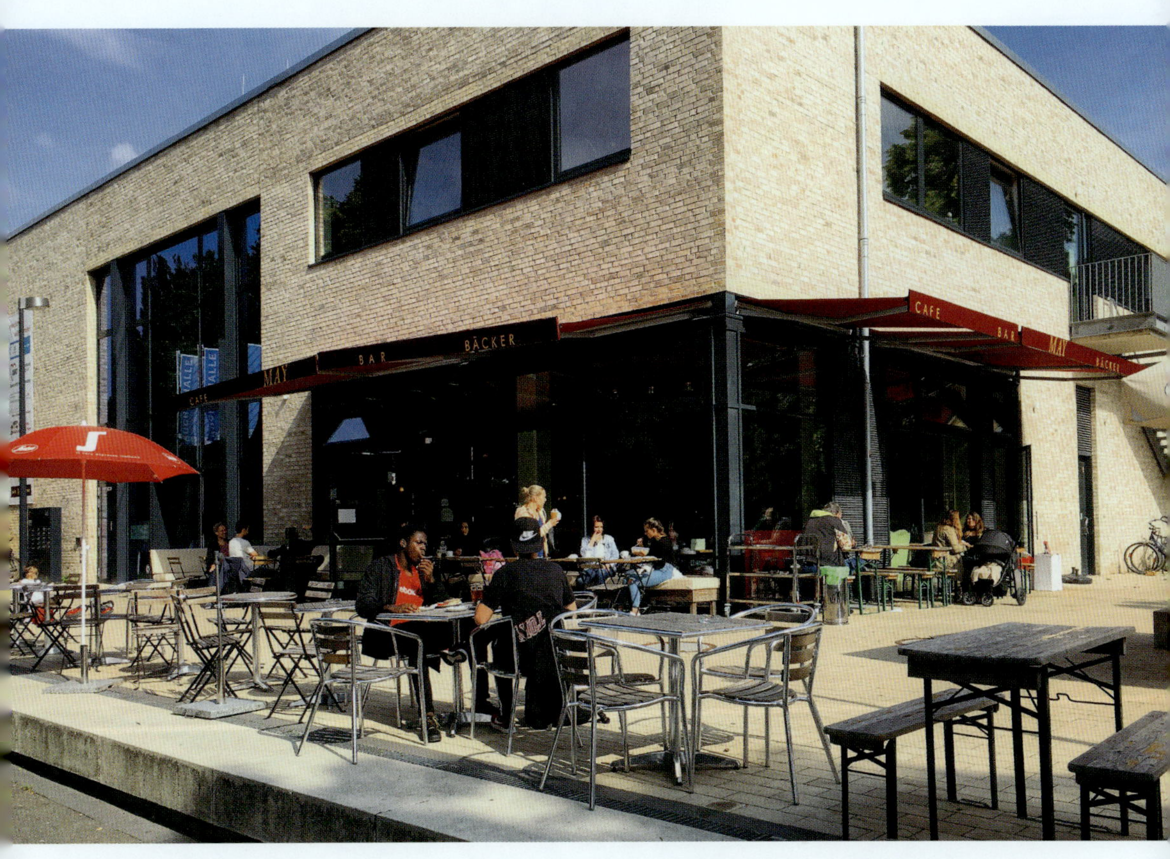

Café May an der U-Bahn-Station Horner Rennbahn

die Schnellstraße B5 und erreichen den Radweg, der unterhalb der Geestkante nach Bergedorf führt. Der Bach findet hier seine Mündung in die Bille, wir aber fahren nach links Richtung Bergedorf. Nach gut einem Kilometer erreichen wir die Glinder Au auf einer alten Steinbrücke.

An der Glinder Au Wir fahren nach links unter der Schnellstraße hindurch die Geestkante wieder hoch. An der Einmündung wenden wir uns nach links, um gleich darauf nach rechts in den Mümmelmannsberg einzubiegen. Vor der Autobahnbrücke geht es nach links hinunter in die Landschaft der Glinder Au. Wir bleiben auf der rechten Seite, unterqueren die Autobahn und kommen ins Parkgebiet der Siedlung Mümmelmannsberg. Hier ist wieder ein hübscher Weiher, an dessen Ende es links über ein Brückchen auf die andere Seite hoch zur Straße geht. Rechts zweigt ein Feldweg ab, der nach Oststeinbek hinüberführt in die Straße Am Eich, die zur Uferstraße wird. Später fahren wir rechts in der Brückenstraße über eine kleine Brücke, überqueren die Stormarnstraße und fahren schräg gegenüber in die Straße Lägerfeld. Nach Passieren des Friedhofs auf der linken Seite geht rechts ein Wirtschaftsweg ab, der uns zum Gut Domhorst bringt.

In der Feldmark Domhorst ist eine schöne, schon etwas in die Jahre gekommene Gutsanlage mit Pferdekoppeln und einem Mühlenteich. Nachdem wir Domhorst durchquert haben, nehmen wir den Feldweg nach links, an dessen Ende wir auf den Havighorster Weg treffen. Wir fahren nach links, biegen aber bei der ersten Gelegenheit rechts auf einen Fußweg entlang der Au ab. An dessen Ende geht es wieder über ein Brückchen über die Au und dann nach links auf die Straße An der Trift. Wir passieren den ehemaligen Bahnhof der südstormarnschen Eisenbahn. Hier findet leider nur noch gelegentlicher Güterverkehr statt. Am Ende des Bahnhofsgeländes treffen wir auf die Avenue St. Sebastien.

Glinde Für eine Pause würden wir nach links Richtung Glinder Markt einbiegen, wo es reichlich Gelegenheit zur Einkehr gibt. Unsere Tour führt jedoch nach rechts. Nach 200 Metern geht links ein Weg zwischen den Häusern zur Straße Im Gell-

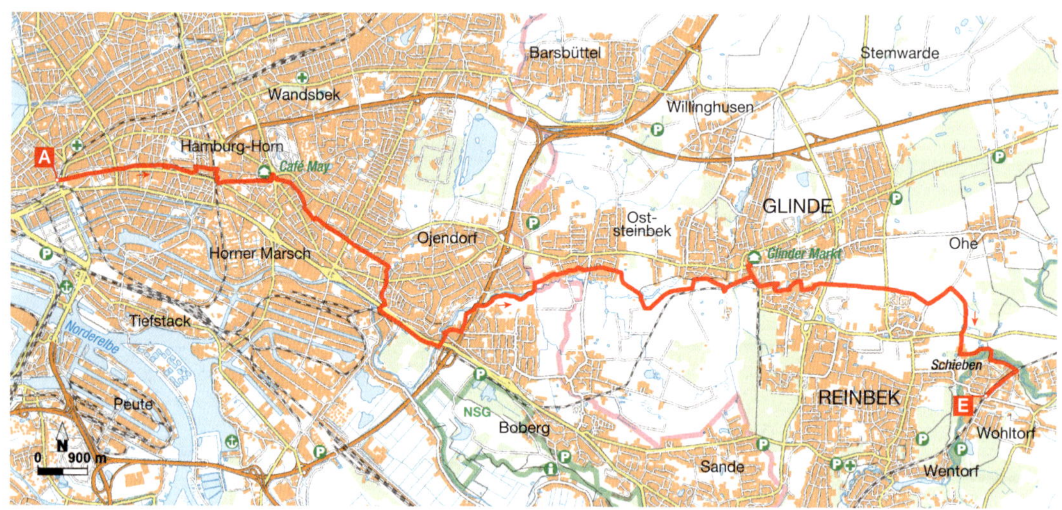

hornpark. Dies wird jetzt noch ein sehr schöner Parcours: Hinter der Bebauung tut sich ein kleiner waldiger Park auf, in den wir rechts hineinfahren. Wenn einige kleine Weiher auftauchen, fahren wir hinter ihnen gleich links auf Parkwegen, die uns in Begleitung eines Baches immer geradeaus zum Holstenkamp bringen. Kurz davor schwenkt der Weg nach rechts und führt uns bald zur Straße hoch. Nach nur 50 Metern auf der Straße nach rechts tut sich auf der anderen Straßenseite wieder ein Weg auf: ein wunderbarer Radweg, der uns auf 2,5 Kilometern über die Schnellstraße hinüberführt und am Rande von Schönningstedt vorbeigeht bis zur Oher Straße, auf die wir links einbiegen. Nach 500 Metern geht es rechts in einen Wirtschaftsweg durch eine wunderschöne Landschaft. Bei Fischteichen überqueren wir die Sachsenwaldstraße und erreichen danach Gut Silk.

Über die Bille Auf dem Gut quert ein weiterer Wirtschaftsweg, dem wir nach links folgen. Wir sind jetzt an einem Waldrand und passieren weitere Fischteiche. An dem zweiten Pfad nach rechts ins Billetal hinunter müssen wir aufpassen: Es ist besser, wir schieben die 25 Meter hinunter. Unten angekommen, sind wir in einer verwunschenen Welt: Die Bille mäandert hier durchs ursprüngliche Tal, umgestürzte Baumstämme behindern ihren Lauf, bemooste Steine im Wasser bringen den Bach zum Glucksen. Wir überqueren die Bille auf einer Holzbrücke und nehmen hinter der Brücke den Weg nach links, der uns zur Unterführung der S-Bahn-Gleise führt. Direkt dahinter nehmen wir den Weg rechts parallel zu den Gleisen bis zur S-Bahn-Station Wohltorf.

Schönes Radfahren in der Glinder Feldmark

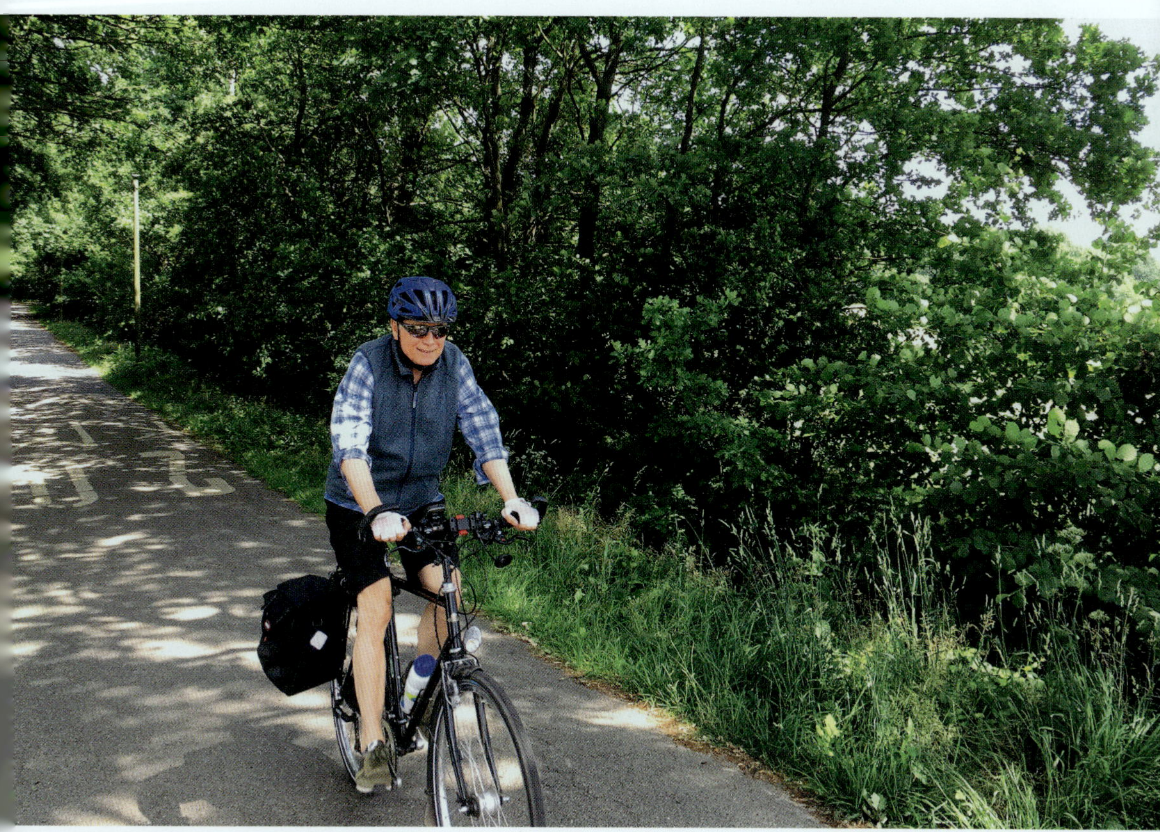

12

An der Wandse

Immer am Fluss entlang bis ins Quellgebiet

Leicht | 27 km | 3 Std.

Tourencharakter
Fast ausschließlich flussbegleitender Parkweg oder Radweg und Waldweg, zu anfangs Fahrradstraße

Ausgangspunkt
U- und S-Bahn Hauptbahnhof; Lifte von jedem Bahnsteig

GPS-Daten
53.552430, 10.006192

Endpunkt
U-Bahn Ahrensburg-West; Lift vorhanden

Anfahrt
Mit allen Schnellbahnen zur Haltestelle Hauptbahnhof-Nord oder Hauptbahnhof-Süd. Vom Endpunkt fährt die U1 zurück in die Stadt.

Abkürzung
An der Rahlstedter Bahnhofstraße kann man links nach oben fahren und ihr mit einem Rechtsknick bis zum Bahnhof folgen.

Einkehr
Das Caféhaus, www.dascafehaus.de

An der Wandse können wir bis ins Quellgebiet fast die ganze Zeit auf Rad- und Wanderwegen rollen. Am Ende treffen wir auf den früheren Truppenübungsplatz Höltigbaum, der jetzt ein Naturparadies ist. Bohlenwege über eine sumpfige Niederung empfangen uns zum Abschluss.

An der schönen Alster Im Norden des Hauptbahnhofs an der Ernst-Merck-Brücke über die Gleise fahren wir die Straße Holzdamm hinunter zur Straße An der Alster. Auf der gegenüberliegenden Seite folgen wir nach rechts dem Zweirichtungsradweg: ein schöner Parcours.
Aber Vorsicht: Im gewundenen Verlauf sieht man manchmal den Gegenverkehr hinter Gebüschen nicht rechtzeitig. Dem Radweg mit wunderbaren Blicken auf die Alster folgen wir bis zur Schwanenwikbrücke an der Mündung der Wandse, die hier noch Eilbek heißt, in die Alster.

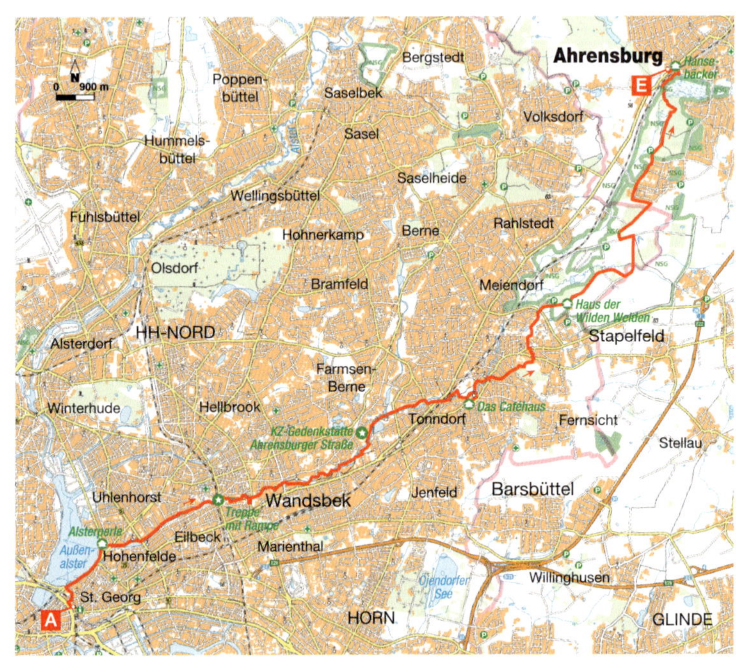

Am Wandsekanal Eilbek Ein Stückchen vor uns liegt die Alsterperle – ein Kultkiosk mit ausschließlich Außenplätzen und einem herrlichen Blick auf die Alster. Für unsere Tour fahren wir hinter der Schwanenwikbrücke auf den Uferweg, unterqueren diese und kommen anschließend zur Mundsburger Brücke.

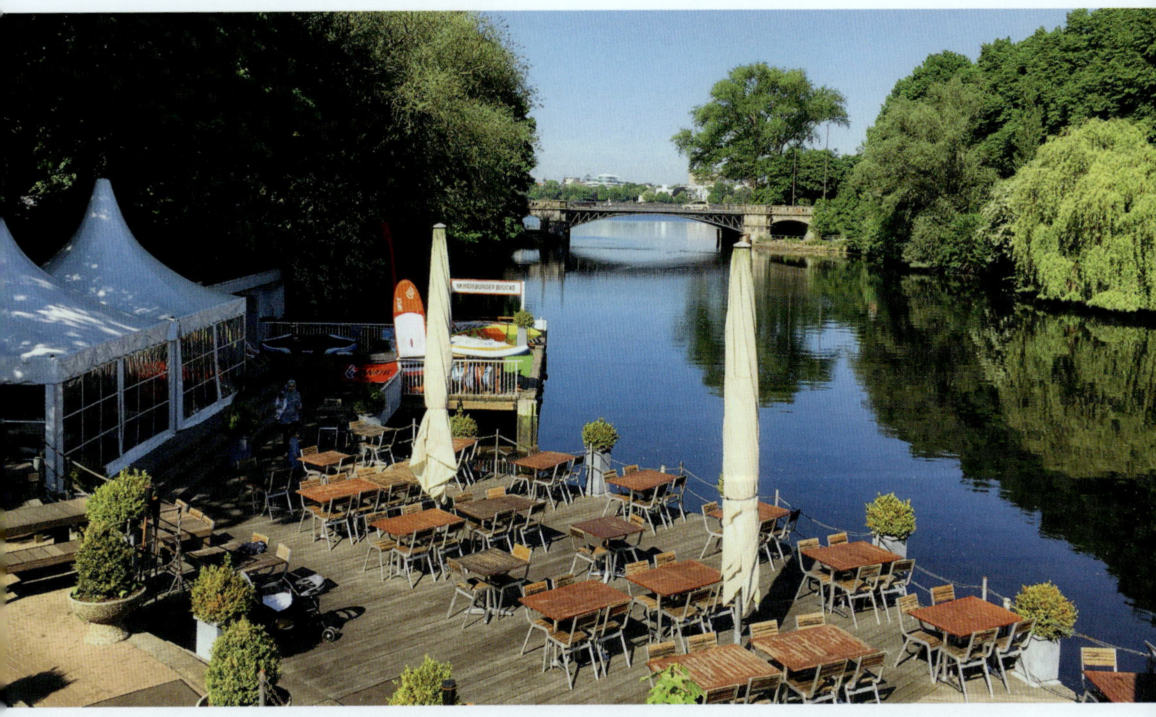

Blick von der Mundsburger Brücke Richtung Außenalster

Dort gegenüber, am linken Ufer der Eilbek, führt der Weg weiter und unterquert die Kuhmühlenbrücke und bleibt jetzt immer links vom Kanal auf einer Fahrradstraße. Unten am Wasser passieren wir moderne, schwimmende Hausboote.

Die Fahrradstraße führt bis zum Park vor dem Torhaus des ehemaligen Krankenhauses Eilbek. Hier biegen wir nach rechts ab, überqueren die Straße Eilbektal und gelangen unter der S-Bahn und der Straße hindurch zum Mühlenteich. Aber Vorsicht: Hat die S-Bahn-Unterführung noch eine kleine Rampe für die Räder, sind an der Straßenunterführung ein, zwei flache Stufen zu überwinden, die man sehr spät sieht, weil sie im Schatten liegen. Wir passieren den Mühlenteich am linken Ufer und queren an dessen Ende auf der Wandsbeker Königstraße die Wandse. Dann fahren wir gleich wieder links auf einen flussbegleitenden Parkweg. Kurz müssen wir einem Grundstück ausweichen, um danach über ein Brückchen auf den nun unendlich langen Wandsewanderweg zu stoßen.

Auf dem Wandsewanderweg Wir queren mehrere Straßen. Wir passieren den Eichtalpark, sehen links den botanischen Sondergarten in Hinschenfelde, wo wir nach rechts über ein Brückchen durch ein wildes Parkstück zu einer Fußgängerampel über den Ölmühlenweg kommen und anschließend über die Rahlaubrücke zurück zur Wandse. Immer wieder weitet sich die Wandse zu Teichen auf mit Reihern und anderen Wasservögeln. Kurz vor der Nordmarkstraße führt der Weg nach einem Brückchen nach links. Hier lohnt es sich, einmal kurz einen Abstecher nach rechts zu machen zu einer Gedenkstätte an ein Konzentrationslager der Nazidiktatur.

Durch die Kleingärten Nach dem Besuch der Gedenkstätte setzen wir unseren Weg nah der Wandse fort. Wir überqueren die Nordmarkstraße, passieren den Friedhof Tonndorf und kommen in Kleingartengebiete. Das Wandsetal wird immer naturbelassener. Bald kann man rechts von einem Aussichtsplatz einen Blick auf den großen Teich mit dem Strandbad Ostende werfen: ein Strandbad, das ich als Kind an unendlich vielen Sommertagen besucht habe.

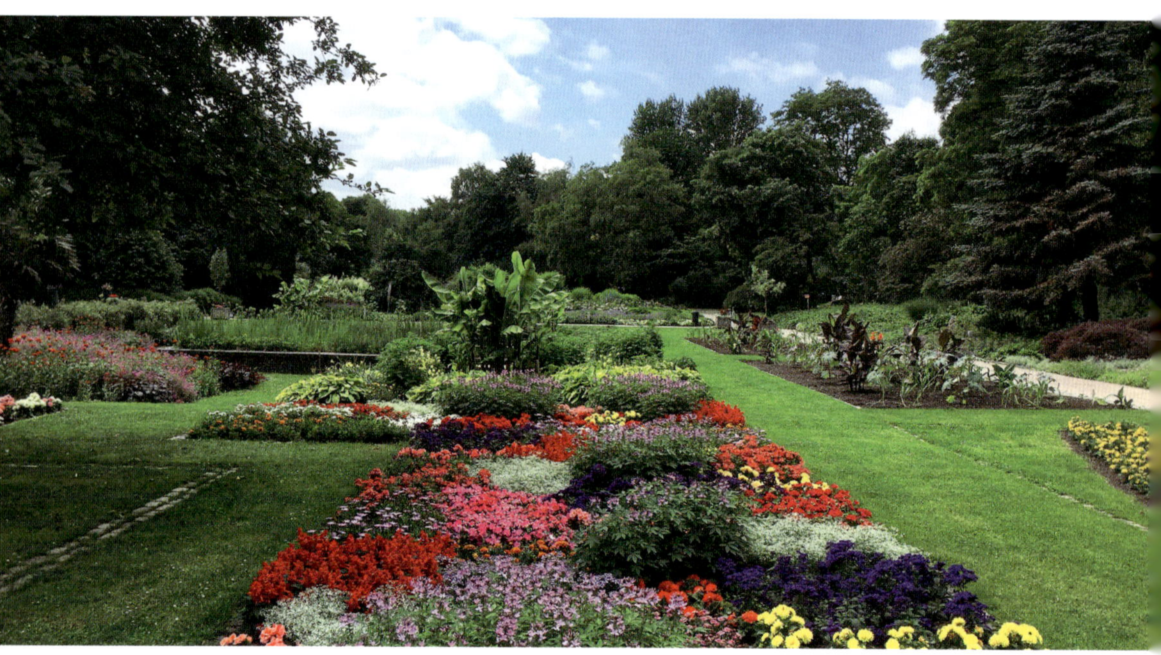

Blütenpracht im botanischen Sondergarten in Hinschenfelde

An der Mündung der Berner Au Nach dem Ausblick folgen wir dem Weg weiter und kommen zu Brückchen über die Wandse, wo auch die Berner Au in diese mündet. Bald kommt dann der

Abzweig, wo sich diese Tour von Tour 13 zur Berner Au trennt. Wir fahren weiter geradeaus mit der Wandse, die den Sonnenweg quert und nach dem Pulverhofsweg sich zu einem weiteren Teich aufweitet. Mit der Radwegweisung geht es rechts um den Teich herum, und so kommen wir zu einer Unterführung unter die belebte B75.

Natur und Pferdekoppeln in Rahlstedt Nachdem wir auch die Gleise der Bundesbahn unterquert haben, nehmen wir den linken Weg zum Sträßchen Altrahlstedter Kamp. Gleich darauf biegen wir links in den Wandseredder ein und überqueren wieder das Flüsschen. Verblüffend ist dieser Abschnitt mit Wiesen und Pferdekoppeln mitten im dicht bebauten Stadtteil! Wir biegen in den schmalen Rahlstedter Uferweg ein, der etwas versteckt auf der rechten Seite beginnt. Dies ist ein schöner, aber sehr schmaler Weg, vorsichtiges Navigieren ist angesagt. Beim Queren des Altrahlstedter Kirchenstiegs könnte man für eine Pause im Kaffeehaus 250 Meter nach rechts und die Rahlstedter Straße wiederum nach rechts fahren. Auf unserer Weiterfahrt sind vor der Querung der Rahlstedter Bahnhofsstraße ein paar sehr flache Stufen zu überwinden. Auf der anderen Seite geht der Weg weiter. Entweder man schiebt die Stufen hinunter oder nimmt links weiter oben an der Straße den Weg nach unten. Wir folgen weiter diesem sehr schönen Parcours im Park bis kurz vor die Wilhelm-Grimm-Straße, wo wir das Brückchen nach rechts über die Wandse nehmen, das uns zur Rahlstedter Straße führt. Wir werden jetzt kurz der Wandse untreu, um nicht durch dicht besiedelte Einkaufs- und Wohngebiete fahren zu müssen.

Tipp

Der Höltigbaum und das Haus der Wilden Weiden ist mein spezieller Tipp! Im Sommer donnerstag- und freitagnachmittags geöffnet, Samstag und Sonntag ganztägig.

Durch das Rahlstedter Gehölz Dazu biegen wir links in die Rahlstedter Straße ein, um nach 50 Metern den schmalen Pfad an der Stellau rechts zu nehmen. Der Pfad knickt nach links, heißt jetzt Klettenstieg und geht zwischen den alten Villen weiter geradeaus ins Rahlstedter Gehölz. Im Wald macht der Pfad einen Rechtsknick. Am danach folgenden Querweg biegen wir links in einen schönen Weg ein, der uns noch die Stapelfelder Straße überqueren lässt, bis wir auf die Straße Heckende stoßen, auf der wir nach rechts bis zum Ende am Einkaufszentrum fahren. Dann fahren wir links in die Sieker Landstraße, um 200 Meter später wieder nach rechts in den Pahlblökensredder einzubiegen. Der Redder wird zum Pfad, dem wir nach rechts

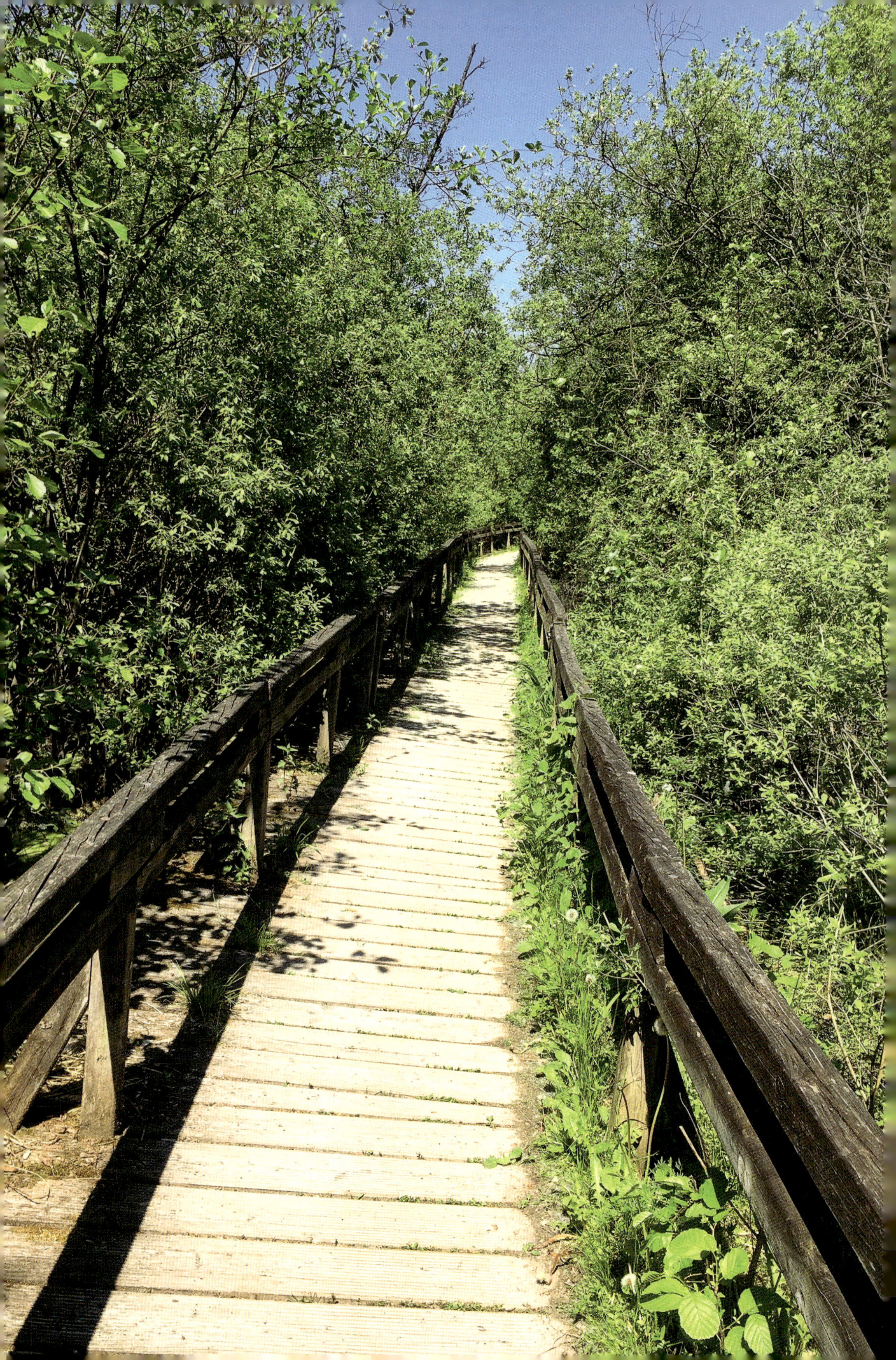

folgen, um bei der nächsten Gelegenheit nach links auf einen Teich zu steuern. Dort nehmen wir den Pfad rechts und bleiben auf ihm, bis wir die Straße Höltigbaum überqueren können. Damit sind wir im Quellgebiet der Wandse.

Im Naturschutzgebiet Höltigbaum Die Betonstraße Eichberg gegenüber kann ihre Vergangenheit als Panzerzuwegung schlecht verleugnen. Aber jetzt ist alles friedlich und führt uns bequem zum Haus der Wilden Weiden (Öffnungszeiten siehe Website). Im Höltigbaum geht ein Teil der auch von Fahrrädern befahrbaren Wanderwege durch die Weiden der dort ganzjährig grasenden Gallowayrinder, die ebenso wie Ziegen und Schafe durch Verbiss die Landschaft offen halten. Ich bin dort im Frühling zur Blüte des Weißdorns gewesen und war schier überwältigt von der Schönheit der dort entstandenen Landschaft. Am Haus der Wilden Weiden nehmen wir den Weg halb links, dem wir auch noch über die querende Straße folgen. Keine Scheu vor dem Gatter auf der anderen Seite der Straße: Hier geht der Weg weiter! Am Ende des Weges fahren wir auf der Panzerstraße nach links und nehmen auf einer Brücke Abschied von der Wandse. Am Querweg weiter oben biegen wir links ein und dann rechts in den Ahrensfelder Weg, der an einer Gabelung nach rechts abknickt. Direkt vor einer Siedlung können wir auf einen kleinen Weg nach links abbiegen, der uns zum Sträßchen Am Kratt bringt, auf das wir rechts abbiegen.

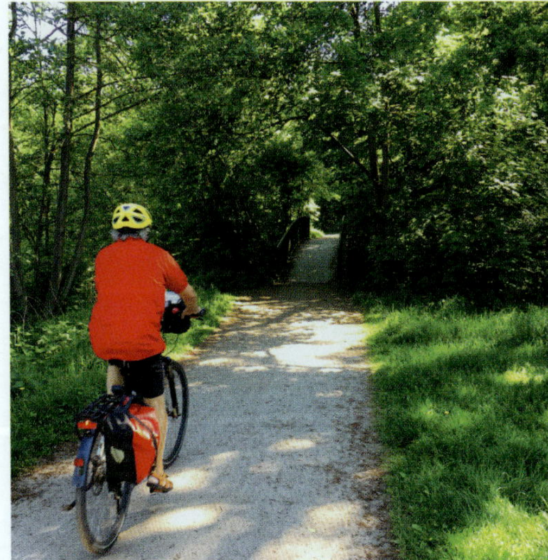

Verschwiegener Radweg entlang der Wandse

Im Sumpf des Hopfenbaches Wenn wir uns jetzt immer geradeaus halten, kommen wir in einen Wald hinein. Links unten im Tal fließt der Hopfenbach. Wir jedoch bleiben geradeaus auf der Höhe. An einer Dreieckseinmündung halten wir uns links und folgen dem Weg lange geradeaus, um an einer Wegekreuzung dem Schild »Archäologisch-naturkundlicher Rundwanderweg« nach links zu folgen. Bald sehen wir den Hügel der ehemaligen Burganlage Arnesfelde. Der Weg führt uns weiter hinunter. Ein langer Bohlenweg durch eine gespenstische Landschaft mit Sumpfpflanzen und toten Bäumen bringt uns auf die andere Seite des Tals. An der Bahntrasse knickt der Weg nach rechts ab. Wir überqueren die U-Bahn-Trasse nach links und darauf einen beschrankten Bahnübergang auf unserem Weg zur B75. Dort kurz nach links geschwenkt erreichen wir die Zufahrt zur U-Bahn-Station. In unserem Rücken befindet sich jetzt ein Bäcker mit Snacks und Kuchen.

Linke Seite: Bohlenweg über die Sümpfe des Hopfenbaches

13 An Wandse und Berner Au

An Fluss und Bach bis in die Walddörfer

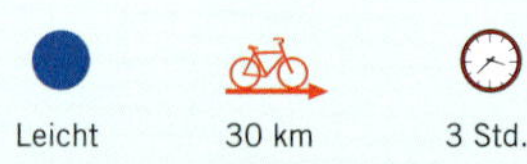

Tourencharakter
Fahrradwege, Parkwege; am Anfang Fahrradstraße, fast keine Autostraße

Ausgangspunkt
U- und S-Bahn Hauptbahnhof; alle Bahnsteige haben Lifte.

GPS-Daten
53.552430, 10.006192

Endpunkt
U-Bahn Ahrensburg-West; Lift vorhanden

Anfahrt
Mit allen Schnellbahnen zur Haltestelle Hauptbahnhof-Nord oder Hauptbahnhof-Süd. Vom Endpunkt fährt die U1 zurück in die Stadt.

Abkürzung
U-Bahn Volksdorf

Einkehr
Am Anfang der Tour an den Cafés an der Alster; Hansebäcker an der U-Bahn Ahrensburg-West

Nach der Wandse folgen wir auf Radwegen der Berner Au über den Berner Wald bis ins Quellgebiet und erreichen am Ende das Naturschutzgebiet Volksdorfer Teichwiesen. Ein Nachschlag führt uns vorbei am idyllischen Lottbeker Stausee und am Bredenbeker Teich.

Auf dieser Tour folgen wir dem Verlauf von Tour 12 bis zum beschriebenen Punkt der Mündung der Berner Au in die Wandse und biegen dann am zweiten Weg links von dieser ab.

Entlang der Berner Au Der Weg führt uns, die Straße Am Kupferdamm querend, zum Kupferteich. Wir passieren den Teich auf einem schönen Weg auf seiner rechten Seite und treffen am Nordende wieder auf die uns begleitende Au. Wir überqueren den Pulverhofsweg, den Rahlstedter Weg und kommen am Ende – immer auf der rechten Seite des Baches – zur Stargader Straße. Links unter der U-Bahnbrücke hindurch können wir gleich wieder rechts an den Bach zurück, flankiert von Kleingärten auf der rechten Seite. Über ein Brückchen halten wir uns an den Bach, fahren nicht in die Kleingärten hinein. Wir queren den viel befahrenen Berner Heerweg und treffen gegenüber die Au wieder. Nach einem weiteren Brückchen biegen wir nach rechts ab. An einem Teich sind Bänke aufgestellt, wo wir eine kleine Pause einlegen könnten. Geradeaus weiter halten wir uns immer links von der Au bis zur Berner Allee, wo wir die Au für ein kleines Weilchen verlassen müssen.

Im Berner Wald Dort schwenken wir kurz nach rechts, um nach 200 Metern links in die Sackgasse Kleine Wiese einzubiegen. An deren Ende am kleinen Berner Wald fahren wir rechts und nehmen dann den zweiten Weg, der halb links in das Wäldchen hineingeht. An der zweiten Möglichkeit links führt uns ein Weg wieder aus dem Wäldchen hinaus zur Straße De Beern. 100 Meter nach rechts geht links ein Weg in ein kleines Waldstück hinein, von dem dann halb rechts ein Weg in die Kleingärten und später links der Asternweg abgeht. An dessen Ende geht es rechts auf dem Ringweg um die ganze Anlage herum zum Meiendorfer Mühlenweg.

Im Quellgebiet Etwas weiter links an dieser Straße kommt dann bald der Zugang zu dem Kleinod um das Rückhaltebecken Hochholtswisch. Wir fahren am rechten Ufer bis zu einer Wiese auf der gegenüberliegenden Seite. Ein Pfad führt zu einem Brückchen über die Berner Au. Vorsicht: Hier ist es wie schon auf der Wiese etwas unwegsam. Wir sind nun bereits im Quellgebiet der Berner Au. Nach der Querung des Brückchens geht es rechts und der Weg wird wieder gut. Wir überqueren einen weiteren Bach und machen später einen Linksknick des Weges mit. An der nächsten Möglichkeit schwenken wir dann nach rechts auf eine Lichtung zu, die früher offensichtlich eine Plantage war. Alte Obstbäume und die einsamen Pfeiler eines Tores erinnern daran. Der Weg schlängelt sich durch die Lichtung und führt uns nach den Torpfeilern an einer Gabelung links zur Straße Saseler Weg.

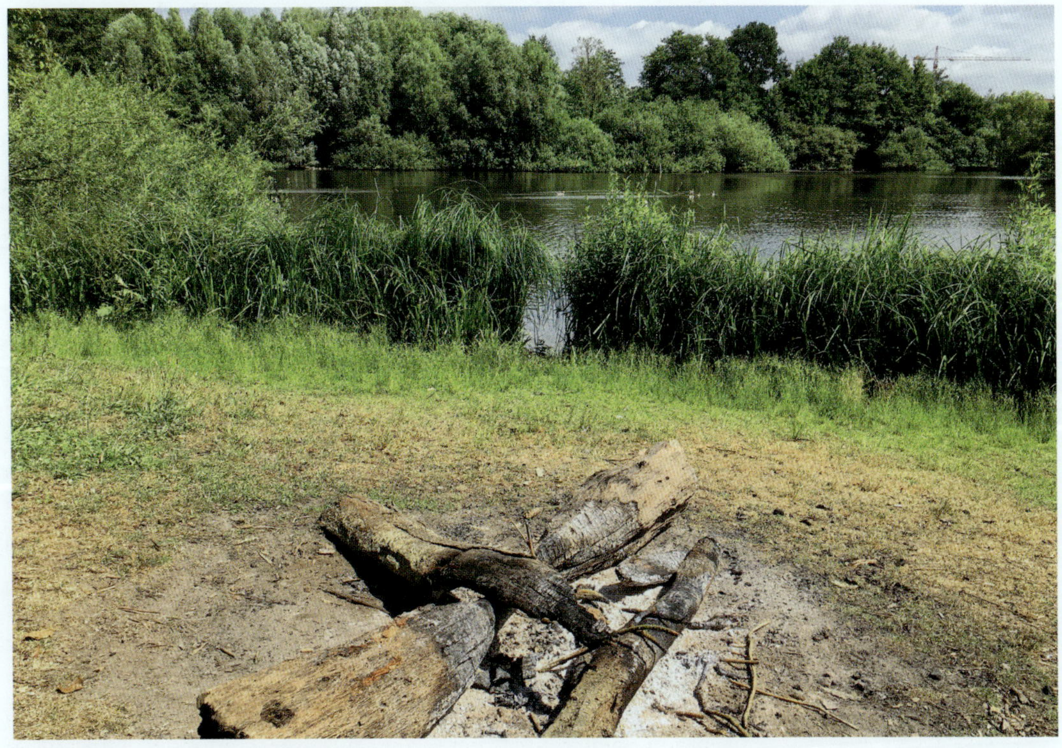

Romantischer Rastplatz an einem Weiher der Berner Au

Das Naturschutzgebiet Volksdorfer Teichwiesen 70 Meter nach rechts geht der Weg Beim Großen Teich nach links ab und führt uns zu den Volksdorfer Teichwiesen, einem Naturschutzgebiet in der Niederung der Saselbek, die mit der Berner Au durch den Deepenwiesengraben verbunden ist. Ein zu jeder Jahreszeit schönes Gebiet, mit Ausblicken auf sumpfige Niederungen und Wasserflächen. Wir fahren geradeaus und halten links an

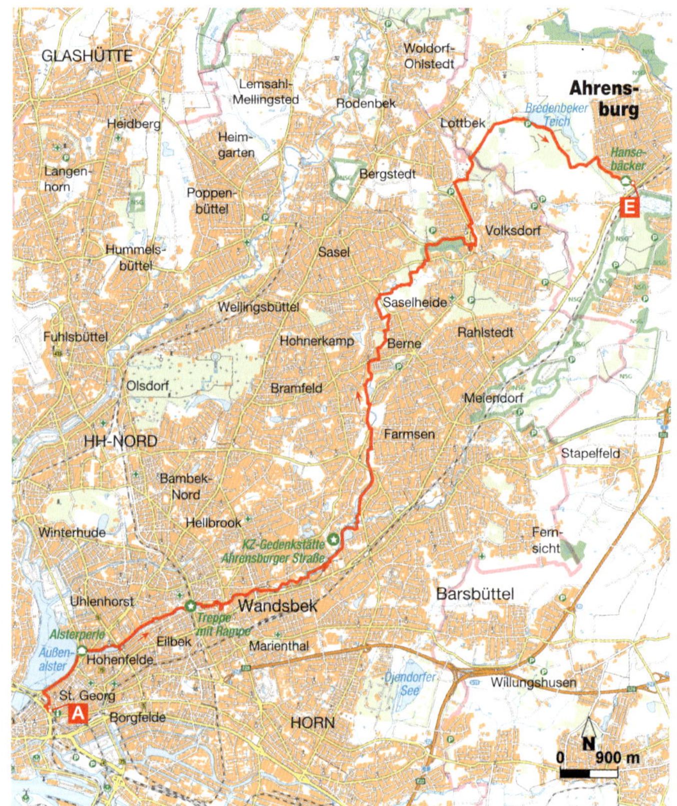

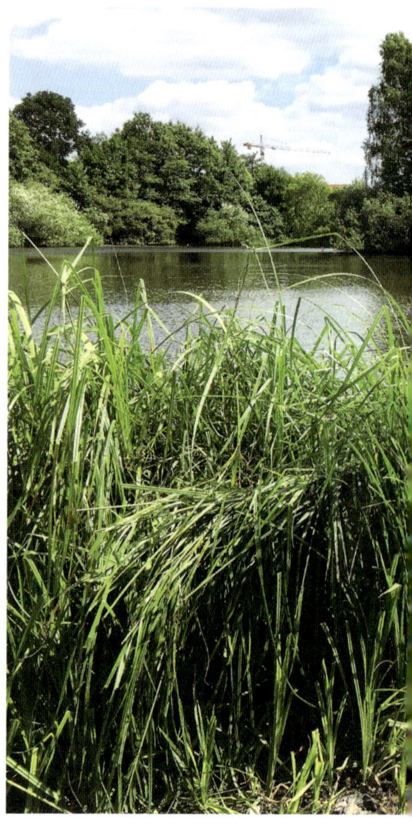

einem kleinen Aussichtsstand. Vor der Straße Waldweg biegen wir nach rechts ab, queren die Saselbek auf einem kleinen Brückchen und passieren die Teichwiesen auf einem schönen Weg auf der linken Seite. Der Weg führt uns an der Stirnseite des Naturschutzgebietes zur Straße Halenreie, wo wir dann rechts nach wenigen Metern die U-Bahn-Station Volksdorf erreichen könnten. Aber es gibt noch acht weitere, sehr schöne Kilometer zur U-Bahn-Station Ahrensburg-West.

Ein schöner Nachschlag Dazu fahren wir an der Halereie in die linke Ecke des gegenüberliegenden Parkplatzes auf einen motorverkehrsfreien Weg immer entlang der U-Bahn-Gleise bis zur nächsten Station Buckhorn. Dort angekommen fahren wir rechts über die Brücke in die Straße Im Regestall. Entlang des Friedhofs nehmen wir links den Weg Schmalenremen und biegen nach seinem Rechtsknick sofort nach links in den Weg ein, der uns zum Lottbeker Stausee führt. Am Abfluss des Sees haben wir einen schönen Blick über diese lang gezogene Senke, die allein schon unseren Aufbruch in diesen Nachschlag be-

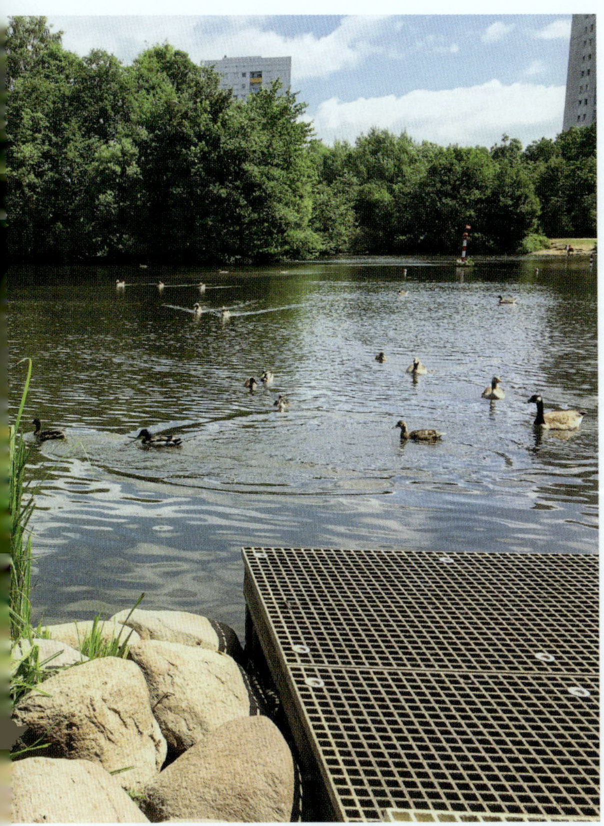

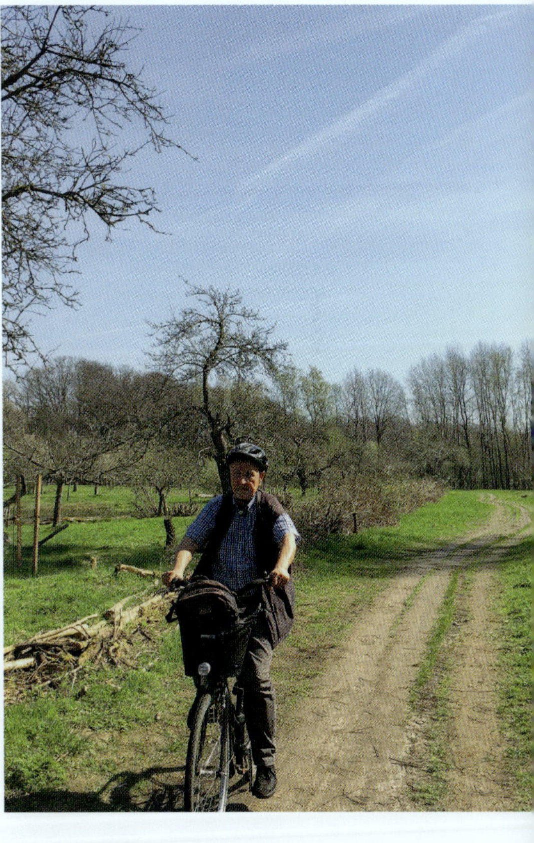

lohnt. Auf der anderen Seite des Sees nehmen wir den Weg, der links das Ufer hoch und dann durch den Wald geht – zunächst immer geradeaus. Später heißt er Am Lindenhof. Wir folgen ihm bis zum Gehöft an der Stirnseite des Bredenbeker Teiches. Auf der linken Seite des Teiches ist ein Strandbad mit einem Campingplatz. Wer also die Tour mit einem Bad verbinden will, kann hier eintauchen. Wir fahren aber um die rechte Seite herum auf der Straße Am Bocksberg. An einer Einmündung biegen wir nach links in den Weg Sahlmannsberg. Wo dieser den Wulfsdorfer Weg quert, biegen wir für ein kurzes Stück links ein, bis sich nach 300 Metern vor der Siedlung rechts der Weg Am Jüdischen Friedhof auftut. Dieser führt uns immer am Waldrand entlang zum Waldemar-Bonsels-Weg, wo wir rechts unmittelbar auf die U-Bahn-Station treffen.

Lichtung im Quellgebiet der Berner Au

Links: Vogelleben an einem Weiher der Berner Au

14

An der Osterbek

Gemütliche Fahrt bis ins Quellgebiet des Flüsschens

Leicht | 19 km | 2 Std.

Tourencharakter
Zum Anfang und in der Mitte etwas Straße, ansonsten Parkwege

Ausgangspunkt
U- und S-Bahn Barmbek; Lifte von allen Bahnsteigen

GPS-Daten
53.584917, 10.044388

Endpunkt
U- und S-Bahn Ohlsdorf; Lifte zu beiden Bahnsteigen

Anfahrt
Mit der U3 und der S1 zur Station Barmbek. Vom Endpunkt bringen uns die U1 und die S1 zurück in die Stadt.

Einkehr
Restaurant T.R.U.D.E, www.trude-hh.de am Startpunkt; Zur Ratsmühle, Restaurant und Biergarten am Ende der Tour, www.zur-ratsmühle.de

Auf dieser Tour folgen wir der Osterbek ab Barmbek bis in ihr Quellgebiet, passieren dann das kleine Grootmoor und rollen am Rand des größten Parkfriedhofs der Welt auf Parkwegen über das Alstertal bis zu unserem Ziel.

Vom Kanal zum Bach Den Beginn dieser Tour können wir bei Tour 9 nachlesen. Am beschriebenen Punkt der Brücke über die Osterbek biegen wir (mit Tour 29) nach rechts ab. Am Wegende befindet sich rechts der Wartenburger Weg, wo wir scharf nach links abbiegen zu einem Parkweg. Bald kommt links die tunnelartige Unterführung unter der U-Bahn, an dessen Ende wir die Kehre der Straße Pregelweg erreichen.

Schmucke Kleingärten Wenn wir nach links schauen, geht in der Ecke rechts unser Weg zwischen besonders schön gestalteten Kleingärten ab, die zur Blütezeit der Pflanzen eine Augen-

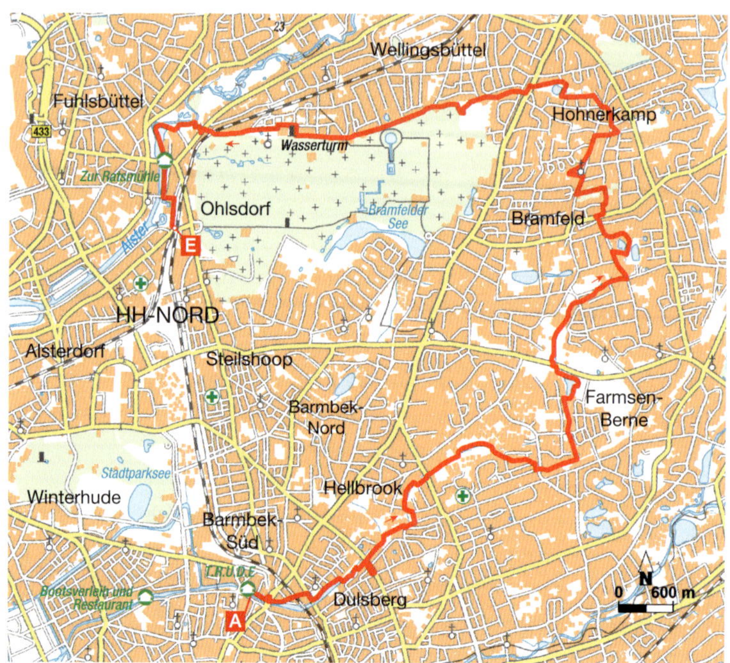

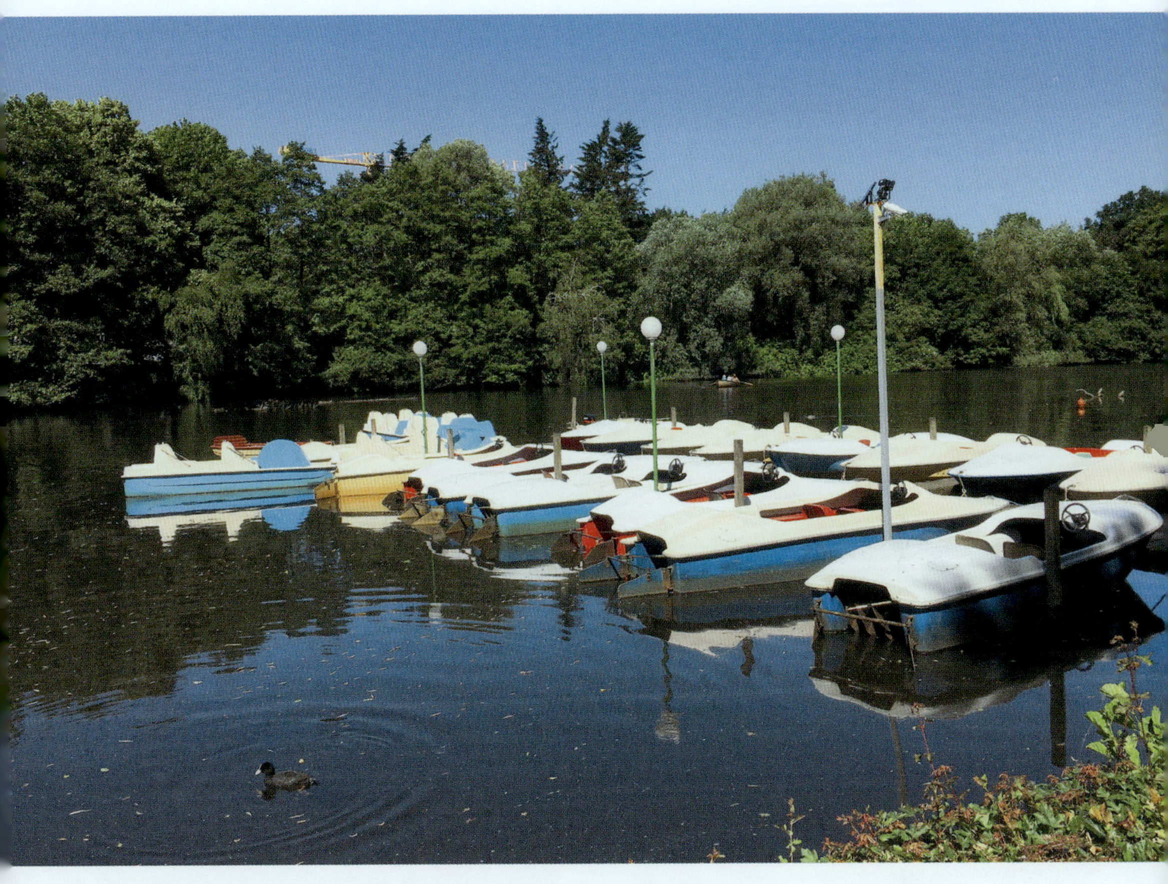

Bootsvermietung am Biergarten Zur Ratsmühle

weide sind. Am Ende dieses schmalen Weges müssen wir die Lesserstraße kreuzen. Vorsicht beim Überqueren! Drüben geht der Weg gesäumt von Osterbek und Kleingärten weiter. Die Osterbek weitet sich zu einem Teich auf, den wir sowohl auf der linken als auch auf der rechten Seite passieren können. Etwas später sind wir an der Straße An der Osterbek, die einen Knick nach rechts macht, wo wir die Straße Barmwisch sehen und überqueren. Geradeaus weiter rollen wir – an einem Spielplatz vorbei – über zwei Brückchen. Am zweiten Brückchen trennt sich unsere Tour von Tour 29. Dahinter biegen wir nach links ab und folgen dem Hopfenbach jetzt links von uns. An einem weiteren Brückchen treffen wir die Osterbek wieder, die von links zu uns kommt. Wir bleiben am Bach, der immer rechts von uns liegt. Schön zu sehen, wie die Renaturierungsmaßnahmen hier gegriffen haben und der Bach einen lebendigen Verlauf nimmt und viel Begleitgrün hat. Nach einem weiteren, romantisch zugewachsenen Teich überqueren wir die Straße Am Luisenhof. Auf der anderen Seite geht es geradeaus weiter – nach einem Brückchen rechts vom Bach an Kleingärten entlang. Auch hier sind Renaturierungsmaßnahmen im Gange. Wir bleiben lange am Bach, überqueren den Tegelweg und gelangen am Ende zur Straße Neusurenland. Hier ist es inzwischen ein bisschen ländlich geworden mit Pferdekoppeln und Erdbeerfeldern.

Durch Gartensiedlungen zum Moor Nahe der Einmündung von Neusurenland in die Straße Swartenhorst verschwindet die Osterbek zwischen zwei Grundstücken und ist nur noch ein Rinnsal. Wir verabschieden uns von unserer Leitschnur und fahren links den Swartenhorst hoch. Wer Lust hat, kann danach noch rechts in die hübsche Anlage des Kleingartenvereins Stölpchensee hineinfahren: Das geht rechts, am Ende links und dann wieder links und schließlich sind wir wieder zurück auf dem Swartenhorst. An seinem Ende am Petzolddamm geht es rechts und gleich wieder links in die Petzoldtwiete, die uns zu einem kleinen Waldstück bringt. Dort hinein nehmen wir den zweiten Weg nach links, der an einer Lichtung mit einem Spielplatz vorbei wieder hinausführt zur Straße Am Stühm-Süd. Hier fahren wir 600 Meter nach rechts, wobei wir die Wahl haben, auf der Straße mit einem breiten Grünstreifen zu bleiben oder hinter der Simeonkirche auf Parkwegen parallel zur Straße an

Renaturierung der Osterbek

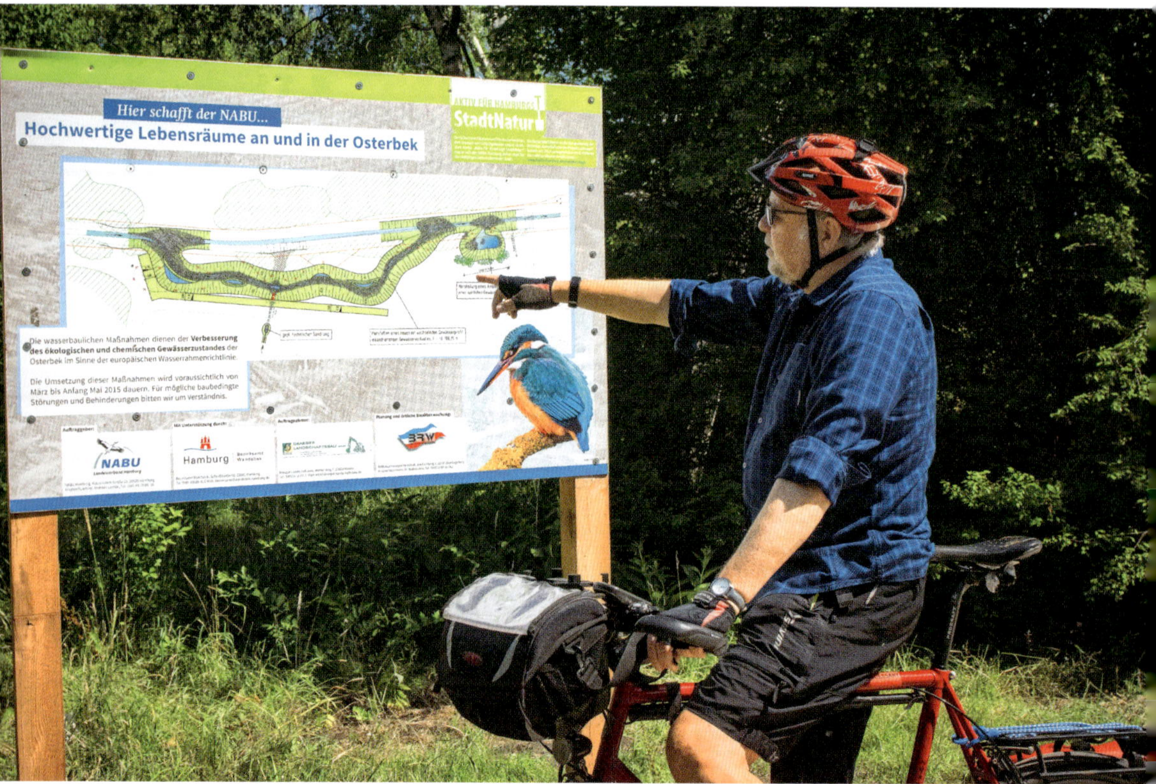

der denkmalgeschützten Reihenhaussiedlung Hohnerkamp vorbeizurollen. Beim ersten Parkstreifen auf der rechten Seite fahren wir auf einem Weg nach rechts und biegen anschließend links in den Haselnussweg ein, der uns zur Straße Grootmoor bringt.

Das Grootmoor Wir fahren kurz nach links, dann geht rechts wieder ein Parkweg los, der uns mit dem nächsten nach links zum Weiher des Grootmoors bringt. Wer mit Kindern unterwegs ist, findet – am Ufer des Weihers angekommen – links einen interessanten Spielplatz. Unser Weg führt uns jedoch rechts um den Weiher herum, also bleiben wir rechts und am Ende links auf dem Parkweg. An der folgenden Gabelung nehmen wir den rechten Weg, der uns durch Kleingärten hindurch direkt zur Bramfelder Chaussee führt. Dies ist eine der Hauptausfallstraßen Hamburgs: Vorsicht beim Überqueren!

Tipp

Diese kurze Tour lässt sich gut mit Kindern machen. Am Grootmoorweiher wartet ein interessanter Spielplatz.

Am größten Parkfriedhof der Welt Drüben auf der anderen Seite führt zwischen den Häusern wieder ein grüner Parkweg Richtung Ohlsdorfer Friedhof. Dort angekommen, sehen wir Kleingärten, die sich an den Friedhofszaun anschmiegen. Wir fahren aber nicht in die Gärten hinein, sondern halten uns rechts und bleiben jetzt immer auf dem bequemen Parkweg außerhalb des nördlichen Zaunes des Friedhofs. Kurz müssen wir ein Containerdorf umfahren: Dazu biegen wir rechts ab, fahren dann links zum Erna-Stahl-Ring und wieder links und sind damit zurück auf dem Parkweg.

Zum Abschluss ins Alstertal Wenn wir am Ende die Straße Kleine Horst erreicht haben und ihr bis zur Einmündung in die Wellingsbüttler Landstraße gefolgt sind, gibt es zum Abschluss dieser kleinen Tour noch ein Leckerli: Wir überqueren die Wellingsbüttler Landstraße und fahren hinunter ins Alstertal. Am Fluss angekommen fahren wir nach links und bleiben am Fluss. Diesen Weg fahren wir bis zur Brücke Ratsmühlendamm. Hier befindet sich das Lokal Zur Ratsmühle, wo man im schönen Biergarten mit Blick auf die Alster einkehren könnte. Zum Abschluss der Tour fahren wir auf einem Weg unter der Brücke hindurch und kommen zum Justus-Standes-Weg, der uns zur Alsterschleuse bringt. Hier biegen wir links ab und dann gleich wieder rechts in die Straße Im Grünen Grunde, wo auf der linken Seite die Stationen der Schnellbahnen liegen.

15

An Kollau und Mühlenau

Durch Parks und Wäldchen nach Pinneberg

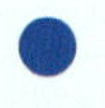
Leicht

25 km

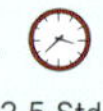
2,5 Std.

Tourencharakter
Park- und Wanderwege, teilweise kleine Nebenstraßen und Wirtschaftswege

Ausgangspunkt
U-Bahn Hagenbecks Tierpark; Lift vorhanden

GPS-Daten
53.593118, 9.943964

Endpunkt
S-Bahn Pinneberg; Zugang ebenerdig

Anfahrt
Mit der U2 zur Station Hagenbecks Tierpark. Vom Endpunkt bringt uns die S3 zurück in die Stadt.

Abkürzung
Statt die Gleise der AKN zu überqueren, kann man nach links zum Bahnsteig des Bahnhofs Burgwedel fahren.

Einkehr
Waldcafé Corell, www.waldcafe-corell.de; am Ende in Meusels Landdrostei, www.meusels-landdrostei.de

Die Kollau und die Mühlenau bringen uns im Grünen in die benachbarte Kreisstadt: von Parks zu Wäldchen, von Kleingärten zu Feld und Flur! Und mit etwas Glück bekommen wir an unserem Ziel einen kulturellen Nachschlag in Form einer Kunstausstellung in der barocken Drostei.

Die ersten 6,5 Kilometer sind identisch mit der Tour 5. Die Beschreibung setzt da ein, wo sich die beiden Routen trennen.

Weiter mit der Kollau Nach der Überquerung der Wendlohstraße sind wir noch auf der in Tour 5 beschriebenen Route und auch auf einer gekennzeichneten Véloroute. Wenn die später nach rechts abknickt, folgen wir weiter der Kollau geradeaus und kommen bald zum romantisch zugewachsenen Kollauteich, der eigentlich – ganz unromantisch – ein Regenrückhaltebecken ist. Rechts von uns sind wieder Pferdekoppeln und

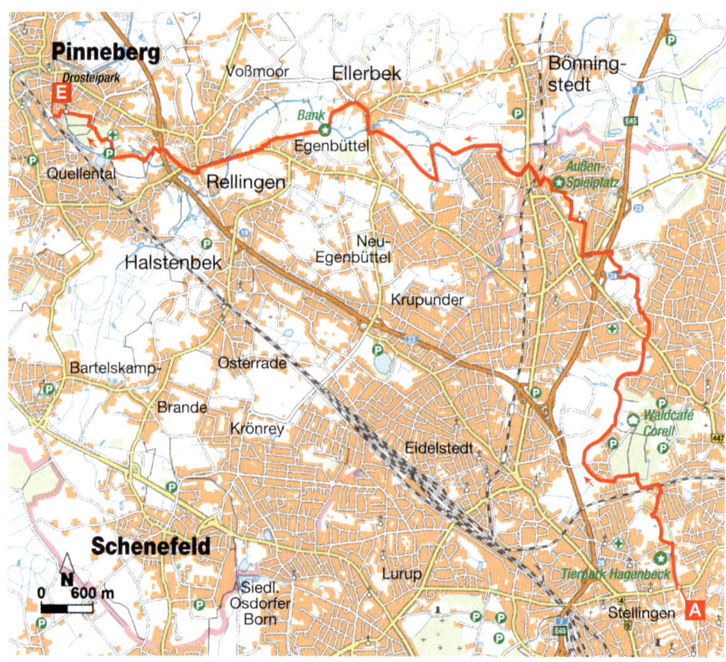

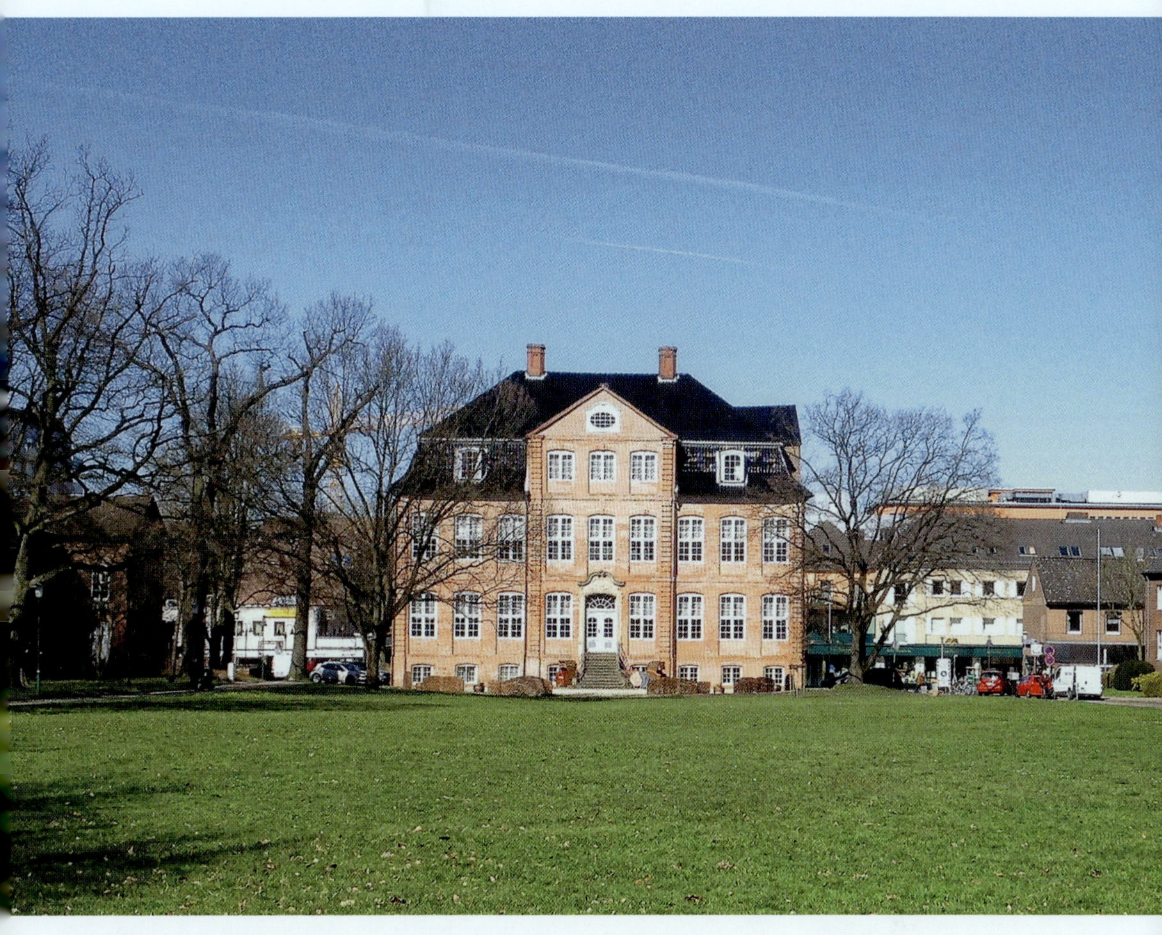

Der Prachtbau Pinneberger Drostei

eine große Übungswiese für Modellflugzeugenthusiasten. Und dann kommt die Autobahn, die wie ein Sperrriegel vor uns liegt. Hier verlieren wir unsere Leitschnur, die Kollau.

Immer wieder die Mühlenau Wir überqueren die Autobahn und müssen uns jetzt einen Kilometer durch ein Wohngebiet bewegen. Hinter der Autobahnbrücke fahren wir halb links und nehmen die zweite Straße, den Königskinderweg, rechts. Hinter dem Anna-Susanna-Stieg können wir links wieder in einen Park einbiegen, den Wassermannpark. Im Park wenden wir uns bald mit dem Weg nach rechts und treffen auch hier auf ein kleines Bächlein, die Burgwedelau. Nach dem Passieren des Spielplatzes sehen wir bald halb links hinter einem kleinen Weiher ein Gebäude, das sich Spielhaus nennt. Hinter dem Spielhaus ist das Sträßchen Grootwisch, in das wir links einschwenken. Es führt uns zum Schleswiger Damm, wo wir rechts fahren und die Gleise der Schnellbahn AKN überqueren. Wenn wir rechts den Leica-Birnbaum-Weg sehen, können wir nach links auf einer Hauszuwegung zur B4 abschneiden und diese queren, dann sind wir wieder in der grünen Spur! Wir folgen dem Ellerbeker Moordamm und weiter geradeaus dem Hermann-Reumann-Weg, dann treffen wir auf unsere zweite Leitschnur, die Mühlenau, die wir jetzt mehrfach queren werden. Direkt nach der Brücke über die Mühlenau geht es links in ein kleines Waldstück parallel zum Bach, und nach dessen Verlassen rechts in die Willhorntwiete. Danach fahren wir links in den Gooshornweg (wird später zur Moratzentwiete), überqueren wieder die Mühlenau, und fahren dann rechts in den Rugenberger Mühlenweg, der – immer geradeaus – später Ihlweg und dann Burstah heißt. Danach biegen wir rechts auf die Kreisstraße ein, die uns nach einer erneuten Querung der Mühlenau nach Ellerbek bringt. Dort biegen wir an der zentralen Dreieckskreuzung links ab und an der nächsten noch einmal links, um kurz danach wieder auf einem sehr schönen Weg, dem Kirchenstieg, durch die Felder zu fahren. Hier in der Mitte des Kirchenstiegs ist an der kleinen Brücke wiederum über die Mühlenau genau der richtige schöne Platz mit Bank, der zu jeder Jahreszeit zum Verweilen und Verschnaufen einlädt. Wir erreichen danach dann Egenbüttel, wo wir nach rechts auf die Dorfstraße einbiegen und zur Landesstraße 99 kommen, der wir auf einem Radweg nach rechts bis nach Rellingen folgen. Da sehen wir schon schräg vor uns die Rellinger Kirche, eine typisch norddeutsche, imposante Kirche aus Backstein auf einem kleinen Kirchhügel gelegen, aber mit einem ungewöhnlichen, barocken Kirchenschiff.

Tipp

Ein schöner Abschluss: die Besichtigung der Drostei, eventuell mit einer Kunstausstellung, www.drostei.de

Von Rellingen nach Pinneberg Einmal um die Kirche herum nach rechts über den Alten Marktplatz bringt uns die Straße Ehmschen zur Fuß- und Radfahrerbrücke über die A23. Auf der anderen Seite geht es dann links herum und in der folgenden Kehre gleich wieder ins Grüne. Auf schmalen Wegen fahren wir bis zu einem Brückchen, queren wieder die Mühlenau und fahren dahinter nach wenigen Metern rechts. Wenn wir den kleinen Parkplatz sehen, nehmen wir den Weg rechts davor, überqueren schon wieder die Mühlenau und erreichen den Stadtwald von Pinneberg. Dort geht es auf dem Weg Fahltsweide nach links und dann den nächsten Weg rechts in den Wald hinein. Auf der zentralen, runden Lichtung in der Mitte gibt es einen uralten Baum mit einem Gedenkstein und Bänken. Wir fahren weiter geradeaus, dann rechts und gleich den nächsten

Weg wieder links bis zum Ende des Wäldchens mit der Christuskirche. Jetzt sind wir schon im Zielgebiet. An der Bahnhofsstraße schwenken wir links ein und nehmen gleich die erste Anwohnerstraße nach rechts, an deren Ende es wieder nach rechts geht. Nun fahren wir direkt auf den kleinen Drosteipark

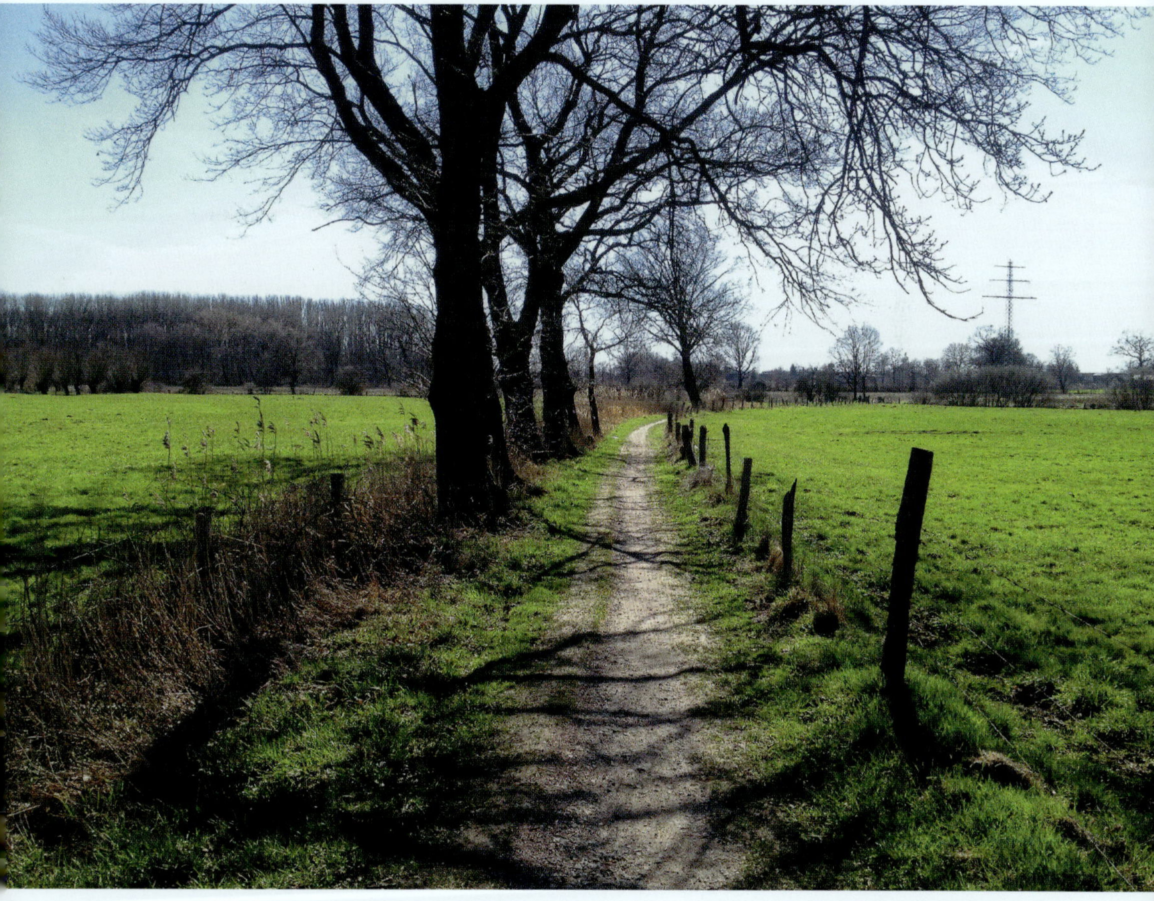

Romantische Verbindung: der Kirchenweg in Ellerbek

zu, an dessen Ende sich die Drostei erhebt – ein wunderschönes Gebäude des norddeutschen Backsteinbarock.

Der kulturelle Nachschlag Wo einst der Verwalter des dänischen Königs seine Amtsgeschäfte erledigte, befindet sich heute ein Kulturzentrum mit Kunstausstellungen und Musikveranstaltungen. Hier bekommen wir unseren kulturellen Nachschlag. Und unten in den Gewölben der Drostei gibt es das stimmungsvolle Restaurant Meusels Landdrostei mit seiner schönen Terrasse. Nach diesem Intermezzo geht es dann auf dem gleichen Weg zur Bahnhofsstraße zurück, die uns rechts hinab zum Bahnhof bringt.

16

An der Tarpenbek

Von der Mündung zum Quellgebiet und zur Alsterquelle

Leicht | 35 km | 4 Std.

Tourencharakter
Fast ausschließlich Fuß- und Parkwege; sehr wenig Straße, meist mit begleitenden Radwegen

Ausgangspunkt
U-Bahn Hudtwalkerstraße, mit Lift

GPS-Daten
53.594663, 9.996061

Endpunkt
Bahnhof Ulzburg-Süd: Die Station befindet sich außerhalb der Ringe AB des Verkehrsverbundes: Eine Tageskarte lohnt sich nicht.

Anfahrt
Mit der U1 zur Station Hudtwalkerstraße. Vom Endpunkt bringt uns die A2 mit Umsteigen in Norderstedt-Mitte in die U1 zurück in die Stadt.

Einkehr
Coffee to Fly, www.coffee-to-fly.de

Fast komplett auf idyllischen Radwegen können wir dem Lauf der Tarpenbek nach Norden folgen. Anschließend fahren wir, vorbei an einem romantischen Badesee und einem Moor, zur Quelle der Alster.

Von der Alster an die Tarpenbek An der U-Bahn-Station wenden wir uns nach rechts zur Straßenbrücke über die Alster, wo uns eine parallele Fußgängerbrücke zielgenau in den Haynspark bringt. Wir bleiben über zwei Brückchen an der Uferkante der Alster und wenden uns hinter dem Bootshaus Barmeier nach links, überqueren die Straße und rollen hinunter an den Radweg entlang der Tarpenbek. Dieses Flüsschen ist jetzt unsere Leitschnur.

Auf dem Radweg entlang der Tarpenbek Hinter der Rosenbrookbrücke wird der Weg mit der Tarpenbek und Kleingärten schmal. Nach 4 Kilometern kommen wir zum Zaun des Flughafengeländes. Die Tarpenbek verschwindet unter der Erde und wir müssen ausweichen. Wir entscheiden uns, östlich am Flughafen vorbeizufahren.

Die Umfahrung des Flughafens Wir folgen der Hamburger Freizeitroute Nr. 12 nach rechts, also immer den weißen Schildern mit dem roten Rand und dem Richtungspfeil darauf. Der Weg führt uns im Zickzack durch Kleingartengelände und das Gehölz Borsteler Jäger. Danach müssen wir allerdings die Straße Weg beim Jäger auf einem Radweg links ganz hinunterfahren (1,3 km) bis zur riesigen Kreuzung mit der Zeppelinstraße. Auf der gegenüberliegenden Seite können wir dann links einbiegend wieder grüne Wege nehmen, von der Zeppelinstraße durch Lärmschutzwände abgetrennt. Später kommen wir zum Weg Rüümk und biegen links in die verkehrsarme Straße Holtkoppel ein.

Ein Aussichtspunkt zum Flugfeld Bevor wir auf Höhe der Straße Westerrode wieder für lange Zeit auf grünen Radwegen rollen, lohnt es sich unbedingt, die Holtkoppel für einen »Verstärker«

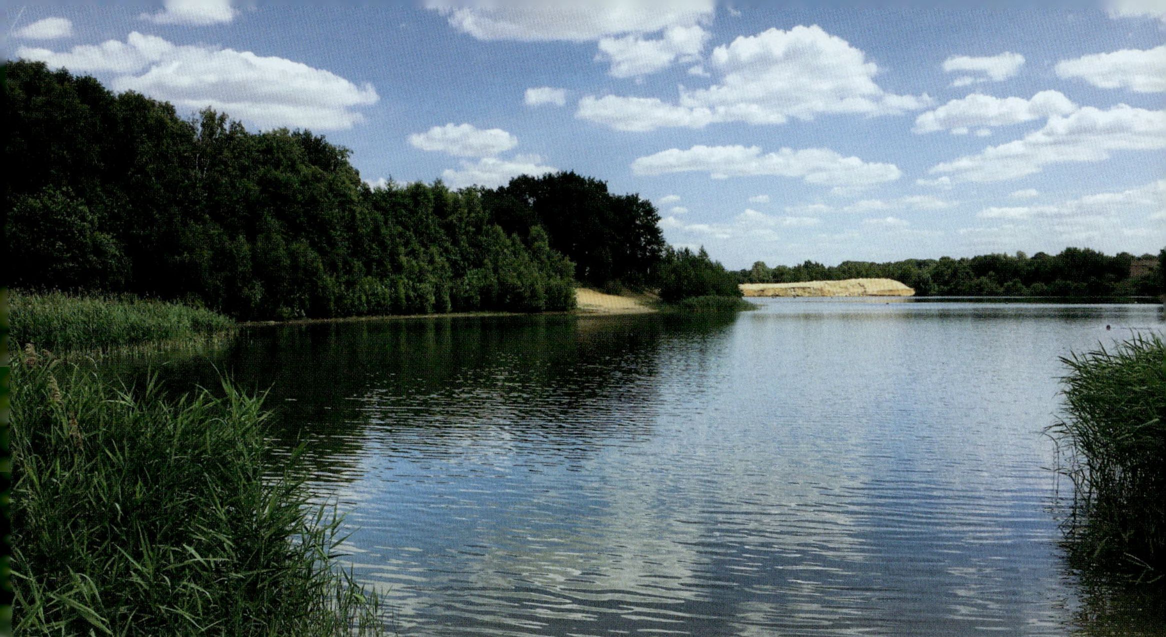

Der Wilstedter See, genannt: Costa Kiesa

hoch zum Café »Coffee to Fly« zu fahren, da es danach für lange Zeit keine Einkehrmöglichkeit mehr gibt. Der Ausblick auf die startenden oder landenden Flugzeuge ist von dort oben grandios. Danach setzen wir unten unseren Weg fort, der später wegen eines Moors nach rechts und gleich wieder links geht. Am Ende treffen wir auf den Krohnstieg, den wir etwas weiter links an einer Fußgängerampel überqueren.

An der Tarpenbek immer nach Norden Wir umrunden das gegenüberliegende Rückhaltebecken rechts herum und fahren nach der Überquerung des Bornbaches nach rechts auf den Weg, der sich eng an die hübsch renaturierte Tarpenbek schmiegt. 2020 war ein Teil des schmalen Weges gesperrt. Wir können aber rechts und dann links zur Straße Tarpen fahren, die uns nach links zur Tarpenbek zurückbringt. Der Weg geht nach Überquerung der Straße Tarpen weiter entlang der Tarpenbek. Nach der Abwärtsfahrt auf der Rampe der U-Bahnüberführung sieht man etwas weiter vorn unseren Weg, der links ins Gehölz geht und uns wenig später an die Tarpenbek zurückführt. Am Ende überqueren wir die Tarpenbek einmal links und dann gleich wieder rechts auf Brückchen und nähern uns damit der großen Kreuzung mit der Segeberger Chaussee.

Tipp

Unbedingt Badekleidung mitnehmen für ein Bad an der Costa Kiesa.

Die Auen der Tarpenbek in Norderstedt Dort an der Kreuzung gibt es eine Unterquerung mit Lift und einer Rampe wieder hinauf. Schon geht es mitten durch Hamburgs Nachbarstädtchen

Norderstedt auf Auenwegen weiter an der Tarpenbek entlang. Wir folgen dem Flüsschen über mehrere kleine Brücken. Am Forstweg müssen wir kurz nach rechts, aber dann geht es gleich wieder links auf einem Radweg Richtung Norden. Wir überqueren den Alten Kirchenweg und kommen später nahe der Kreuzung Langenharmer Weg auf einen Parkplatz.

Im Stadtpark Norderstedt Schräg gegenüber der Kreuzung setzt sich unsere Route im Park der ehemaligen Landesgartenschau fort. Wir umrunden die Waldbühne und fahren rechts auf den Stadtparksee zu. Diverse Bänke laden zum Verweilen ein. Vor dem See fahren wir wieder links an sumpfigen Wiesen entlang. Wenn wir auf die verlassenen Gleise einer Industriebahn treffen, verlässt uns die Tarpenbek.

Ein herrliches Badevergnügen

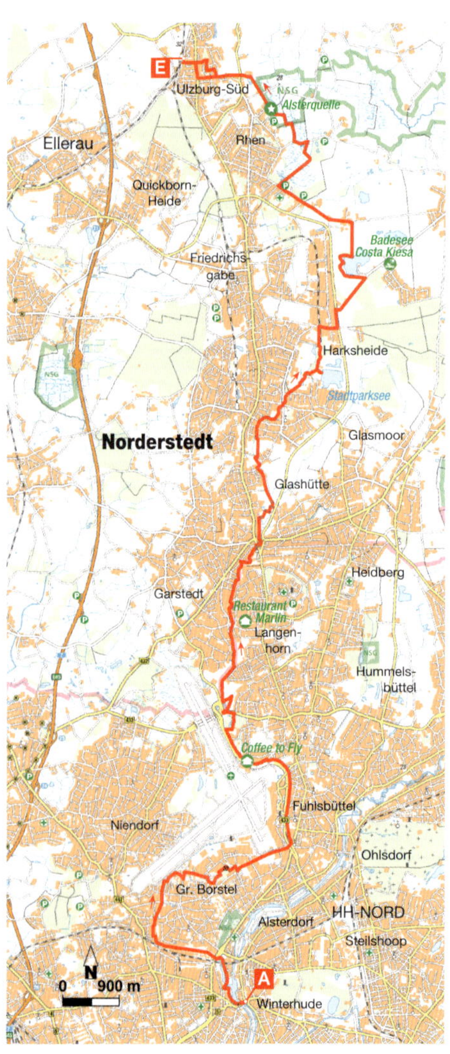

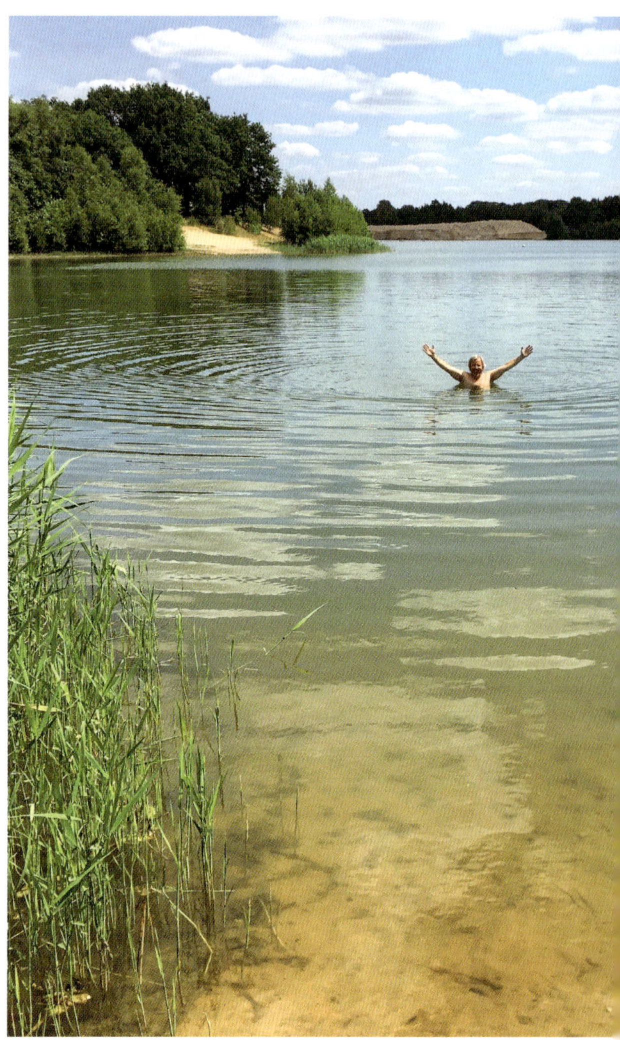

Zum Badesee Costa Kiesa Am Ende des Weges an der Straße Harckesheyde fahren wir rechts und an der Kreuzung mit der Schleswig-Holstein-Straße nach links. An der nächsten Ampel biegen wir rechts in die Harksheider Straße ein und fahren knapp einen Kilometer auf einem begleitenden Radweg, bis wir bei erster Gelegenheit links ins Gelände einbiegen können. Die Fuß- bzw. Radwege führen uns um einen großen Badesee herum, der in seinem westlichen Teil zwei Kiesstrände zum Lagern bietet – von den Anwohnern Costa Kiesa genannt.

Zur Alsterquelle Nach der Halbumrundung des Sees stoßen wir auf einen geraden, baumgesäumten Weg, der in den Kringelweg mündet, in den wir links einbiegen. Nach knapp zwei Kilometern tut sich rechts hinter einem Tennisgelände ein Weg

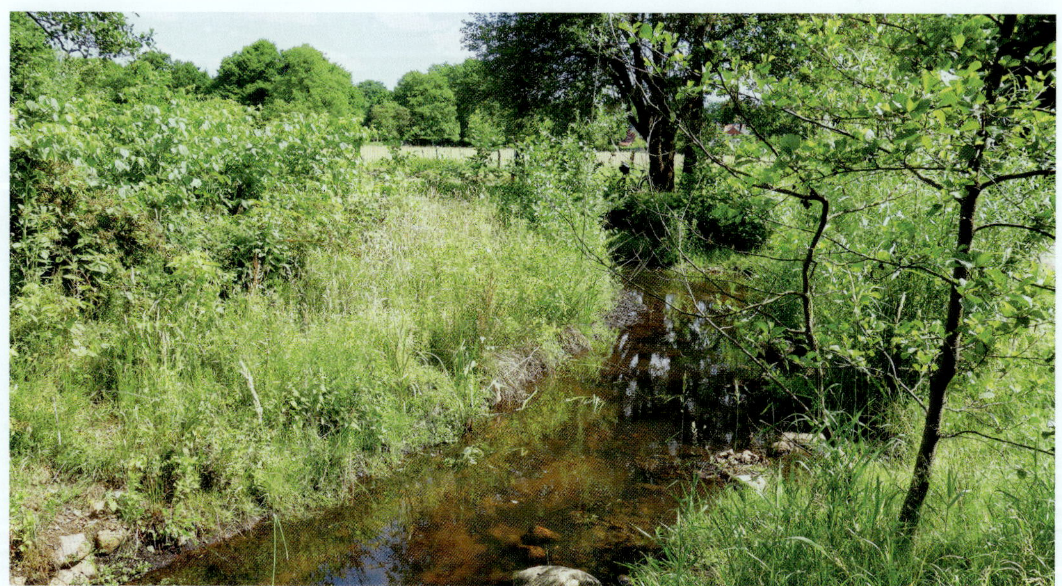

Gelungene Renaturierung an der Tarpenbek

durch ein schönes Moor auf. Am Ende quert ein Sträßchen, dem wir links folgen. Nach 300 Metern schon, mit dem Hinweis zur Alsterquelle, nehmen wir rechts einen Waldweg. Im weiteren Verlauf macht der Weg einen Links-Rechts-Knick und führt zum kleinen, hübsch gewundenen Hein-Timm-Weg, der uns direkt zur Quelle der Alster führt – ein guter Ort für eine Pause und ein Erinnerungsfoto. Wir folgen dem Weg weiter, und biegen rechts in einen Weg ein, der später sinnigerweise Quellenweg heißt. Am Ende geht es links auf eine Straße, die später Dammstücken heißt und an der Hauptstraße endet. Hier radeln wir noch nach rechts und die zweite links (Falkenstraße) und so landen wir direkt am Bahnhof Ulzburg-Süd.

17

An Elbe und Luhe

Auf Bahntrasse und Deichwegen nach Winsen

Leicht

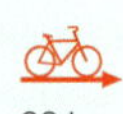
32 km

3,5 Std.

Tourencharakter
Die meiste Zeit auf asphaltierten Radwegen und einer ehemaligen Bahntrasse, jenseits der Elbe Wege auf der Deichkrone; sehr wenig Straße

Ausgangspunkt
U- und S-Bahn Hauptbahnhof; Lift von allen Bahnsteigen

GPS-Daten
53.552430, 10.006192

Endpunkt
Bahnhof Winsen; Rückfahrt mit dem Nahverkehrszug Metronom; Tageskarte lohnt nicht, evtl. Gruppenkarte prüfen, für den Metronom Fahrradkarte lösen!

Anfahrt
Mit allen Schnellbahnen zur Haltestelle Hauptbahnhof-Nord oder Hauptbahnhof-Süd. Vom Endpunkt bringt uns die Regionalbahn Metronom zurück zum Hauptbahnhof.
Variante
Am Gleisdreieck könnte man nach links immer geradeaus auf dem Bahndamm nach Bergedorf fahren und dort in die S-Bahn steigen.

Einkehr
Café Kaltehofe, www.wasserkunst-hamburg.de; Bahnhofsgaststätte Fünfhausen; Fährhaus Zollenspieker; viele Cafés am Ziel in Winsen

Herrliches Radeln auf einem alten Bahndamm durch die Vier- und Marschlande! In Zollenspieker setzen wir mit der Fähre über und radeln auf dem Luhedeich in die Kreisstadt Winsen. Diese Tour auf gepflegten Radwegen ist gut mit Kindern zu machen.

Entlang der Hafenbecken zur Halbinsel Entenwerder Am Ausgang Glockgießerwall fahren wir links hinunter zu den Deichtorhallen, wo ein Radweg an den Hafenbecken nach Osten geht. Es folgen herrliche maritime Abschnitte. Kaum sind wir unter der Oberhafenbrücke hindurchgefahren, geht der Radweg auf die Kante der Deichmauer, von wo wir gute Ausblicke auf die Industrie- und Wasserlandschaften der Hafenbecken haben. Vorbei an zwei Schleusen nähern wir uns den Norderelbbrücken – einem wahren Gewirr von Straßen- und Eisenbahnbrücken. Vor der Brückenauffahrt geht der Radweg auf einem sehr schmalen Parcours unter der Auffahrtsrampe der Norderelbbrücken hindurch auf die andere Seite und führt danach auf einem kleinen Brückchen rechts liegend hinüber zur ehemaligen Insel Entenwerder, die jetzt ein Park ist. Am Ende von Entenwerder sehen wir schon das große Sperrwerk, welches die Billwerder Bucht und die dahinterliegenden Stadtgebiete vor Sturmfluten schützt.

Auf der ehemaligen Insel Kaltehofe Hinter dem Sperrwerk sind wir auf der ehemaligen Insel Kaltehofe. Ab der Höhe des Museums Wasserkunst ist der Motorverkehr ausgesperrt. Links sehen wir dann schon die Becken der ehemaligen Elbwasseraufbereitungsanlage mit ihren Türmchen, die in ihrer Backsteinausführung wie ein Zitat der Speicherstadt zu sein scheinen. Im ehemaligen Hauptgebäude befindet sich auch ein Café mit Außenterrasse, in dem wir einen Kaffee trinken könnten nebst optionalem Zubehör. Schön ist es auch, einmal auf den Deich zu klettern und einen Blick auf die andere Seite zu werfen. Ganz am Ende des Weges fahren wir durch eine kleine Siedlung mit einem interessanten Spielplatz.

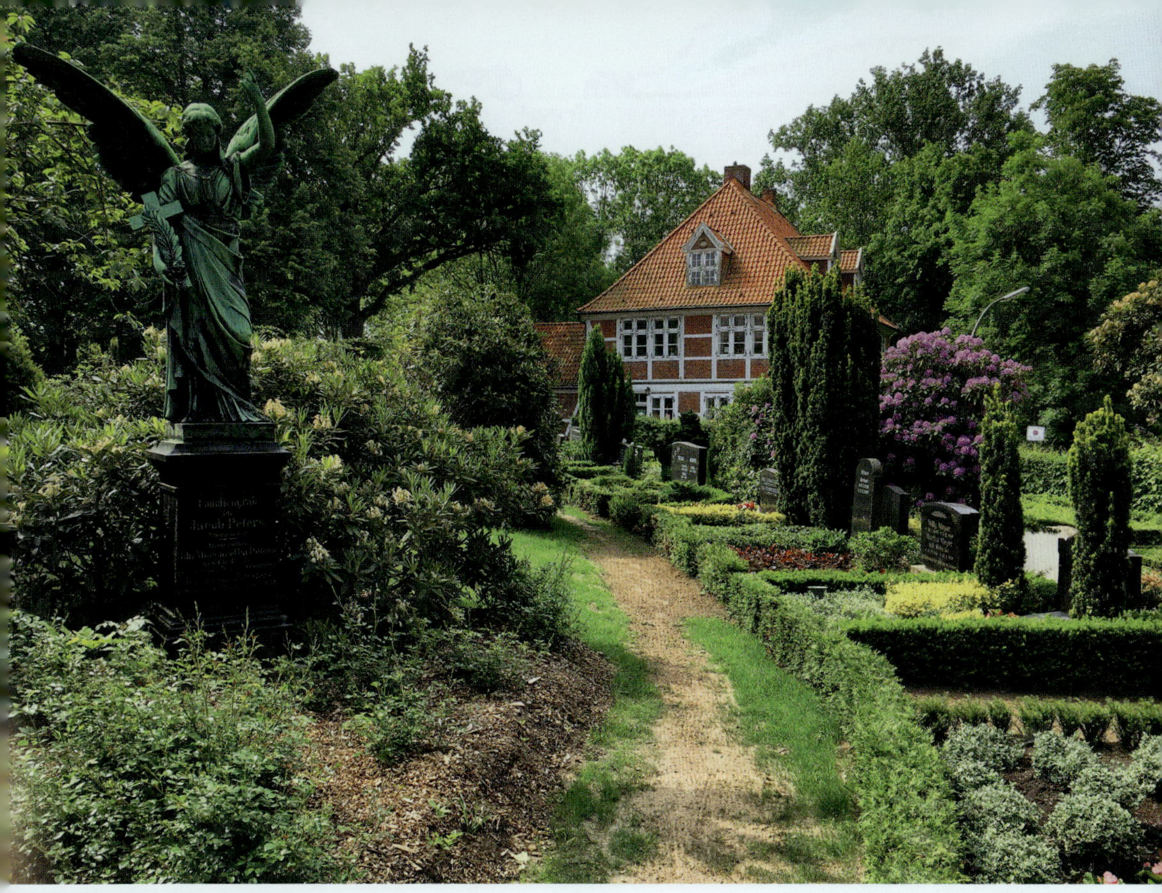

Wunderschön: der Kirchhof St. Pankratius in Ochsenwerder

Durch die Vier- und Marschlande Jetzt kommen wir in ein riesiges Marschgebiet, durchzogen von toten Seitenarmen der Elbe. Geschützt wird dieses Gebiet durch die Tatenberger Schleuse, die wir jetzt queren, um dann gleich links auf den Tatenberger Deich einzubiegen. Nach 150 Metern beginnt rechts der alte Marschenbahndamm. Nach 2,5 Kilometern lohnt es sich, kurz nach links in die Landgemeinde Ochsenwerder abzubiegen. Die Kirche Sankt Pancratius liegt erhöht auf einer Kirchwarft, umgeben von einem schönen Friedhof mit wunderbaren Ausblicken in die flache Marsch. Zurück auf dem Radweg radeln wir vorbei an Feldern und Naturschutzgebieten, gesäumt von norddeutschen Knicks, die je nach Jahreszeit auch in einem duftenden Blütenkleid sein können. Im ehemaligen Bahnhof Fünfhausen ist dann die nächste von allen Radlern gern genutzte Einkehrmöglichkeit, die jetzt ein italienisches Restaurant ist. Hier sitzt man sehr schön im Garten bei hausgebackenem Kuchen mit Blick auf das Gewässer Sandbrack. Auch innen im Restaurant mit Erinnerungen an die Zeit des Gebäudes als Bahnhof wird man sehr nett bedient (täglich ab 10 Uhr geöffnet). Danach führt uns der schöne Bahntrassenweg weiter bis zum ehemaligen Gleisdreieck, wo früher zwei Bahnlinien kreuzten. Hier ist noch ein Kinderspielplatz. Weitere Bahntrassenwege führen Richtung Geesthacht oder Richtung Norden nach Bergedorf.

Mit der Fähre über die Elbe Wir aber folgen dem Weg jetzt nach rechts Richtung Süden, der uns bis zur Elbe bringt. Am Elbedeich angekommen, fahren wir auf dem Zollenspieker

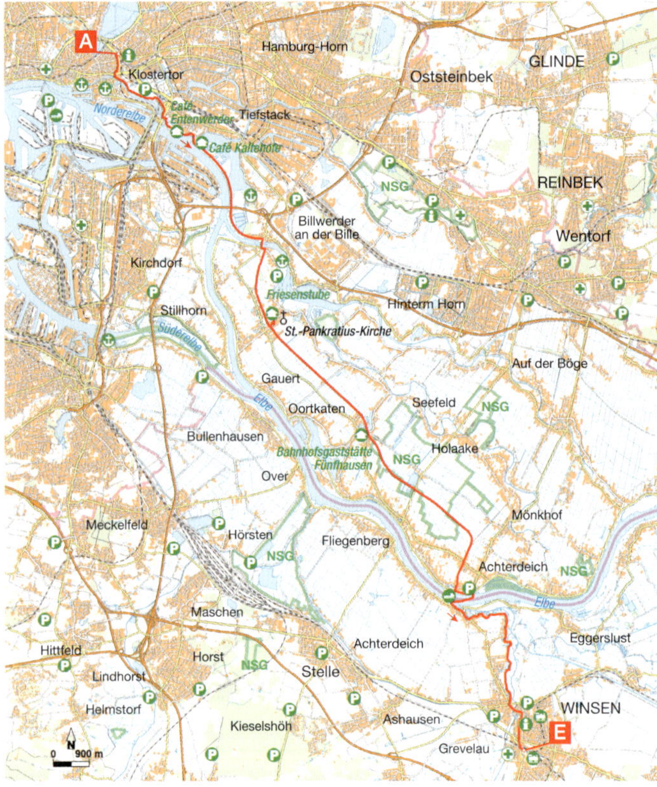

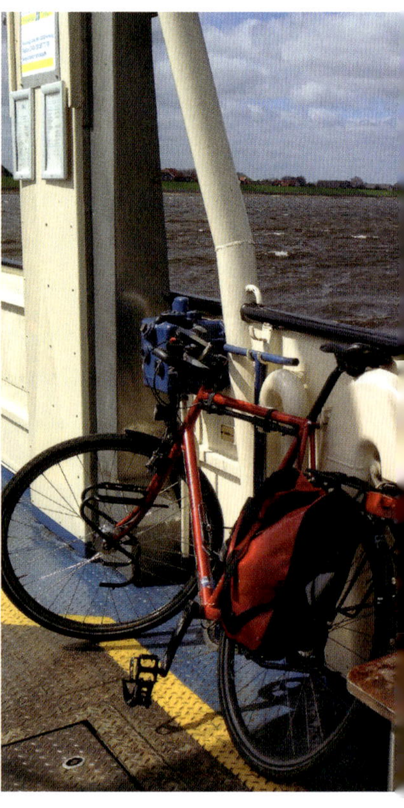

»Kreuzfahrt« mit der Fähre Zollenspieker

Hauptdeich nach links und sind nach weniger als einem Kilometer in Zollenspieker, wo die Fähre Autofahrer und Radler von Anfang März bis Ende November an das andere Ufer bringt. Direkt daneben ist das Fährhaus Zollenspieker – ein Tagungshotel und großes Restaurant direkt am Wasser mit einem schönen Gastgarten. Auf der kurzen Fährfahrt kann man noch einmal den mächtigen Strom sehen und spüren.

Auf dem Ilmenau- und Luhedeich Drüben in Hoopte und Stöckte ist das Mündungsgebiet der Ilmenau. Nach dem Verlassen der Fähre fahren wir an der Hauptstraße nach links Richtung Osten und nehmen nicht die Brücke über die Mündung der Ilmenau, sondern fahren geradeaus und biegen unmittelbar danach hinter einem kleinen Hafenbecken links ab. Die Straße

(Stöckter Hafen) wird dann bald ein Radweg auf der Deichkrone. Herrlich ist das Radeln von hier oben mit Blick auf die moorige Auenlandschaft. In der Luft schweben Greifvögel auf der Suche nach Beute und in den Wiesen staksen Störche. Schon nach 2 Kilometern sehen wir vom Deich die Luhe, die an dieser Stelle in die Ilmenau mündet.

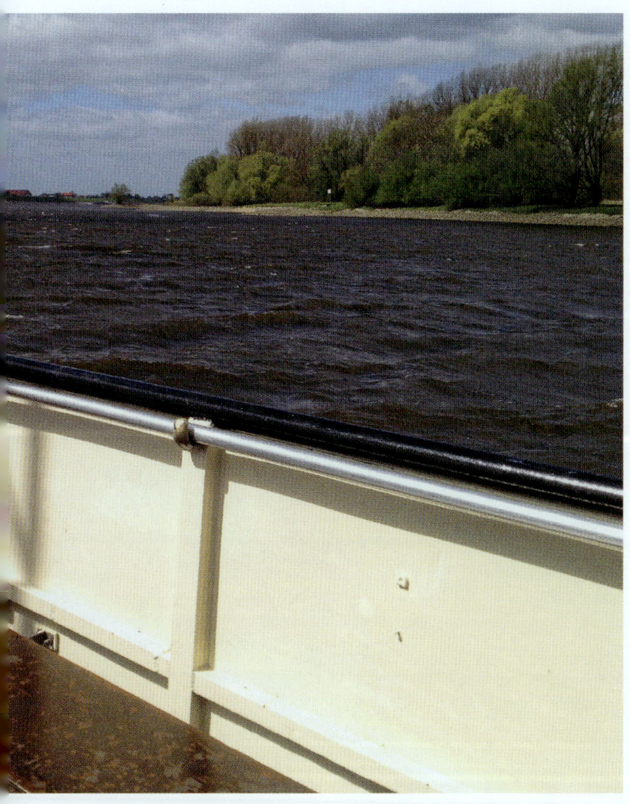

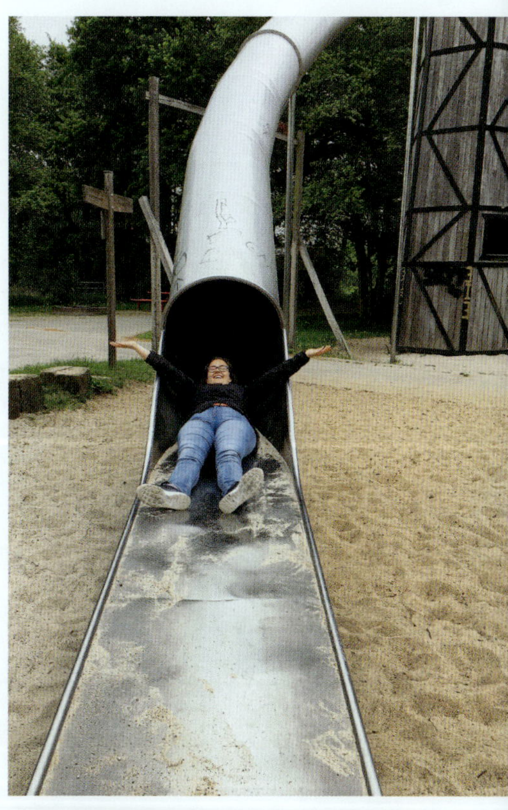

Schöner Spielplatz am ehemaligen Gleisdreieck

Die Kreisstadt Winsen Dieser Deich führt uns direkt nach Winsen hinein. Am Ende des Radweges queren wir den Altstadtring und nehmen gegenüber die sogenannte Deichstraße, die in die Fußgängerzone Winsens führt mit ihren Cafés, der mächtigen Marienkirche aus rotem Backstein und – etwas versetzt – dem Winsener Schloss mit seinen Parkanlagen und dem Wassergraben drum herum. Hier könnte man sich noch einmal niederlassen, bevor es dann auf den Heimweg geht. Wenn wir in der Rathausstraße die Marienkirche auf unserer rechten Seite haben, geht es nur noch geradeaus zur Bahnhofsstraße, die uns zum Bahnhof bringt. Der Nahverkehrszug Metronom fährt dann in 22 bzw. 32 Minuten zum Hamburger Hauptbahnhof zurück.

Tipp

Bei Ostwind ist die Tour auch in umgekehrter Richtung sehr schön.

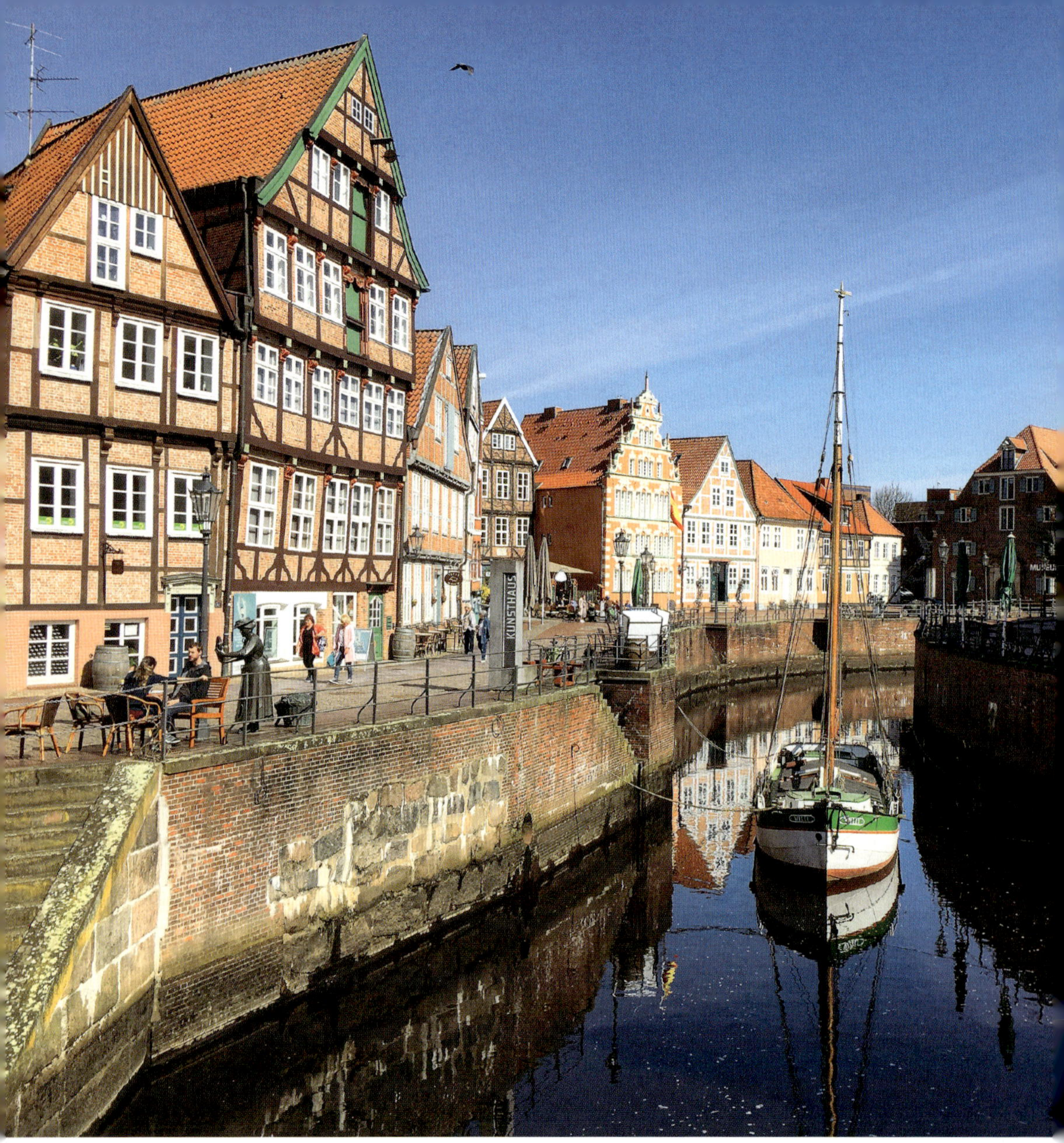

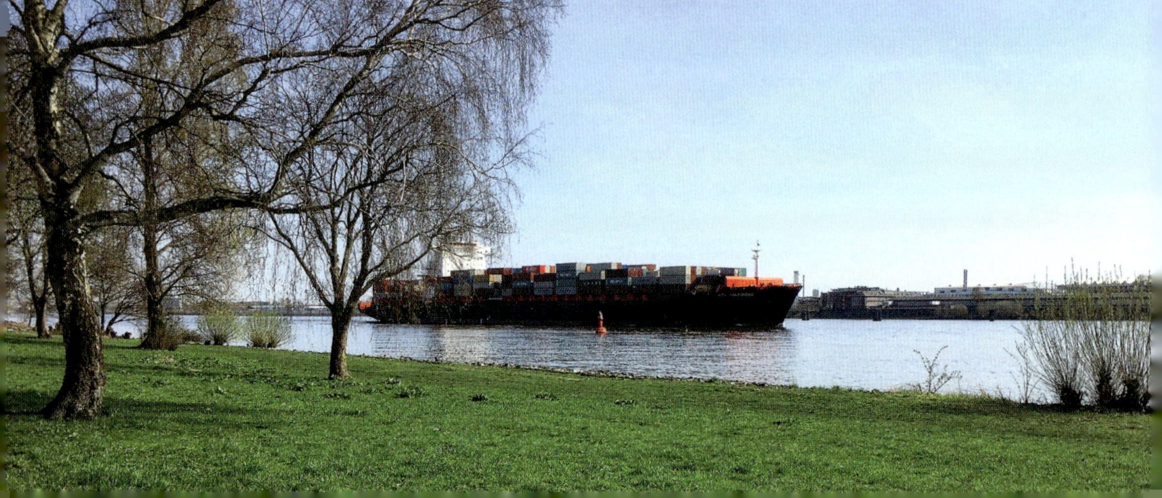

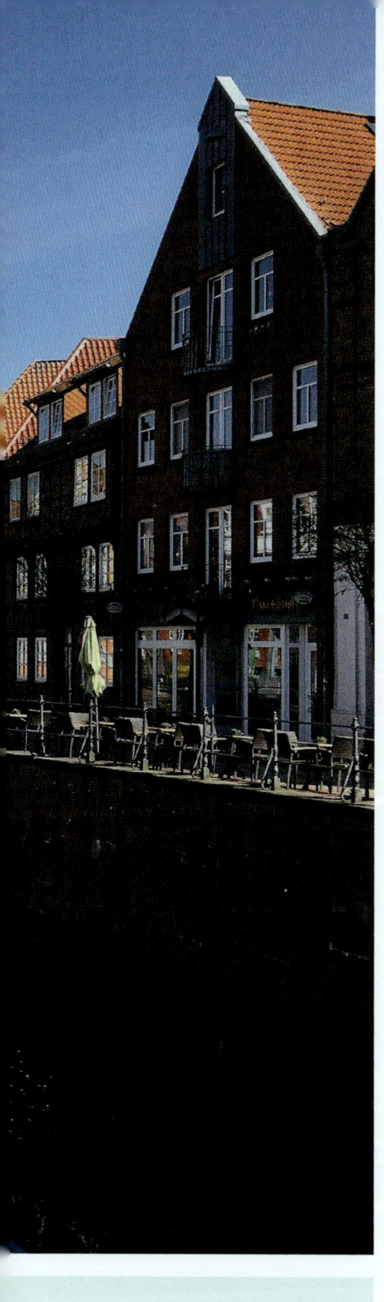

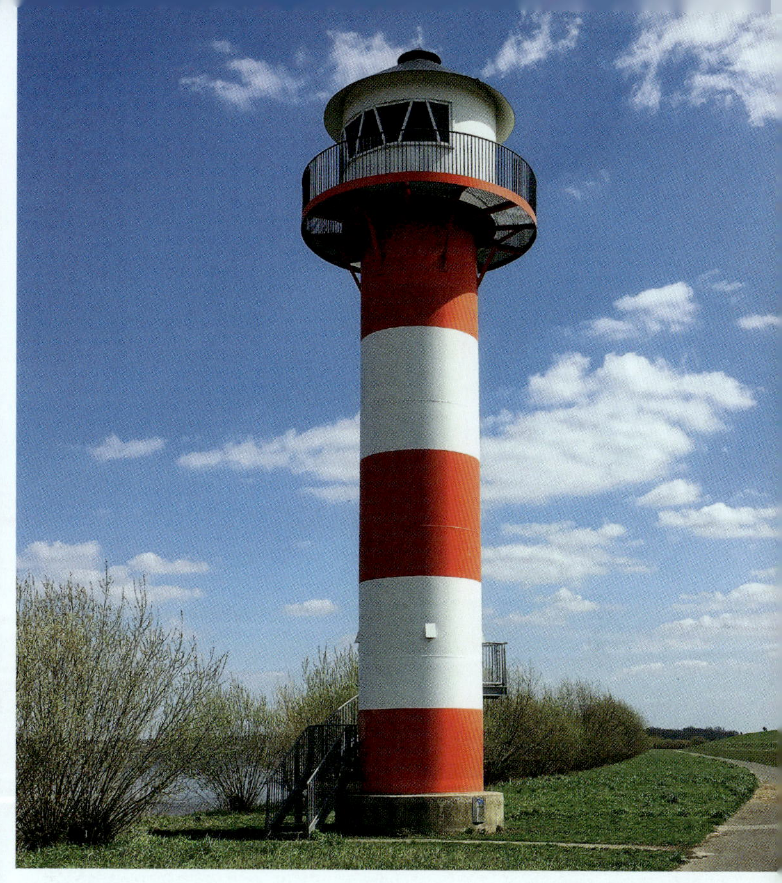

Rein nach Hamburg

Am alten Hafen in Stade (o. li.). Leuchtfeuer an der Unterelbe (o. re.). Am Krückaudeich (u. re). Containerfrachter auf der Elbe (u. li.).

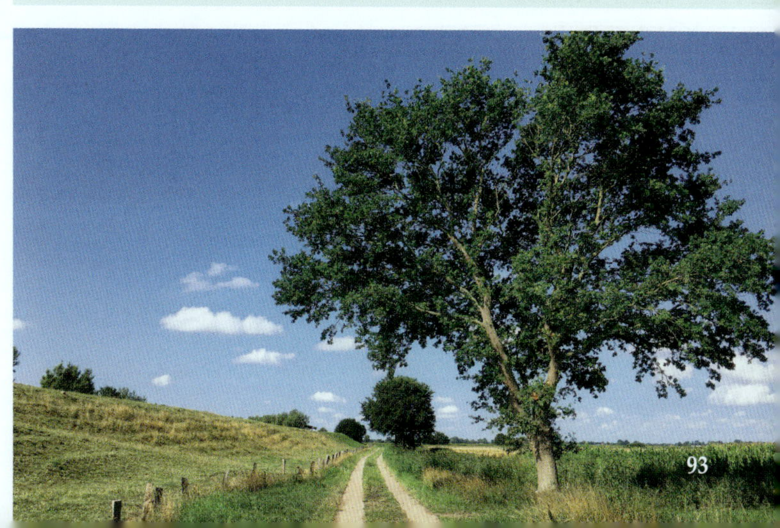

18

An Este und Elbe

Romantische Dörfer am Deich und eine ehemalige Elbinsel

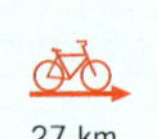 Leicht

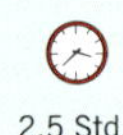 27 km

2,5 Std.

Tourencharakter
Hauptsächlich verkehrsarme Nebenstraße hinter oder auf dem Deich, einige Radwege

Ausgangspunkt
S-Bahn Buxtehude

GPS-Daten
53.470633, 9.688208

Endpunkt
Anleger Finkenwerder, Linie 62; Tageskarte lohnt sich nicht; wer die Tour andersherum fährt, kann in Buxtehude nicht nur die S-Bahn wählen, sondern auch den Nahverkehrszug Metronom: das Mittel der Wahl, wenn man an einem Werktag die Rückfahrt zwischen 16 und 18 Uhr antreten will.

Anfahrt
Mit der S3 zur Station Buxtehude. Vom Endpunkt in Finkenwerder bringt uns die Schiffslinie 62 zu den Landungsbrücken, wo wir die Auswahl haben, mit der U3 oder den S-Bahn-Linien zurückzufahren.
Variante
In Cranz oder Neuenfelder Sperrwerk könnte man die Fähre nach Blankenese nehmen und auf Tour 20 zu den Landungsbrücken fahren.

Einkehr
In Buxtehude am zentralen Fleet Cafés; Gasthaus zur Post in Cranz, www.gasthaus-zur-post-cranz.de; Altes Fährhaus, www.altes-faehrhaus.com

Die Tour beginnt im pittoresken Buxtehude. Wir fahren durch Obstanbaugebiete entlang der Este bis zu ihrer Mündung und dann zur ehemaligen Elbinsel Finkenwerder, die wir auf Schleichwegen durchqueren. Als Sahnehäubchen am Schluss gibt es die Fährfahrt zurück in die City.

Wichtige Entscheidungen Wenn der Wind in Hamburg wie meist aus West weht, ist es ratsam, die Tour in Buxtehude beginnen zu lassen. Für den Beginn in Buxtehude nehmen wir am Hauptbahnhof die Linie S3 (alle 10 Minuten).

Ein hübsches Städtchen Vor dem Bahnhofsgebäude fahren wir nach rechts auf einem Radweg zu einem Brückchen über die Este. Hier schwenken wir links ein und folgen dem Weg, bis er in die Hansestraße mündet. Weiter geradeaus bis zu einem Grünzug mit dem Stadtgraben wenden wir uns nach links

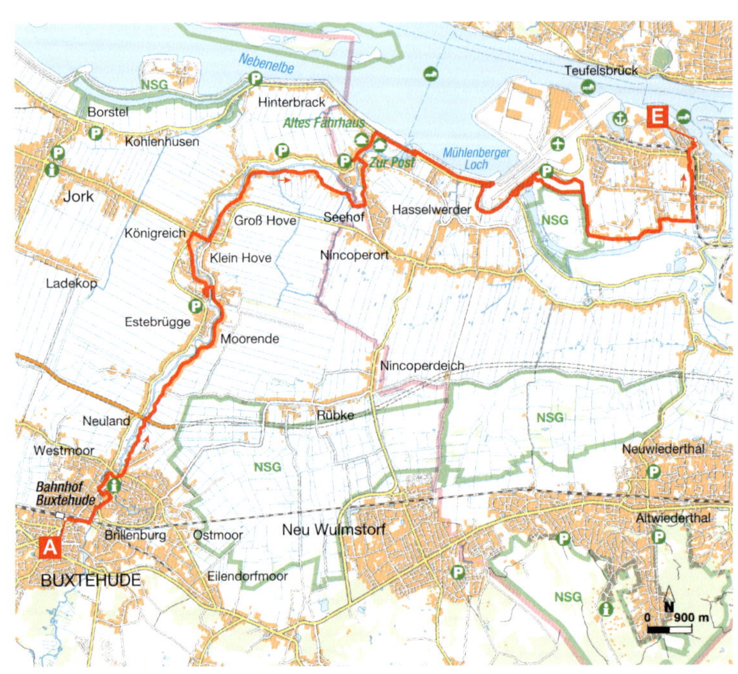

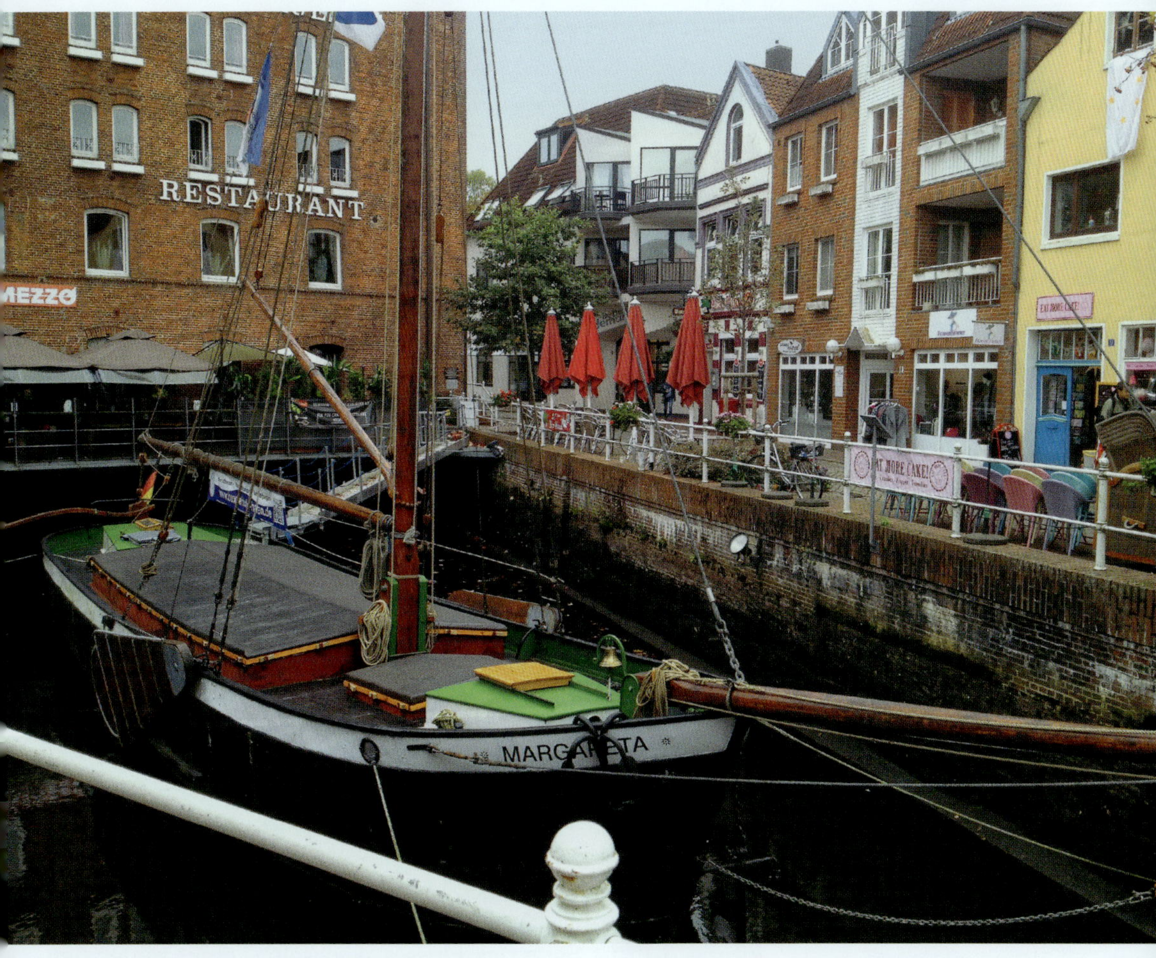

Der zentrale Buxtehuder Fleth

zum alten Stadtkern, der von Wasser umspült ist. Durch eine Fußgängerzone kommen wir zum zentralen Fleth in der Mitte des Städtchens, gesäumt von alten Häusern. Hier könnten wir, kaum angekommen, draußen vor den Türen eines Cafés schon einen ersten Kaffee trinken und die Szenerie genießen. Danach folgen wir dem Fleth bis zu seinem Ende und biegen am Kreisel, in Sichtweite des kleinen Hafens, nach rechts ab in die Straße Hafenbrücke. An der nächsten Kreuzung fahren wir auf der Harburger Straße nach links, bis sich nach 100 Metern links die Moorender Straße auftut.

In die Elbmarsch Auf dieser verkehrsarmen Straße rollen wir dann immer entlang der Este nach Norden. Wir schauen in die flachen Obstanbaugebiete und sehen Schilder, die auf Ferienwohnungen hinweisen. Das zeigt, dass wir uns trotz der Nähe zur Großstadt in einem Urlaubsgebiet befinden, welches besonders während der Obstbaumblüte sehr beliebt ist.

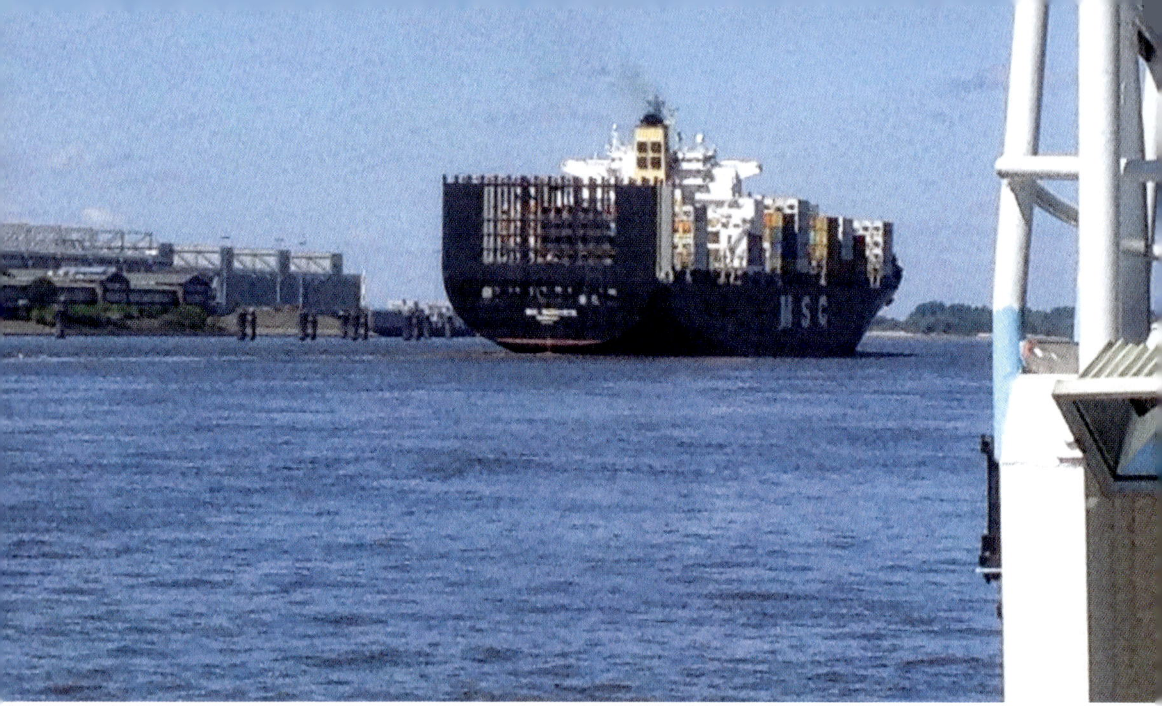

Containerschiff auf der Höhe Teufelsbrück

Die Häuser der reichen Obstbauern Bei Tageskilometer sieben kommen wir nach Estebrügge und radeln links über die alte Drehbrücke, auf der wir schöne Ausblicke auf die Gärten der Estebrügger an der Uferlinie haben. Die Häuser auf dem Deich zeugen mit ihren Fassaden vom (teilweise) vergangenen Wohlstand. Nach einem kurzen Abstecher zur Kirche bleiben wir auf dieser Flussseite und verlassen das Dorf Richtung Norden, bevor wir bei Hove wieder nach rechts über eine Brücke auf die östliche Seite des Flusses wechseln. Direkt hinter der Brücke geht links die kleine Straße Groß Hove ab, die wieder der Deichlinie folgt – später auf der Flussseite des Deiches in den Auen. In einem großen Bogen nähern wir uns dem Mündungsbereich der Este, biegen nach links auf den Neuenfelder Fährdeich und kommen nach kurzer Zeit zum Schild »Am Alten Estesperrwerk«, wo wir den Fluss auf einem Fußgängersteig überqueren und nach rechts in das Dorf Cranz einbiegen.

Ein Ausflugsort Nach Cranz geht auch eine Fähre von Blankenese, weshalb es im Sommer gut besucht ist. Die Anlegestelle ist gleich neben dem Gastgarten des Alten Fährhauses, wo man bei schönem Wetter sehr gut hausgemachten Kuchen essen kann und auf das Flüsschen und das Treiben darauf schauen kann.

An der Elbe Hinter Cranz wenden wir uns auf dem Cranzer Hauptdeich nach rechts. Hier treffen wir auf Tour 19, die von Stade aus an der Elbe entlangführt. Auf der großen Klappbrücke haben wir einen freien Blick über die Elbe nach Blankenese hinüber. Hinter der Klappbrücke suchen wir den Radweg zwischen Elbe und Deich, der uns bis zum Gelände der Airbus Industries bringt. Im spitzen Winkel wenden wir uns am Zaun nach rechts und an der Ampel nach links, um das Flughafengelände zu umfahren.

Die ehemalige Elbinsel Finkenwerder Die Alte Süderelbe – ein ehemaliger Seitenarm der großen Elbe – ist jetzt an beiden Enden abgeriegelt und hat Finkenwerder zu Festland gemacht. An der Dreieckskreuzung Rosengarten/Nesshauptdeich tauchen wir gegenüber auf einem Pfad ein ins Grün eines Naturschutzgebietes und genießen die Ausblicke. Als Alternative zu den engen Pfaden bietet sich die Straße Nesshauptdeich an, von der wir nach 1,5 Kilometern nach rechts den Radwegschildern D1/D10 folgen. Meine Route allerdings geht auf Fußpfaden durch ein kleines Gehölz an der Alten Süderelbe vorbei und führt dann auf einen Wiesenpfad, bis wir zu Kleingärten kommen. Hier fahren wir rechts zum Finkenwerder Westerdeich, der später auf der Südseite sinnigerweise Süderdeich heißt.

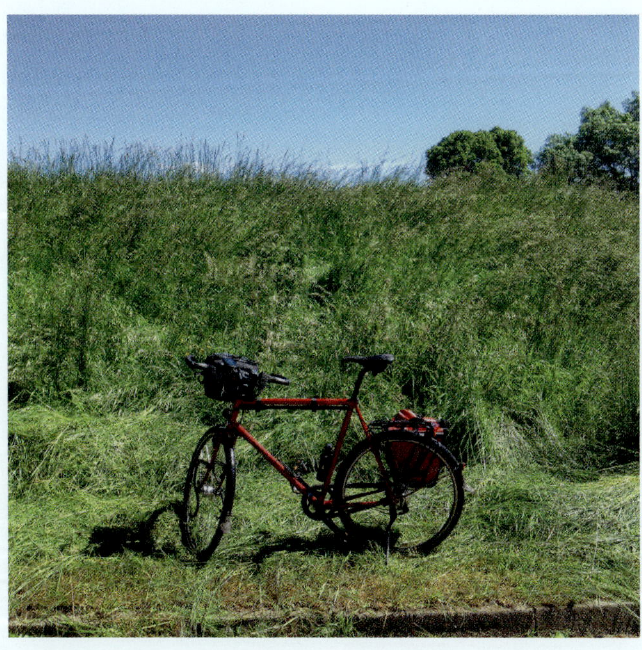

Pause am Finkenwerder Westerdeich

Die Gärten Finkenwerders Im alten Finkenwerder haben die Deiche zwar ihre ursprüngliche Funktion verloren, bieten aber einen schönen Parcours. Kaum ein Auto verirrt sich hierher, die Ruhe umhüllt uns. Der Süderdeich knickt nach links ab. Bald kommt rechts der Osterfelddeich, der in seinem ersten Teil nur ein romantischer Plattenweg auf der Deichkrone ist. Später vom darauffolgenden Straßenteil des Osterfelddeichs schwenken wir nach links auf einen neu hergerichteten Bahntrassenweg zwischen Obstbäumen, der uns ins städtische Zentrum Finkenwerders bringt. An dessen Ende überqueren wir die Hauptstraße zur gegenüberliegenden Schloostraße und biegen an der zweiten nach rechts ab. Jetzt sind es nur noch 100 Meter bis zur Wasserkante mit dem Fähranleger, wo uns die Linie 62 zurück zu den Landungsbrücken bringt.

19 Vor dem Elbdeich/Süd

Vom historischen Stade am großen Strom nach Hamburg

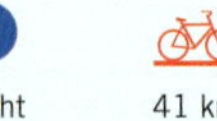

Leicht 41 km 4 Std.

Tourencharakter
Radweg im Vordeichland, straßenbegleitender Radweg, Nebenstraßen, zum Teil auf einem Deich

Ausgangspunkt
S-Bahn Stade

GPS-Daten
53.596407, 9.476166

Endpunkt
Anleger Finkenwerder

Anfahrt
Mit der S3 zur Station Stade. Vom Endpunkt in Finkenwerder bringt uns die Schiffslinie 62 zu den Landungsbrücken, wo wir die Auswahl haben, mit der U3 oder den S-Bahn-Linien zurückzufahren.
Varianten
1. Ab Lühe mit der Fähre nach Wedel und dann Tour 20 zu den Landungsbrücken
2. Ab Sperrwerk Neuenfelde mit der Fähre nach Blankenese und dann einen Teil der Tour 20 nach Landungsbrücken

Einkehr
Reichliche Einkehrmöglichkeiten am Alten Hafen in Stade; Imbissgasse in Lühe am Fähranleger; Möwennest in Neuenschleuse, www.cafe-altes-land.de/moewen-nest; Anleger Finkenwerder, www.finkenwerder-landungsbruecke.de

Nach dem lohnenden Stadtbesuch Stades fahren wir zuerst an der Schwinge und dann am großen Strom Elbe meist auf einem Radweg zwischen Wasser und Deich. Der Abschluss der Tour geht durch den Hintergarten Finkenwerders mit dem krönenden Abschluss einer Fährfahrt.

Wichtige Entscheidungen Bevor man die Tour startet, sollte man einen Blick auf die Windprognose werfen. Wenn der Wind nennenswert stark ist, sollt man die Tour in Windrichtung machen. Da wir in Hamburg meist Westwind haben, beschreibe ich die Tour von Westen in die Stadt hinein.

Die Bahnfahrt nach Stade Die ca. einstündige Fahrt nach Stade ist für mich Teil der Tour, denn es gibt eine Menge zu sehen:

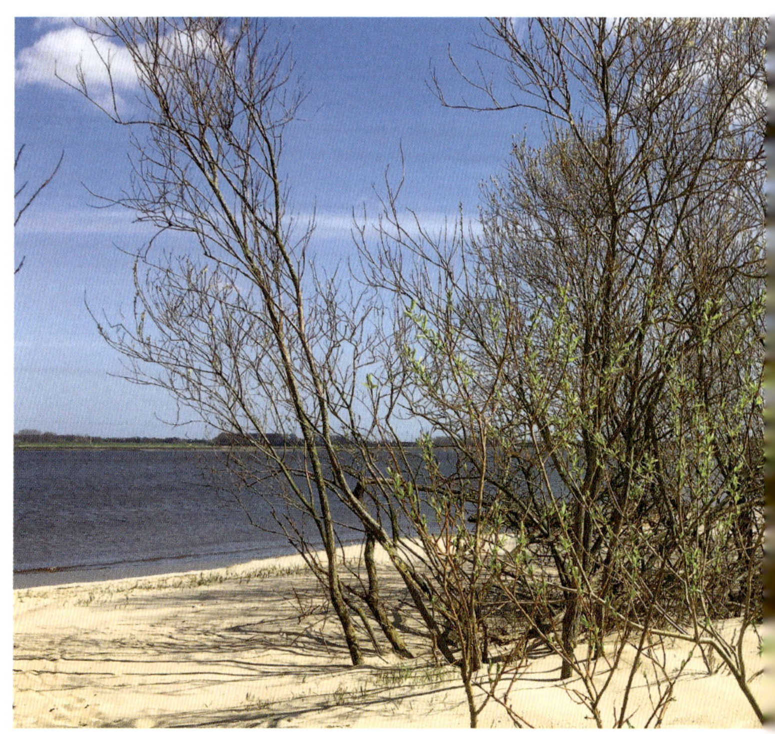

Elbestrand

einen Teil des Hafens während der Fahrt auf der Hochtrasse, die Elbbrücken und dann nach dem Tunnelabschnitt die Fahrt durch die Elbeniederung. Das alles ist schon ein Teil des Genusses. Wenn wir werktags fahren, müssen wir die Sperrzeit für die Fahrradmitnahme beachten und können erst nach 9 Uhr mit der S-Bahn Richtung Stade starten.

In die Stader Altstadt Der erste Höhepunkt dieser Tour ist gleich zu Anfang die historische Altstadt von Stade. Dazu können wir gleich nach dem Verlassen des Bahnhofs auf der Stadtseite nach rechts auf einen Radweg am Ufer der Schwinge schwenken. Schon nach 400 Metern geht der Radweg auf einem Brückchen auf die andere Seite des kleinen Flusses. Der kurze Weg endet an der Brücke der Straße Am Salztor. Noch einmal 300 Meter geradeaus und wir kommen über eine Brücke, die über einen Seitenarm der Schwinge zum Alten Hafen führt. Gleich dahinter biegen wir links ein und befinden uns nun in Stades Fachwerkidylle. Hier kann jeder nach Belieben rumstromern und staunen oder in einem der zahlreichen Restaurants einkehren.

An der Schwinge Um dann die Tour zu starten, müssen wir wieder zurück zur Brücke Am Salztor, diese überqueren und gleich links hinunter zum neueren Hafenbecken. Am Hafenende führt

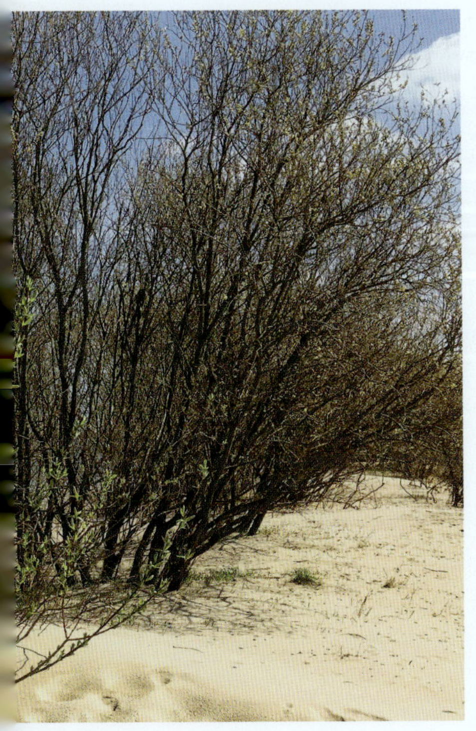

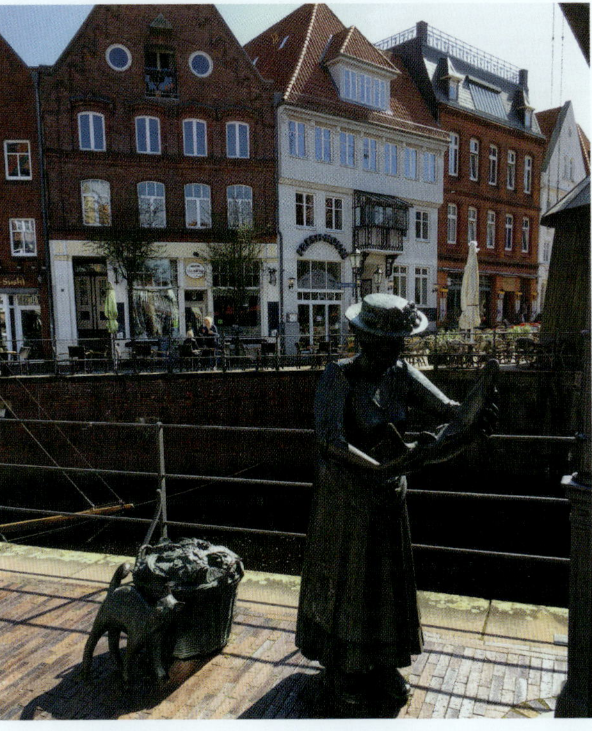

Skulptur am Alten Hafen Stade

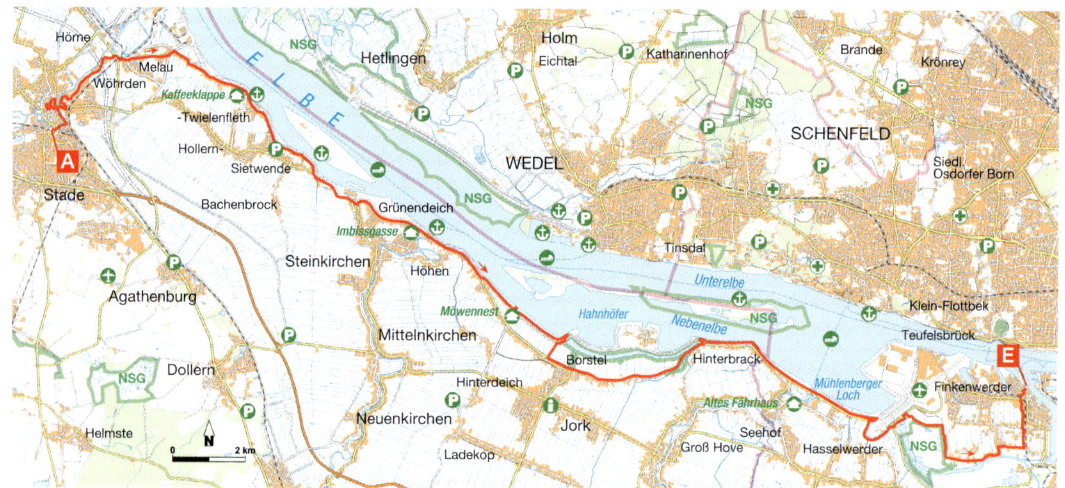

ein Weg rechts am Ufer um die Häuser herum. Am Ende des kleinen Weges biegen wir im spitzen Winkel nach links in die Straße Am Schwingedeich. Wir bleiben auf dieser Straße, die sich später vom Deich abwendet und über Bahngleise hinein in ein Gebiet mit Apfelplantagen läuft. Sie heißt später Am Wegen und geht durch die Ortschaft Melau. Am Ende biegen wir links ab und fahren sehr kurz darauf rechts in die Hauptstraße, die einfach Bassenfleth heißt. Kurze Zeit später wird sie links vom Elbdeich gesäumt. Das ist unser Punkt, an dem wir die Straße verlassen und vor dem Deich auf dem Radweg rollen können.

Tipp

Wenn viel Zeit ist, die Fahrräder am Anleger Lühesand anschließen und für ein oder zwei Stunden auf die Insel übersetzen.

Im Deichvorland Unsere Route ist jetzt sehr einfach und dazu genussvoll. Wir haben hier Ruhe vor dem Autoverkehr, passieren maritime Leuchttürme, auch mal Apfelplantagen im Vordeichland und lauschige Strandabschnitte mit feinem Kies. Das ist alles sehr schön! Bald treffen wir auf den Anleger zur Elbinsel Lühesand. Auf Lühesand befindet sich ein Campingplatz mit einem Gasthaus und sonst nichts. Wenn man die Insel besuchen will, wird man von einem Fährmann in einem kleinen Boot abgeholt. Später kommen wir zur Mündung der Lühe in die Elbe, wo es einen Anleger mit einer Personenfähre auf die andere Seite nach Wedel gibt. Hier könnte man die Tour variieren und auf der anderen Seite weiterfahren. Aber wir bleiben auf der Südseite der Elbe und können gucken, ob die Imbissgasse auf dem Parkplatz uns etwas zu bieten hat. Hier gibt es alles, was die Friteuse hergibt. Über die Klappbrücke kommen wir auf die andere Seite der Lühe und schwenken gleich wieder ins Vordeichland ein. Wir passieren den Sportboothafen Neuenschleuse mit seinem Café Möwennest auf der Deichkrone und sind dann plötzlich an einem Zaun. Hier beginnt die ehemalige Elbinsel Hahnöfersand, auf der sich eine Justizvollzugsanstalt befindet, die bekannt wurde durch Siegfried Lenz' Roman »Die Deutschstunde«. Deswegen ist hier alles abgeriegelt. Wir schwenken dann ins Binnenland ein und fahren an der Hauptstraße nach links auf einem straßenbegleitenden Radweg weiter. Wir passieren Borstel mit einer wunderschönen Mühle, in der sich jetzt ein anspruchsvolles Restaurant befindet. Nachdem wir Hahnöfersand passiert haben, können wir auch wieder ins Vordeichland zurück. Im großen Strom liegen vor uns die zusammengewachsenen unbewohnten Inseln Nessand und Hanskalbsand. Unser schöner Weg geht bis zur Estemündung, die wir schon von Weitem an der riesigen Klappbrücke erkennen. Auch hier gibt es einen Fähranleger mit einer Fähre nach Blankenese hinüber, die eine Variation unserer Tour erlauben würde. Der Fährfahrplan ist allerdings etwas kompliziert, weil die Fahrmöglichkeiten sehr von der Tide beeinflusst werden.

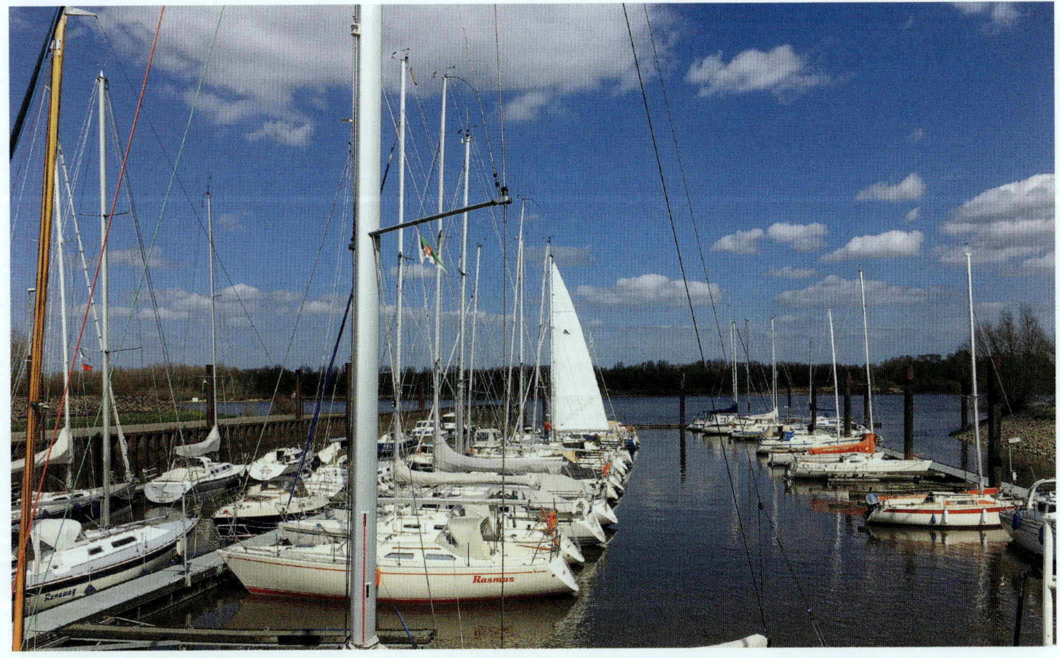

Sportboothafen Neuenschleuse

Durch Finkenwerder Die Weiterfahrt durch Finkenwerder deckt sich ab der Estemündung mit der Tour 18, auf die wir hier treffen.

20

Der Elbewanderweg

Der Klassiker von Wedel zu den Landungsbrücken

Leicht | 23 km | 2 Std.

Tourencharakter
Meist breite Uferwege, wenig Straße, eine Schiebestrecke, Variante B mit einer Treppe, an sonnigen Wochenenden sehr frequentiert durch Spaziergänger

Ausgangspunkt
S-Bahn Wedel; Tageskarte lohnt sich

GPS-Daten
53.58374, 9.69835

Endpunkt
U- und S-Bahn Landungsbrücken; Lifte vorhanden

Anfahrt
Mit der S1 zur Station Wedel. Vom Endpunkt haben wir die Auswahl, mit der U3 oder den S-Bahn-Linien zurückzufahren.

Einkehr
Schulauer Fährhaus am Wedeler Hafen, www.schulauer-faehrhaus.de; in Blankenese und Övelgönne sehr viel Gastronomie mit vielen Außenplätzen; Café Engel in Teufelsbrück, www.restaurant-engel.de

Diese Tour ist ein Klassiker. Der beliebteste Spazierboulevard der Hamburger führt immer entlang der Wasserlinie. Dieser Weg ist an Attraktivität kaum zu übertreffen. Allerdings ist er am Wochenende sehr frequentiert von Spaziergängern. Hier ist Rücksichtnahme angesagt.

Welche Richtung? Wir starten diese Tour in Wedel. Vor dem Bahnhof wenden wir uns nach rechts in die Mühlenstraße mit einer Brücke über die Wedeler Au. Gleich dahinter ist ein Eiscafé mit guten Eisbechern und Cappuccino.

Zur Schiffsbegrüßungsanlage Links geht es in die Schulstraße und am Rechtsknick halb links in den Jungfernstieg zur Schulauer Straße. Diese fahren wir ganz hinunter bis zur Wasserkante, wo wir uns nach links wenden. Dort liegt das traditionsreiche Restaurant Schulauer Fährhaus mit der Schiffsbegrüßungsanla-

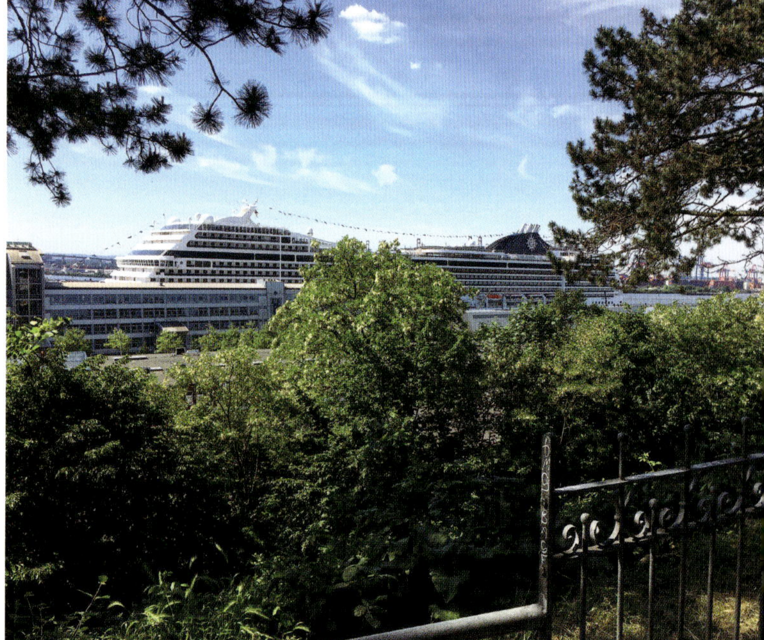

Guter Überblick auf dem Elbhöhenweg

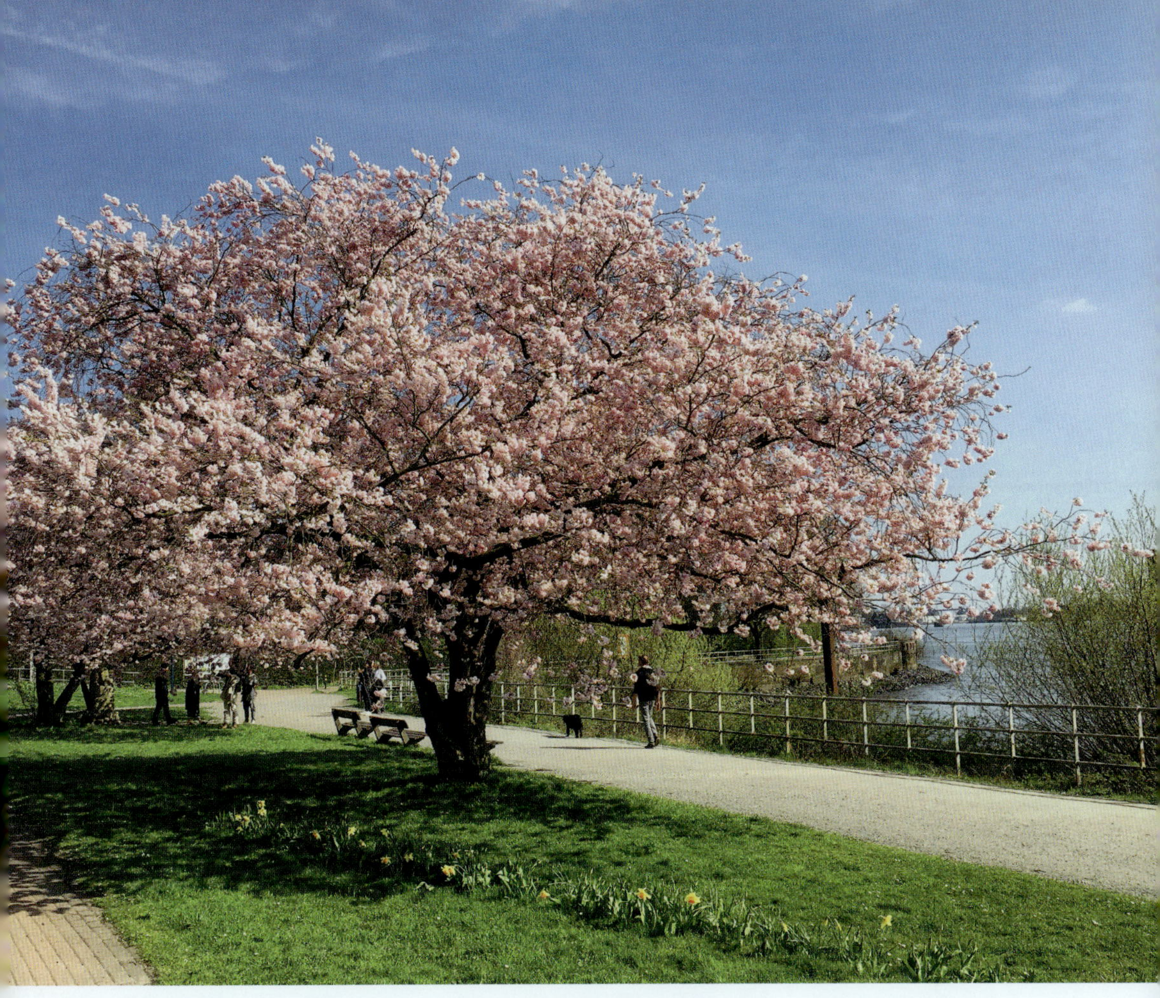

Frühling in Teufelsbrück

ge, an der über Lautsprecher jedes ein- und ausfahrende Schiff angesagt und die Nationalhymne des entsprechenden Heimatlandes abgespielt wird.

Wir haben die Wahl Für einen hindernisfreien Parcours (Variante A) fahren wir noch vor dem Fährhaus die Parnassstraße hoch, die erst zur Elbstraße und dann zum Galgenberg wird. An der Kreuzung mit der Pulverstraße fahren wir nach rechts und treffen am Ende am Waldrand auf die Variante B. Für Variante B mit dem superschönen Höhenweg müssen wir das Fahrrad eine Treppe hochtragen. Dafür fahren wir am Fährhaus vorbei auf dem Fußweg Wolgastweg bis zur Treppe, tragen das Rad hoch und sind jetzt auf dem wunderschön angelegten und gut gepflegten Wedeler Elbhöhenweg mit wunderbaren Blicken von dieser Uferkante herunter auf den großen Strom. Bei Fußgängern sollte man kurz absteigen oder schieben. Trotz dieser Widrigkeiten würde ich mir diesen Weg nicht entgehen lassen. Wir fahren schließlich links in ein Waldstück und treffen auf die

Variante A am Ende der Pulverstraße. Dort geht es rechts hinunter für Wege um das Gelände des Kraftwerks Wedel. Unten fahren wir links auf der Zubringerstraße zum Tinsdaler Weg, auf dem wir nach rechts und nach kurzer Zeit wieder rechts in den Grenzweg fahren, der uns zurück zur Wasserkante bringt. Am Ende befindet sich rechts auf einem Parkplatz eine Treppe mit Rampe, die auf den Elbewanderweg führt.

Südseefeeling in Hamburg Jetzt ist die Richtung leicht zu halten. Es geht immer an der Wasserkante entlang! Ein schöner Parcours, der zur ersten Attraktion, dem Strand von Wittenbergen, führt. Beim Blick vom Anleger auf das Wasser und zurück auf das Höhenufer glaubt man, sich in der Südsee zu befinden. Weiter auf dem Weg gelangen wir auf dem Sträßchen Falkensteiner Ufer nach Blankenese.

Ein Villendorf am Hang Wer Blankenese nicht kennt, wird staunen. Das Villendorf am Hang ist nicht mit Straßen, sondern mit Treppenwegen verbunden. Der Weg geht immer weiter an der Wasserkante entlang. Wir passieren später Teufelsbrück mit seinem Anlegerponton, auf dem sich etwas erhöht das von mir sehr geschätzte Café Engel mit einem fabelhaften Mittagstisch befindet.

Schieben oder Nichtschieben, das ist die Frage Wir folgen weiter der Wasserkante. Später in Övelgönne kommt eine Engstelle, um die in Hamburg seit Jahren gestritten wird: Der Weg zwischen Häusern und Gärten wird für einen Kilometer so eng, dass das Radfahren untersagt ist, obwohl auch dieser Abschnitt ein Teil des Elberadweges ist. Ich rollere dann eher auf einem

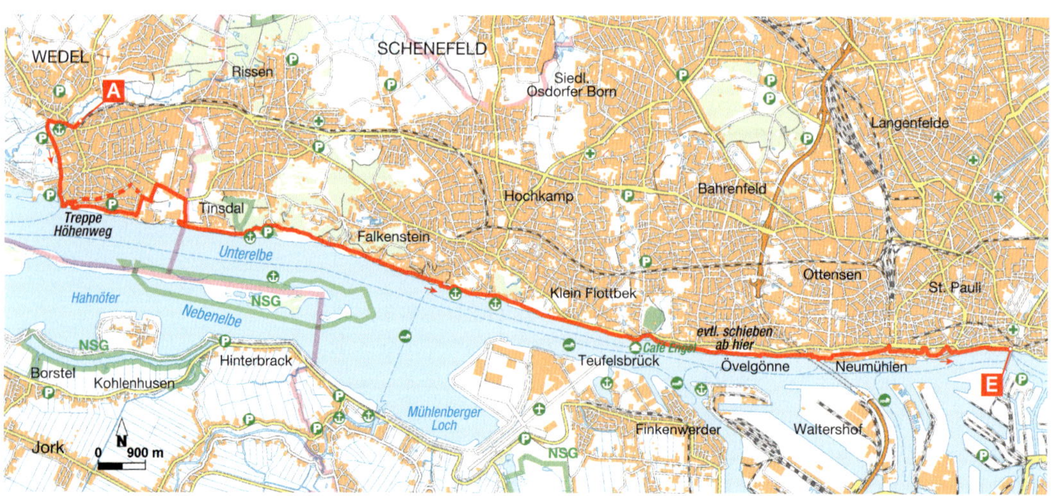

Pedal, statt richtig Rad zu fahren, oder schiebe. Unterhalb der Gärten ist ein großer, sehr beliebter Strandabschnitt, der Kult ist bei den Hamburgern. Am Ende kommen wir in Neumühlen am Museumshafen heraus, der sehenswerte Oldtimer zeigt. Für den Rest der Tour bis Landungsbrücken habe ich oben auf der Höhe im Elbpark einen Parcours mit wieder schönen Aussichten bis nach Harburg hinüber herausgesucht. Dazu fahren wir ein kleines Stück die Straße Neumühlen entlang und finden nach der ersten Häuserreihe beim leichten Linksknick der Straße einen Weg links zwischen zwei Häusern, der nur scheinbar in eine Treppe mündet. Direkt vor der Treppe geht rechts eine Rampe in den Park hoch.

Tipp

Es gibt viel Elbestrand: Platz zum Lagern und Relaxen und Sonnenbaden.

Der Altonaer Balkon Oben im Park fahren wir den zentralen Weg (Schopenhauerweg) parallel zur unten liegenden Wasserkante entlang und vermeiden Treppen. Kurz fahren wir aufwärts zur Sackgasse Rainvilleterrasse, an deren Linksknick gleich rechts der Weg weitergeht zu einer Fußgängerbrücke auf den sogenannten Altonaer Balkon, einem wunderschönen Aussichts- und Verweilplatz. Danach folgen wir unserer Richtung auf einem asphaltierten Weg so lange, bis er uns wegen einer Treppe zwingt, nach links abzubiegen. Wir kommen kurz zur Straße Palmaille, wo wir rechts einbiegen und gleich danach wieder rechts in die Sägemühlenstraße fahren. An deren Ende sind wir links wieder auf unserem Parcours, der langsam abwärtsgeht und an der Carsten-Rehder-Straße endet, wo wir links einbiegen.

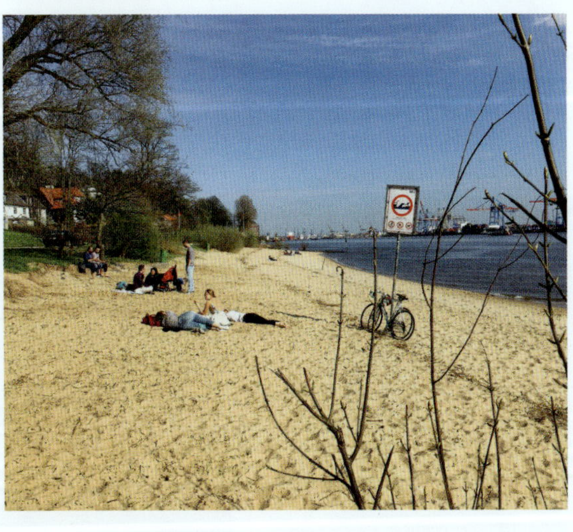

Relaxzone Elbestrand

Am Fischmarkt Nach 200 Metern landen wir auf einem großen, verkehrsfreien Platz, dem Fischmarkt. Jetzt sind wir schon im Zielgebiet. Rechts herunter überqueren wir die Straße an der Ampel und sind gegenüber auf dem erhöhten Parcours der Flutschutzmauern. Kurz vor den Landungsbrücken dirigiert uns die Radwegweisung nach rechts auf die untere Kaistraße und dort nach links. Wir sehen schon die Kuppel des Alten Elbtunnels und dahinter die U- und S-Bahn-Station. Damit sind wir am Ziel dieser spektakulären Tour.

21

Vor dem Elbdeich/Nord

Von der ehemals dänischen Festung Glückstadt nach Wedel

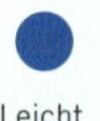
Leicht

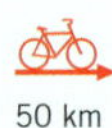
50 km

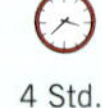
4 Std.

Tourencharakter
Immer auf einem Weg zwischen Strom und Deich; für die Wochenendvariante auch sehr verkehrsarme Nebenstraßen

Ausgangspunkt
Bahnhof Glückstadt

GPS-Daten
53.788558, 9.428872

Endpunkt
S-Bahn Wedel, ebenerdig

Anfahrt
Mit der Regionalbahn RB61 von den Stationen Hauptbahnhof und Dammtor zum Bahnhof von Glückstadt. Für die Regionalbahn muss eine Fahrradkarte gelöst werden. Vom Endpunkt bringt uns die S1 zurück in die Stadt.

Einkehr
In Glückstadt am Hafen; einige Imbisse auf der Strecke; Melkhus der Familie von Drathen im Esch, Seestermühe; Gasthof Fährmannssand, www.faehrmannssand.de; Wassermühle Wedel, www.wassermuehle-wedel.de

Passierzeiten der Sperrwerke
www.seestermuehe.de/allgemein/oeffnungszeiten-pinnau-sperrwerk-und-krueckau-sperrrwerk.html

Fähre Kronsnest
www.faehre-kronsnest.de

Von der alten, ehemals dänischen Festungsstadt Glückstadt rollen wir auf einem herrlichen Weg zwischen Wasser und Deich nach Wedel. Am Wochenende können wir ein Kulturgut benutzen, die Fähre Kronsnest. Sie ist die kleinste Fähre Deutschlands und dazu auch noch handbetrieben.

Werktag oder Wochenende? Die Tour geht über die Sperrwerke der Krückau und der Pinnau (1. Mai bis 30. September passierbar; am Wochenende fast durchgehend geöffnet). Wer die Tour abwechslungsreicher machen möchte, fährt die Tour samstags und sonntags zur historischen, handbetriebenen Fußgänger- und Radfahrerfähre in Kronsnest; und die Pinnau überqueren wir auf einer Brücke etwas weiter im Binnenland. An Werkta-

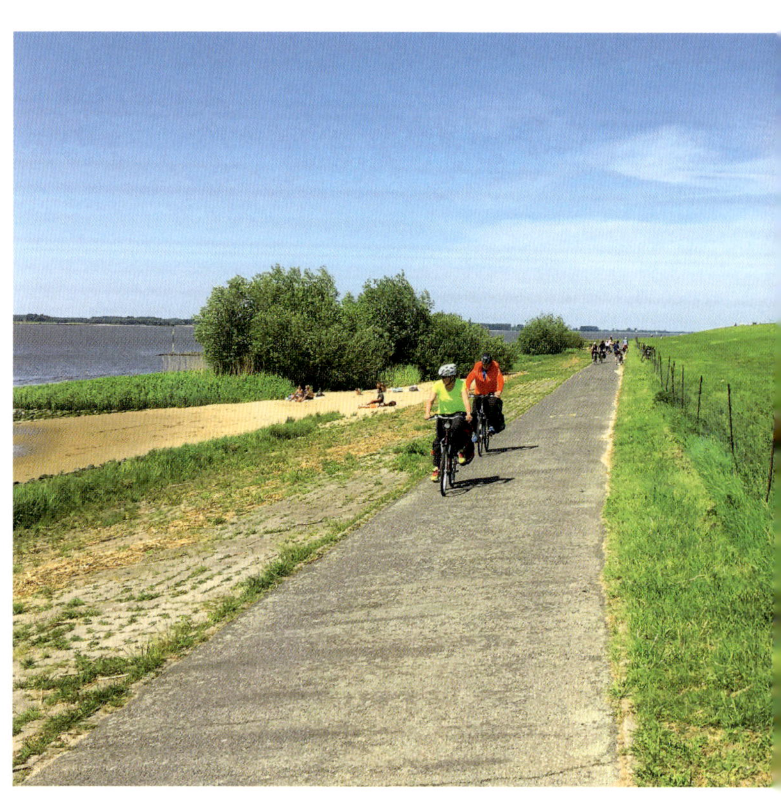

gen fährt man einfach an der Wasserkante über beide Sperrwerke geradeaus immer an der Deichkante entlang (Öffnungszeiten beachten!). Konditionsstarke Radfahrer könnten danach noch die Tour 20 anschließen. Günstige Winde vorausgesetzt, ist diese Tour auch in umgekehrter Richtung sehr schön!

In der ehemaligen Festung Glückstadt In Glückstadt steigen wir aus der Regionalbahn und fahren über den in Fahrrichtung liegenden Bahnübergang links hinein in die fächerförmig angelegte ehemalige Festungsstadt. Nachdem wir uns umgeschaut haben, biegen wir am zentralen Fleth nach links bis zum Kreisel und befinden uns dann am Ende des Hafenbeckens, einem schönen Platz zum Verweilen und ggf. Einkehren. Um unsere Tour zu beginnen, fahren wir auf der linken Seite des Hafenbeckens Richtung Elbe. Wir passieren das Sperrwerk des Flüsschens Rhin und schwenken links auf den Radweg entlang der Elbe. Jetzt kann man nichts mehr verkehrt machen, denn der Fluss liegt nun immer in Sichtweite auf der rechten Seite.

Ein Radweg an der Wasserkante Anfangs sind wir nahe der Uferkante mit kleinen Strandabschnitten. Später, am Fährhaus Kollmar, kommen wir zu einem kleinen Hafen mit einem Imbiss.

Elberadweg bei Glückstadt

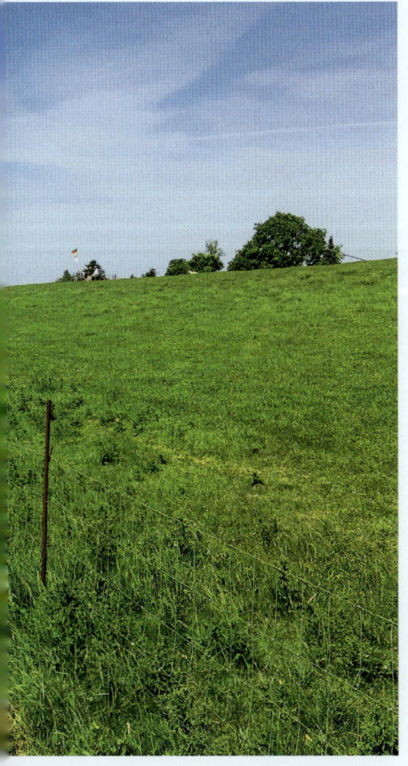

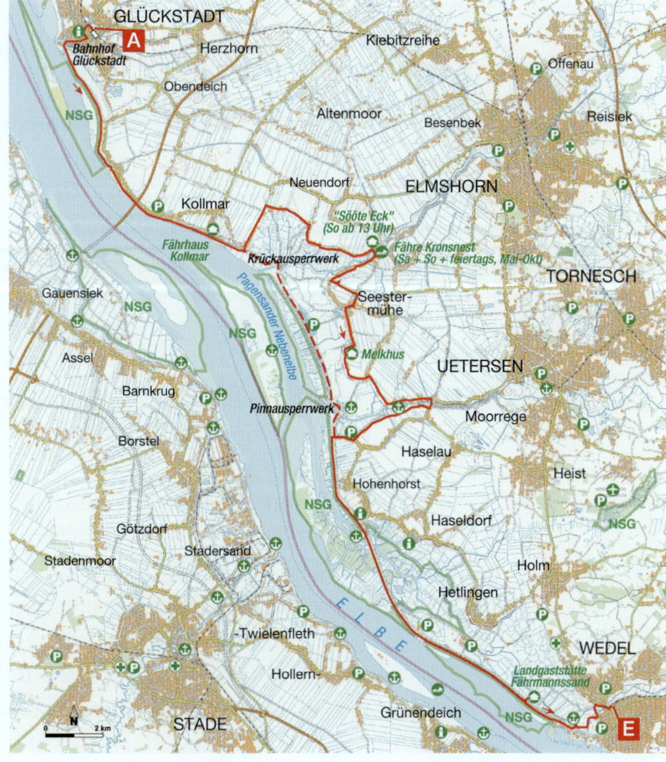

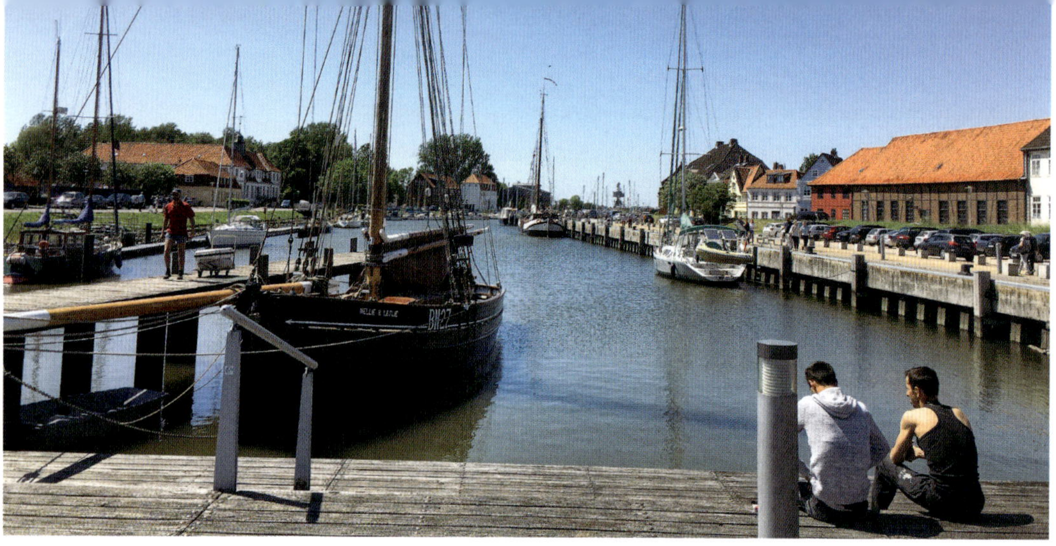

Der Glückstädter Binnenhafen

Drei Kilometer hinter Kollmar ist das Sperrwerk der Krückau, wo man einfach geradeaus durchfahren könnte (die Öffnungszeiten nachschlagen!). Für ein Wochenende schlage ich jedoch die folgende Variante vor.

Die Variante mit der historischen Fähre Einen Kilometer hinter Kollmar biegen wir vom Deich nach links ins Hinterland ab auf die Straße Lühnhüser Deich. An der ersten Möglichkeit biegen wir rechts in die Straße Kuhle ab, später fahren wir ebenfalls rechts in die Straße Fleien. So kommen wir automatisch nach Kronsnest. Die Fähre ist zwischen dem 1. Mai und dem 3. Oktober in Betrieb (Sa 12–18 Uhr, So und Feiertage 10.30–19 Uhr). Auf der anderen Seite angekommen, geht es rechts auf der Straße Mühlendeich nach Seestermühe. Wir fahren auf der Straße Mühlendeich immer entlang der Deichlinie, auch wenn es eine Art Umgehungsstraße gibt.

Im Hinterland zwischen Krückau und Pinnau Für diese Variante fahren wir in Seestermühe nicht auf die Deichlinie zu, sondern bleiben etwas im Hinterland. Nachdem der Mühlendeich sich wieder vereint hat mit der Straße, die außen herum um die Häuser geht, geht links die Straße Stiegstück ab. Die hält auf ein Waldstück mit einer Lindenallee zu. Hier fahren wir hinein und biegen am Ende bei einer Gutsanlage nach rechts in die Schulstraße ein, fahren bis zu ihrem Ende und biegen rechts ab in die Dorfstraße. Bald wenden wir uns nach links in die Straße Am Neuenfeldsdeich. Nach einem Rechtsknick heißt die Straße Im Esch, wo wir bald auf der rechten Seite ein Melkhus erreichen – eine Pausenstation mit Milchprodukten vom dazugehörigen Hof. Das ist eine schöne, leckere Sache. Der Garten ist nett hergerichtet für eine Pause, im Melkhus ist Selbstbedienung. Danach fahren wir über die folgende Kreuzung geradeaus hinüber und folgen der Straße mit ihrem Rechtsknick bis zur Brücke über die Pinnau in Neuendeich. Nach Überquerung der Brücke fahren wir gleich rechts in die Straße Stadtkoppelweg, ein schöner Parcours an netten Häusern vorbei. Am Ende des Weges geht es rechts in die Sackgasse Kreuzdeich, die uns zum Elbdeich zurückbringt.

Tipp

Samstag und Sonntag (vom 1. Mai bis 30. September) die Variante mit der historischen Fähre Kronsnest nehmen! Sonntags zwischen 13 und 17 Uhr gibt es dort im Sööte Eck Kuchen der Landfrauen.

Ein Weg zwischen Strom und Deich Dort können wir den Deich überqueren und dann nach links zwischen Strom und Deich weiter unserem Elbparcours folgen. An dieser Stelle ist der Deich weit zurück ins Binnenland verlagert und überlässt einen Teil des Deichvorlandes den Launen der Natur. Wir haben also von unserem Weg vor dem Deich schöne Ausblicke auf Baumbestand und Weideland und weit im Hintergrund die großen Schiffe auf der Elbe. Unser Parcours wird ab und zu kurz unterbrochen durch Zäune mit Toren, die die unerschrockenen Schafe auf ihrem Deichabschnitt halten sollen. Am kleinen Wassersporthafen von Hetlingen kommen wir der Elbe wieder näher. Bei Tageskilometer 45 taucht hinterm Deich die Landgaststätte Fährmannssand auf – mit einem schönen Gastgarten und hausgemachten Kuchen sowie rustikalen Speisen: eine schöne Gelegenheit für einen Stopp.

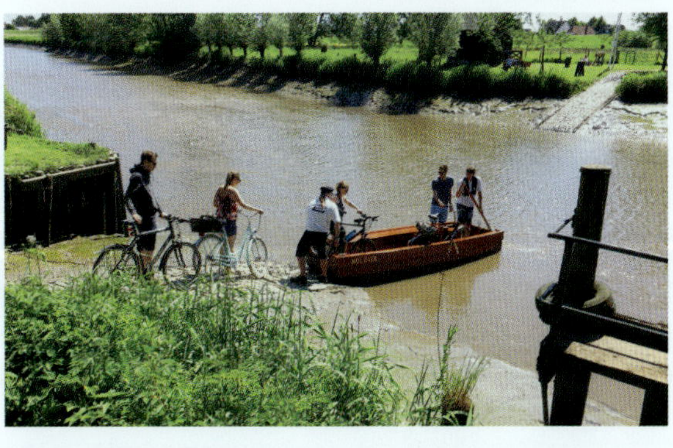

Die handbetriebene Fähre Kronsnest über die Krückau

Zurück ins Binnenland Jetzt ist es nicht mehr weit zu unserem Ziel, dem S-Bahnhof Wedel. Wir überqueren das Sperrwerk der Wedeler Au und fahren auf der Landseite des Deiches weiter. Ins Landesinnere führt uns der zweite Weg nach links (Marinedamm), der später mit einem Rechtsknick am Schwimmbad vorbeiführt. Wenn wir die Schulauerstraße erreicht haben, fahren wir links hinauf, bis sich am Anfang der Bebauung rechts der Jungfernstieg auftut. Dieser Weg wird schmal und mündet in die Schulstraße, der wir nach rechts folgen. An der Mühlenstraße angekommen, fahren wir nach rechts würden kurz danach zu unserer S-Bahn-Station auf der linken Seite gelangen, wenn wir nicht hier noch für eine abschließende Einkehr im verwunschenen Garten der Gaststätte »Wassermühle Wedel« zu einem wunderbaren Essen einkehren wollen.

22

An Krückau und Elbe

Durch deichgeschütztes Land am großen Strom nach Wedel

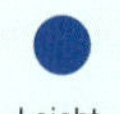
Leicht

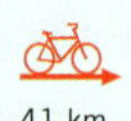
41 km

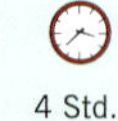
4 Std.

Tourencharakter
Zuerst auf verkehrsarmen Nebenstraßen, später auf einem Weg zwischen Strom und Deich

Ausgangspunkt
Bahnhof Elmshorn, zu erreichen mit der Regionalbahn ab Hauptbahnhof oder Dammtor

GPS-Daten
53.754564, 9.659120

Endpunkt
S-Bahn Wedel

Anfahrt
Mit der Regionalbahn RB61 von den Stationen Hauptbahnhof und Dammtor oder mit RB 71 oder RB6 von der Station Altona zur Station Elmshorn. Vom Endpunkt bringt uns die S1 zurück in die Stadt.Für die Regionalbahn extra Fahrradtageskarte notwendig.

Einkehr
Melkhus der Familie von Drathen im Esch, Seestermühe; Gasthof Fährmannssand, www.faehrmannssand.de

Fähre Kronsnest
www.faehre-kronsnest.de

Von Elmshorn fahren wir an der Krückau zur Elbe und nehmen weiter den schon in Tour 21 beschriebenen Parcours Richtung Wedel. Am Wochenende kann man eine Strecke über die Fähre Kronsnest nehmen. Das ist ein schöner Weg!

Diese Tour ist eine Variante der Tour 21 und etwas kürzer. Vielleicht animiert das, die Tour 20 von Wedel zu den Landungsbrücken anzuschließen (plus 23 km). Bei Ostwind könnte man diese Tour umdrehen.

Elmshorn Die Regionalbahn bringt uns vom Hauptbahnhof oder Dammtor schnell nach Elmshorn. Beim Verlassen des Bahnsteigs wenden wir uns zum Ausgang Innenstadt. Wenn wir geradeaus durchfahren, kommen wir in die Fußgängerzone, wo man vorher noch einen Verstärker trinken könnte. Am Alten Markt mit der Kirche Sankt Nicolai fahren wir nach links in die Straße Damm.

An der Krückau (Variante A: werktags und Nachsaison) Am Ende der Straße trennen sich die beiden Varianten: Werktags oder in der Nachsaison queren wir für Variante A schräg links vor uns die Brücke über die Krückau. Hinter der Brücke fahren wir unmittelbar rechts zu den Kaianlagen herunter. Das Kopfsteinpflaster schüttelt uns allerdings nur ein kleines Stückchen durch. Am Ende geht es links in die Hafenstraße und an der Hauptstraße (Westerstraße) nach rechts. Nach 400 Metern tut sich rechts nach einem kleinen Gehölz ein Weg auf, dem wir folgen und der uns zur Heinrich-Hertz-Straße bringt. Gleich in deren Linkskurve geht rechts die Straße Wisch ab, die immer parallel zum Deich geht und der wir jetzt immer parallel zum Krückaudeich lange folgen. In Seester treffen wir dann wieder mit Variante B zusammen.

An der Krückau (Variante B: am Wochenende in der Sommersaison) Für Variante B fahren wir am Ende der Straße Damm nach rechts und fahren am Parkplatz an das diesseitige Ufer der Krückau herunter. Die Uferstraße wird zum Weg, der sinnigerweise Nordufer heißt. Unter einer Straßenbrücke hindurch schwingt er sich nach rechts und endet an der B431, die hier Sandberg heißt. Auf der Bundesstraße fahren wir auf einem Radweg nach links und können dann nach zwei Kilometern auf einem kleinen Sträßchen nach links zur Deichlinie abbiegen. Hier ist die Fähre Kronsnest auch schon durch einen Wegweiser aus Holz angezeigt. Wir erreichen die Deichlinie nach einem Rechtsknick und bleiben dort, bis wir in Kronsnest sind. Wir biegen nicht ab in die Straße Spiekerhörn! An der Fährstation ist auch das sogenannte Sööte Eck, ein Café, in dem sonntags zwischen 13 und 17 Uhr hausgebackener Kuchen der Landfrauen serviert wird.

Weiter nach Wedel Nach der Fährfahrt treffen wir auf der anderen Seite auf die Mühlenstraße, wo wir auf die Wegführung der Variante A treffen. Ab hier ist unsere Tour mit der Tour von Glückstadt nach Wedel identisch, sodass wir der Beschreibung in Tour 21 folgen können.

Tipp

Konditionsstarke Radfahrer können die Tour 20 anschließen: eine wunderbare Kombi!

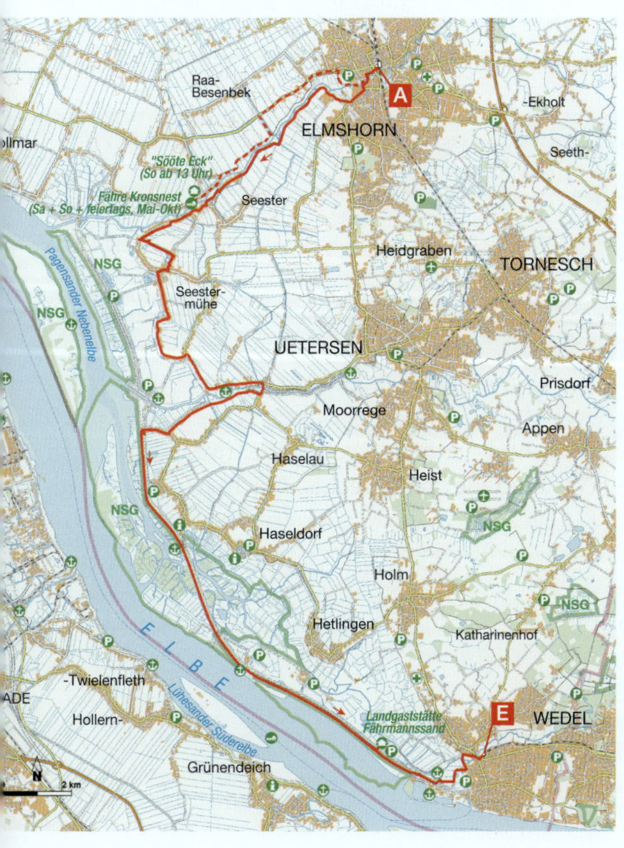

Unten: Am Krückaudeich

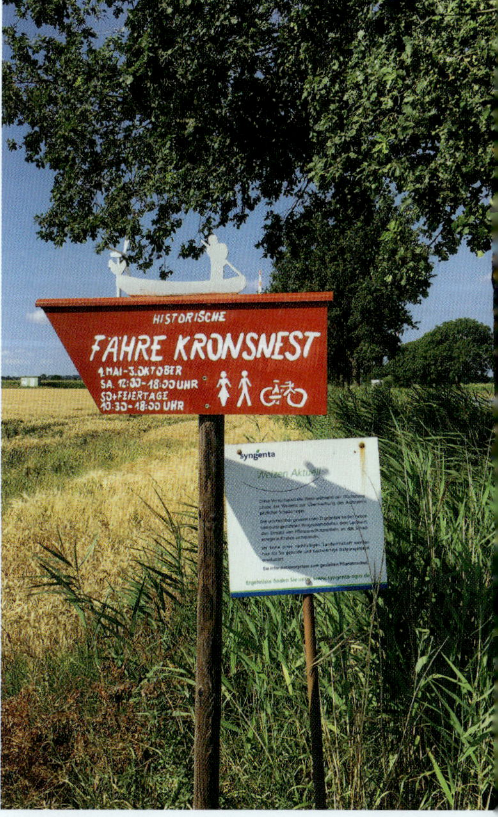

23

An der Alster

Auf Wanderwegen von der Quelle bis zur Mündung

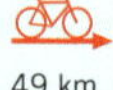

Mittel | 49 km | 4,5 Std.

Tourencharakter
Ein wenig Straße, Feldwege und Wirtschaftswege; im Alstertal Wald- und Wanderwege, hinter Ohlsdorf Parkwege, zur Mündung ein Arkadenweg am Wasser

Ausgangspunkt
Bahnhof Ulzburg-Süd, ebenerdig, Tageskarte lohnt nicht; Gruppenkarte für 3–5 Personen lohnt sich.

GPS-Daten
53.773445, 9.972878

Endpunkt
U-Bahn Baumwall, mit Lift

Anfahrt
Mit der U1 bis Nordstedt-Mitte, dann umsteigen in die A2 bis zur Haltestelle Ulzburg-Süd. Vom Endpunkt bringt uns die U3 ins Zentrum zurück.

Einkehr
Restaurant Alte Mühle, www.alte-muehle-hamburg.de; Café Reinhardt, www.cafe-reinhardt.de; Stock's Restaurant, www.stocks.de; Zur Ratsmühle, www.zur-ratsmühle.de; AlsterCliff, www.alster-cliff.de

Die Alster ist Hamburgs zentraler Fluss und damit die Königsetappe. Das Alstertal ist in seiner Ursprünglichkeit ein Highlight für den Naturliebhaber. Nach Quelle und Oberalsterniederung läuft der Weg von Kayhude bis zur Mündung immer unmittelbar mit dem Lauf der Alster nach Süden.

Zur Quelle der Alster Nach Verlassen der Bahnstation fahren wir geradeaus in die Falkenstraße, dann rechts in die Hamburger Straße und 350 Meter später nach links in die Straße Dammstücken. An deren Ende überqueren wir die Norderstedter Straße und fahren später hinter einem Weiher auf einem breiten Weg nach rechts, der in der Verlängerung Quellenweg heißt. Nach seinem Rechtsknick fahren wir auf dem Hein-Timm-Weg in den Wald und kommen gleich zur Alsterquelle.

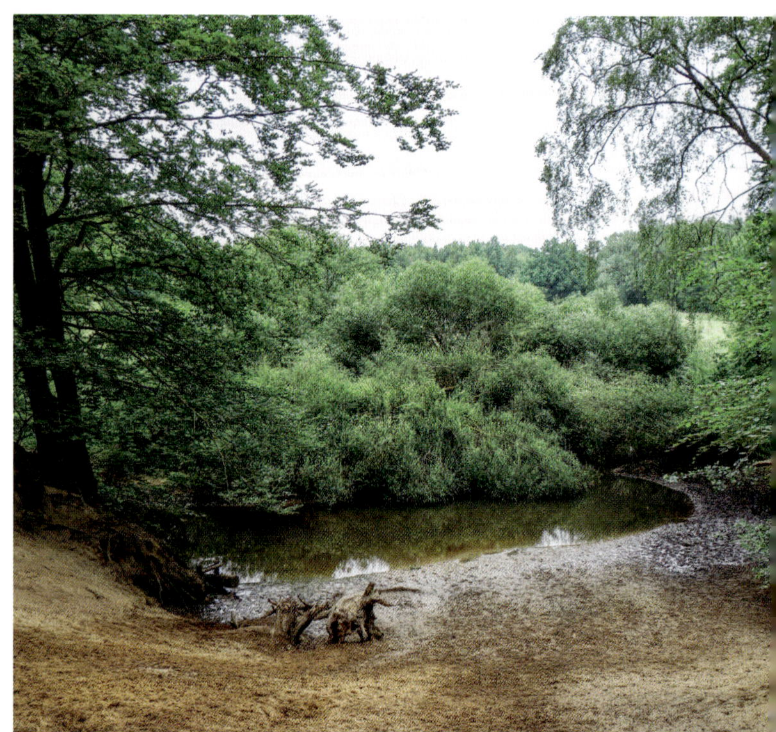

Das wilde Alstertal

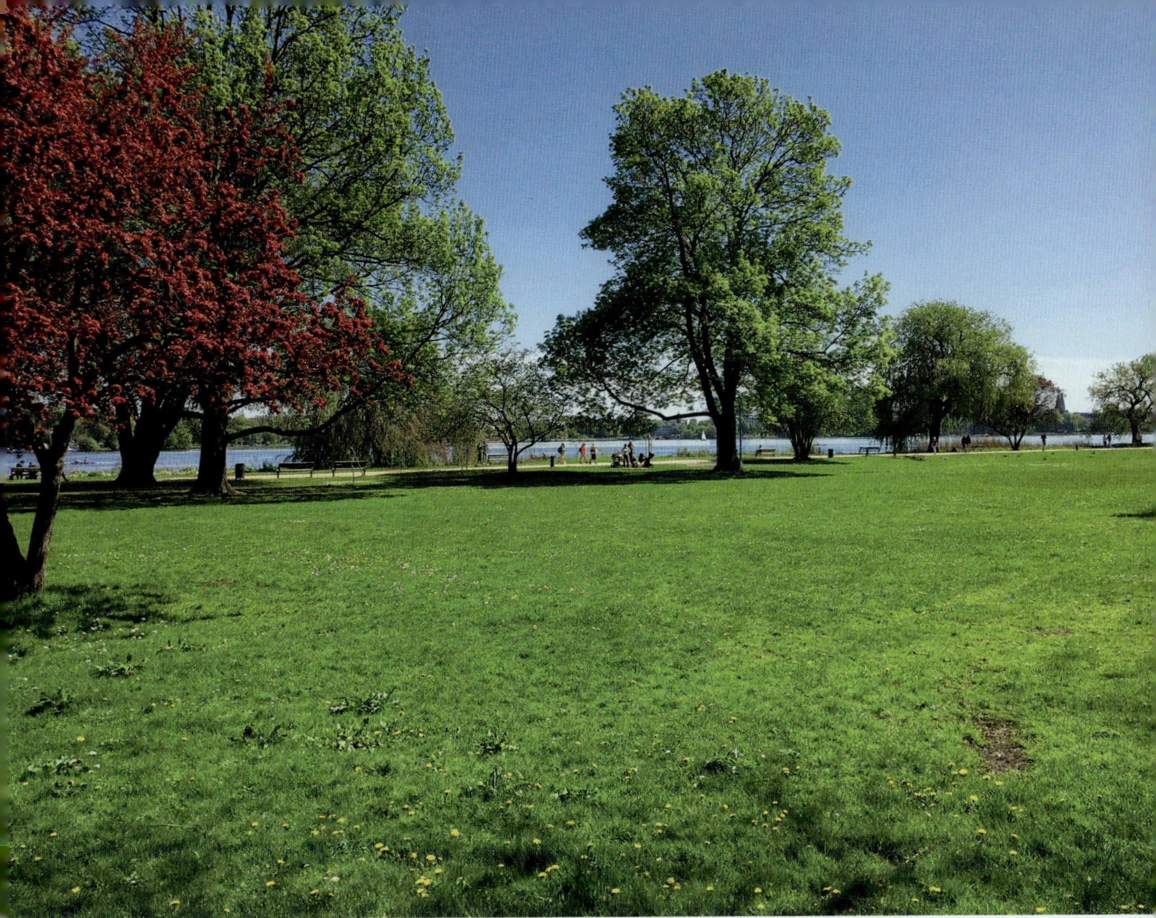

Im Alsterpark

Die Niederung der Oberalster Wir folgen dem Weg weiter, queren einmal das noch junge Flüsschen und biegen an der Wegeinmündung nach links ab. Der Weg verlässt dann das Waldstück und geht nach rechts zwischen Wiesen und Feldern zur Straße Timmhagen, in die wir scharf rechts einbiegen. Nach zwei Kilometern biegen wir links in die Straße Togenkamp, die uns – später als Henstedter Weg – bis nach Wilstedt bringt. Im Ort nehmen wir die erste Straße links, den Dorfring, und fahren am Ende des Ortes aus der Straße heraus auf die Tangstedter Landstraße nach Tangstedt. Dort ist die zweite Straße links der Wassermühlenweg, dem wir nach einem Linksknick nach rechts in die Straße Rethfurt folgen, die uns zur B 432 bringt.

Auf Waldwegen im ursprünglichen Alstertal Nach der Überquerung der Bundesstraße tauchen wir ein ins Grün der Waldwege des Alstertals. Drüben nehmen wir von drei möglichen Wegen den mittleren, der uns hinunter zu einem kleinen Waldpavillon an der Alster bringt. Wenige Meter oberhalb, mit dem Pavillon in unserem Rücken, führt der Waldweg nach links weiter zur geraden, halbbefestigten Wulksfelder Dorfstraße, die uns zu einer Einmündung an einer großen Weide führt. Wir nehmen den schmalen Weg nach links hinunter zu einem Brückchen über die Alster und biegen dahinter rechts ab. Die Alster windet sich durch dieses Tal, umgefallene Bäume bleiben liegen, an Prallhängen trägt die Alster Erdreich ab: ein richtig wildes, naturbelassenes Tal. Wenn es Probleme mit der Orientierung geben sollte, kann man auf kleine gelbe Dreiecke mit dem Buchstaben »P« für Poppenbüttel achten, die die Richtung weisen. An einer folgenden Gabelung halten wir uns rechts, an der nächsten mit dem Uferabbruch links. Wenig später an einer Wegkreuzung fahren wir mit dem »P« geradeaus. Kurz vor einer Straße knickt unser Wanderweg nach rechts ab und läuft parallel zur Straße bis zu einer Straßenbrücke über die Alster. Wir setzen unseren Weg gegenüber zwischen Waldstücken und Feldern fort. An dessen Ende biegen wir in den Todtenredder nach rechts ab. Wenn später rechts der Suurwisch dazukommt, macht der Todtenredder einen deutlichen Linksknick. Dahinter führt unser Weg rechts weiter und trifft später auf den Duvenstedter Triftweg. Wir überqueren die Brücke und biegen unmittelbar dahinter links in den kleinen Weg ein. So kommen wir zum Schleusenredder mit der Timmermannbrücke.

Schöne Parkwege am Alsterkanal bei Ohlsdorf

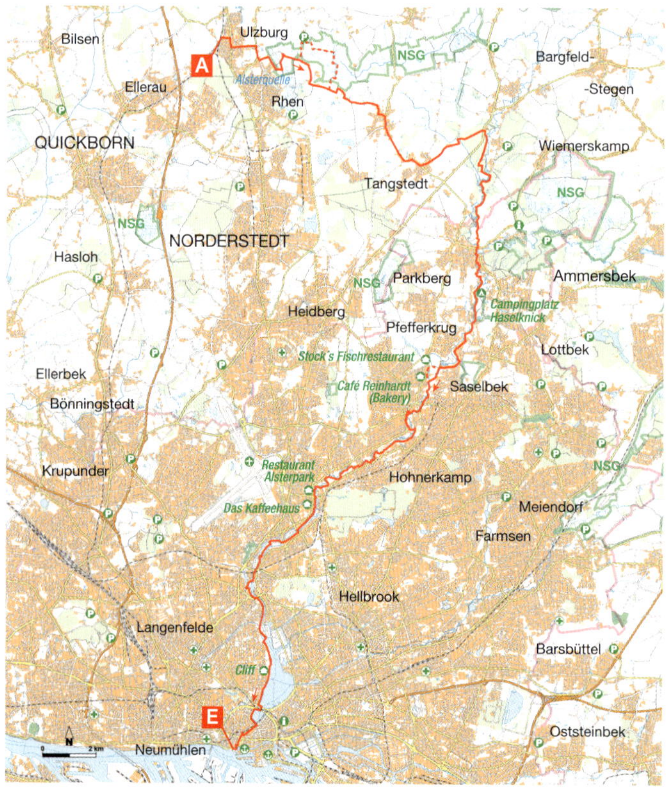

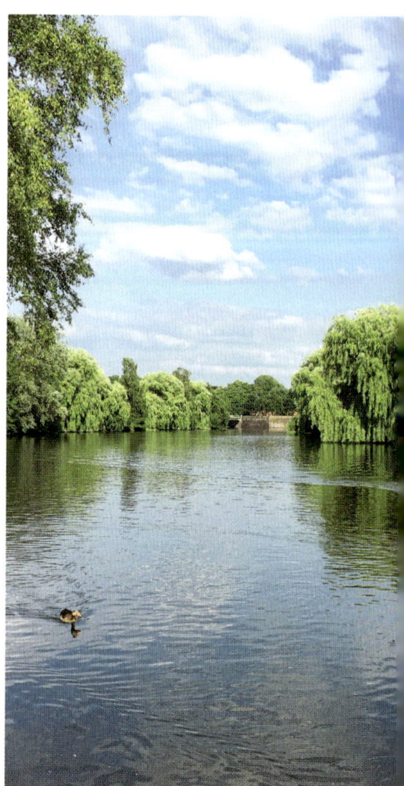

Der Alsterwanderweg Links von der Brücke geht es weiter. Kurz kommen wir in eine Wohnstraße, wir behalten aber unsere Richtung bei und biegen nach deren Linksknick am schön geschnitzten Holzwegweiser gleich wieder rechts ein ins Grün des Alstertals. Wieder queren wir die Alster und halten uns an einer Wegkreuzung weiter geradeaus. Kurz danach an einer Gabelung wenden wir uns nach links, queren dann die Straße Sarenweg und rollen den Weg hinunter wieder zu einem Alsterbrückchen – ein Thema, das jetzt immer wiederkehrt. Wir halten uns immer rechts nahe der Alster. Nach einer großen Wiese passieren wir den Campingplatz Haselknick mit seiner kleinen Gaststätte und kommen nun durchs Rodenbeker Quellental mit zahlreichen Zuflüssen. Die kommende große Brücke meiden wir, fahren links den Talhang hoch und oben nach rechts. Nach dem Restaurant Quellenhof queren wir die Straße Trillup und fahren auf der Talkante zur Wohnstraße Kortenland. Über die Twietenkoppel hinüber knickt unser Weg am Ende der Straße nach links ab und führt uns in einem Bogen zur Straße Alte Mühle, wo wir rechts hinunterfahren und zum Mühlenteich mit dem Restaurant Alte Mühle kommen: auch ein sehr schöner Platz zum Verweilen. Danach geht es hinauf in

Am Ziel: an der Alstermündung in die Elbe mit Blick auf die Elbphilharmonie

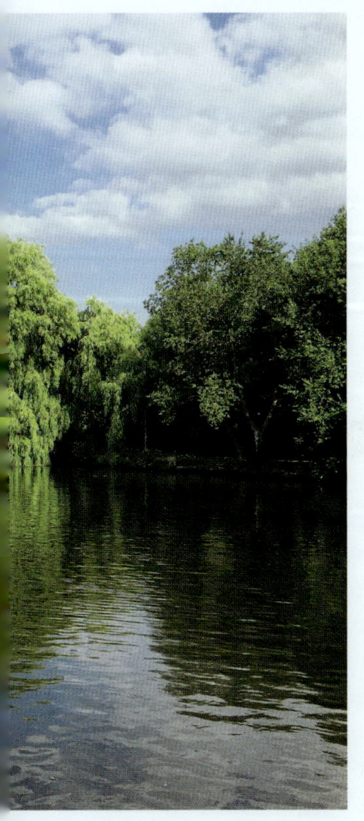

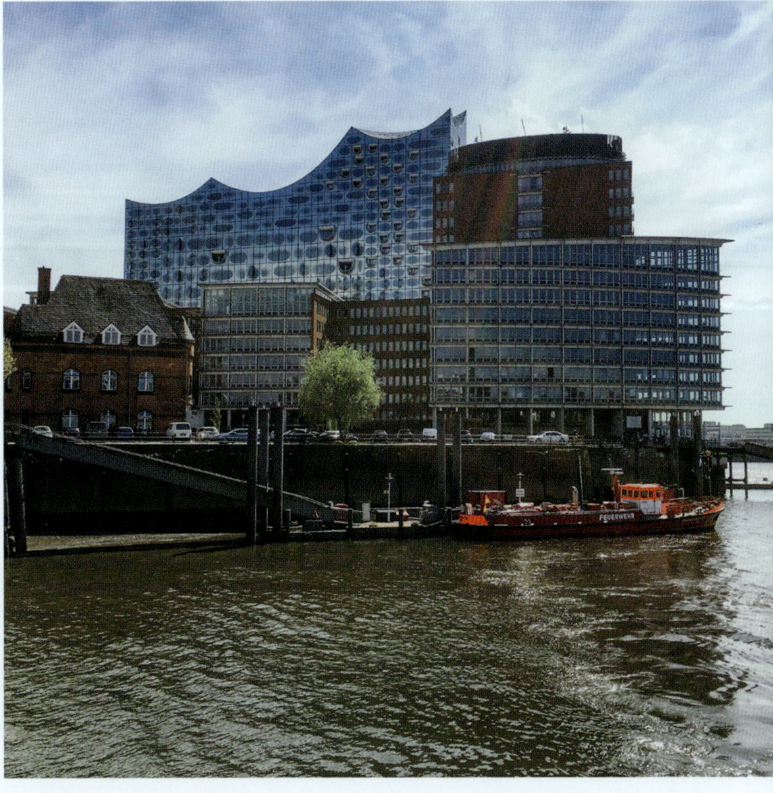

den Mellingburgredder. An dessen Ende fahren wir geradeaus einen steilen Weg hinab ins Tal. Vorsicht: Unten geht es scharf nach links! Wieder überqueren wir die Alster und folgen ihr jetzt nach der Brücke links. Rechts in den Hohenbuchenpark hinauf würde es zu Stock's Fischrestaurant und Café Reinhardt gehen (siehe Tour 27). Aber wir bleiben ab jetzt für ca. acht Kilometer immer nah der Alster: mal links, mal rechts von ihr.

Auf Parkwegen am Alsterkanal Kurz vor dem Ratsmühlendamm können wir links bleiben, wenn wir einen Biergarten besuchen wollen, oder hinter der U-Bahn-Trasse rechts über ein Brückchen unseren Weg fortsetzen (mit dem Café Alsterpark). Auf beiden Seiten gibt es unter der Ratsmühlendammbrücke eine Unterführung. Die Alster ist ab hier kanalisiert und hat eine Schleuse. Auf beiden Seiten des Flusses kommen wir zur Straße Am Hasenberge und setzen unsere Tour auf dem schönen Parkweg am rechten Alsterufer fort bis zur Sengelmannstraße. An der Brücke wechseln wir die Flussseite und können einen Zugang hinunter zum Uferweg finden. Vor der nächsten Brücke allerdings fahren wir, um eine Treppe zu vermeiden, den Weg zur Straße hoch und bleiben auf dem Radweg. (Wem eine Treppe nichts ausmacht, der kann auch an der Uferkante weiter fahren. Ab 2021 werden die Wege barrierefrei ausgebaut. Im Falle einer Sperrung kann man immer die parallele Straße benutzen.) Nach der erneuten Querung des Skagerrakkanals können wir wieder rechts in den Uferweg einbiegen. Hier bleiben wir bis zur Straße Meenkwiese, überqueren die Brücke und fahren nach links in den Park hinein, passieren das Bootshaus Barmeier mit seinem Gastgarten, überqueren die Mündung der Tarpenbek und halten uns an die Uferlinie. Eine Fußgängerbrücke mit einer langen Rampe führt uns über die Alster. Auf der anderen Seite rechts hoch bringt uns eine Ampel über die Hudtwalckerstraße in die Fahrradstraße Leinpfad. An deren Ende queren wir die Krugkoppelbrücke und schwenken gleich links in den Alsterpark.

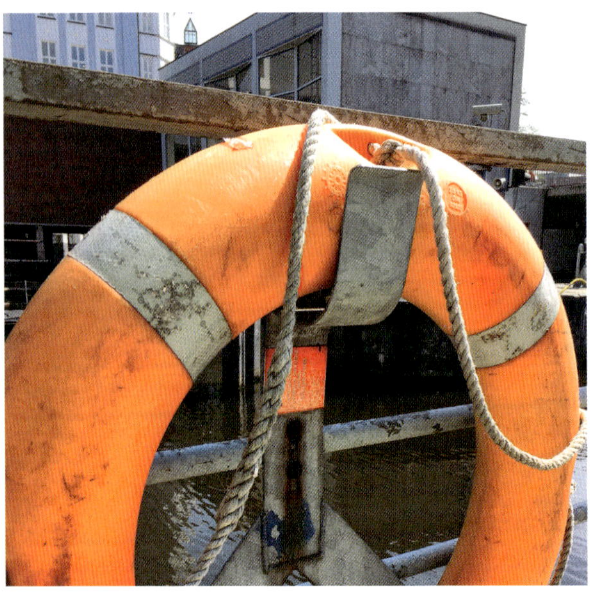

An der letzten Alsterschleuse

An der Außenalster Dort gibt es ein Drängelgitter. Der Alsterpark ist sehr frequentiert von Fußgängern und Joggern. Hier

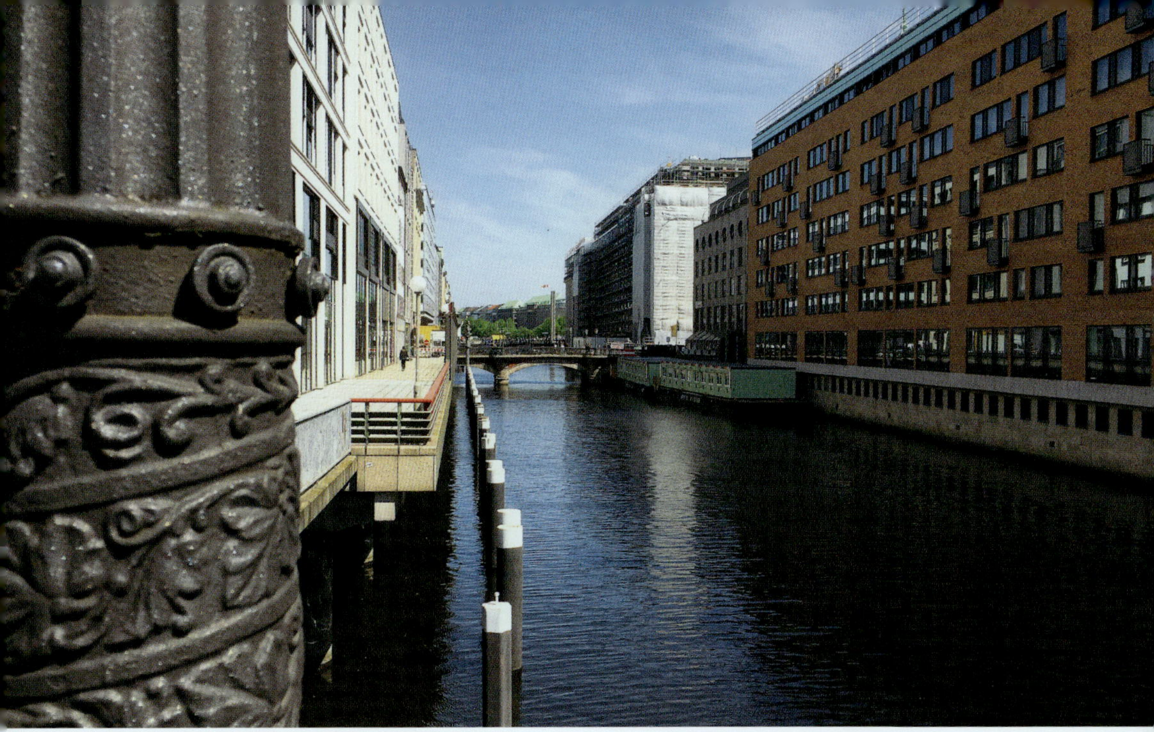

Der Alsterfleet

muss man abwägen, ob man auf dem sehr breiten Parkweg fährt oder etwas entfernt auf der Fahrradstraße Harvestehuder Weg. Ich nehme gern den Parkweg, weil ich dann auch an dem Café AlsterCliff vorbeikomme, wo man von den Außenplätzen einen herrlichen Blick auf die Alster und die Skyline von Hamburg hat. Am Ende der Außenalster kommen die Kennedybrücke und die Lombardsbrücke, die man auf einem Weg immer nah dem Wasser unterqueren kann, wenn die Bauarbeiten an der Lombardsbrücke abgeschlossen sein werden. Dann öffnet sich der Blick auf die Binnenalster. An ihrem Ende liegt der repräsentative Boulevard Jungfernstieg.

Auf zur Mündung Den Jungfernstieg erreichen wir auf der rechten Seite der Binnenalster und fahren nach links zur Reesendammbrücke. Vor einer Schleuse liegt die sogenannte Kleine Alster und links davon das mächtige Hamburger Rathaus. Wir fahren zwischen Alster und Rathaus die Straße Alter Wall entlang bis zum Rödingsmarkt und queren dann rechts die Graskellerbrücke. Direkt hinter der Brücke geht es rechts und noch einmal rechts zu einem Abgang an das Alsterfleetufer. Hier gibt es flache Stufen, die wir in Kauf nehmen. Der Lohn ist ein spannender Parcours unterhalb der Straßenebene am Wasser entlang. An der letzten Schleuse vor der Mündung fahren wir wieder hoch auf die Straßenebene. Jetzt noch das kurze Stück auf der Straße Steinhöft, die U-Bahn unterquert und schon sind wir an der Mündung der Alster in die Elbe.

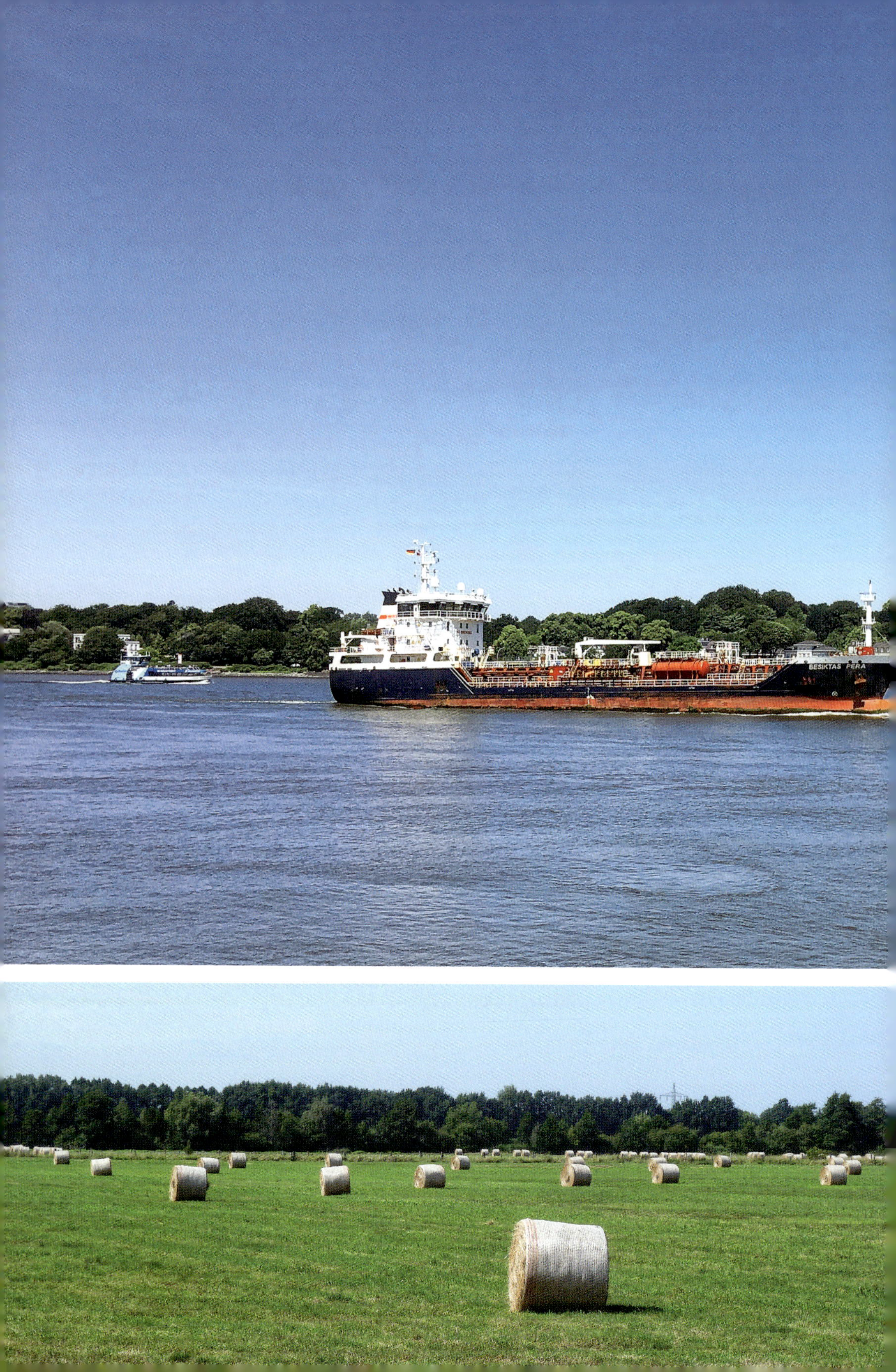
BESIKTAS PERA

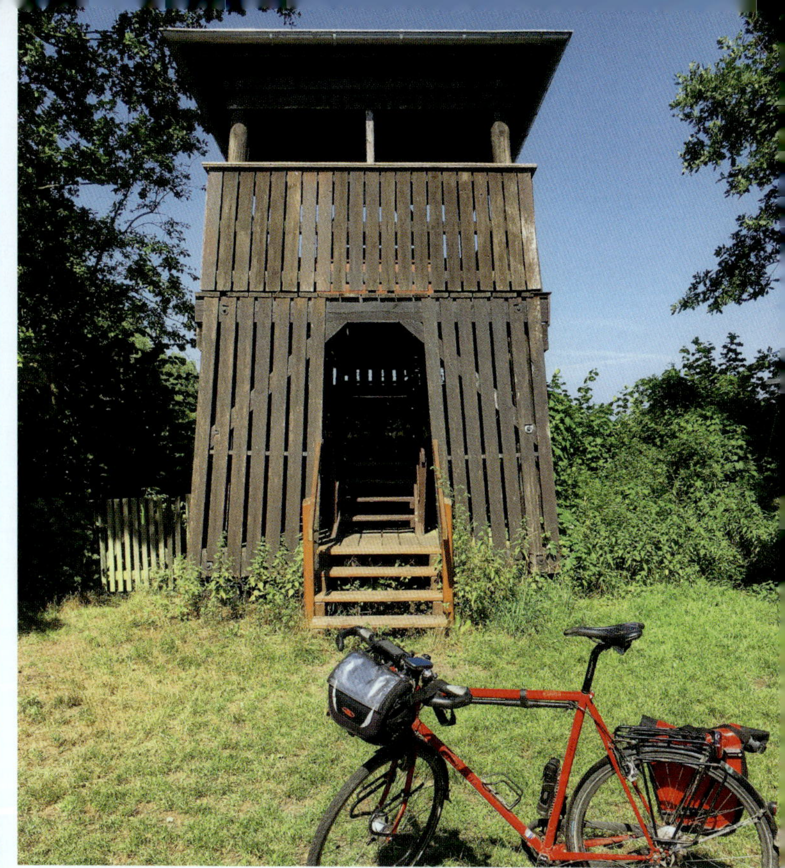

Durch Hamburg

Blick auf die Elbe vom Anleger Rüschpark (o. li.). Beobachtungsturm am Junkernfeldsee (o. re.). Bahntrassenbrücke in Wilhelmsburg (u. re.). In der Seeveniederung (u. li.).

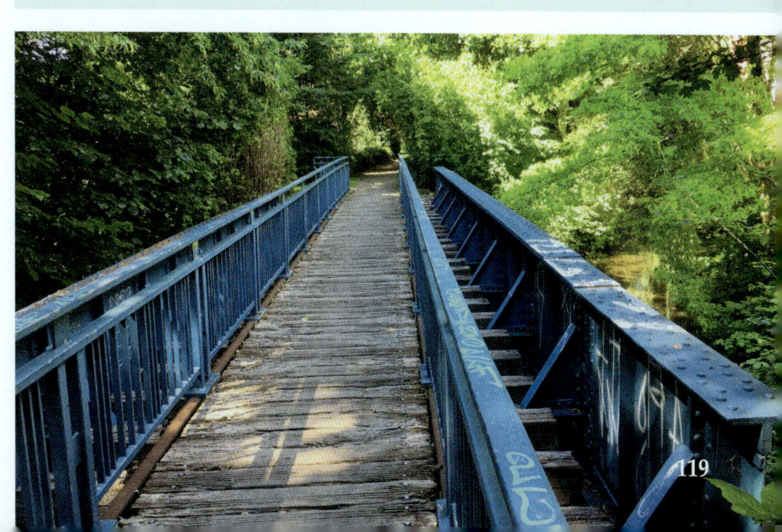

24

An Düpenau und Elbe

Am Bach in einem großen Bogen in die Elbmarsch

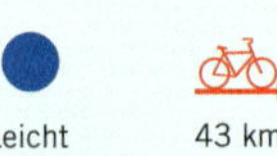
Leicht

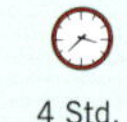
43 km

4 Std.

Tourencharakter
Der größte Teil im Park und auf Radwegen, Wege vor dem Deich und wenige Nebenstraßen

Ausgangspunkt
S-Bahn Stellingen, Lift vorhanden

GPS-Daten
53.589956, 9.918693

Endpunkt
S-Bahn Wedel, ebenerdiger Zugang

Anfahrt
Mit der S21 und der S3 zur Station Stellingen. Vom Endpunkt bringt uns die S1 zurück in die Stadt.

Einkehr
Tower-Restaurant in Uetersen-Heist, www.tower-restaurant.de; Gasthof Fährmannssand, www.faehrmannssand.de; Wassermühle Wedel, www.wassermuehle-wedel.de

Der kleine Bach Düpenau leitet uns aus der Stadt heraus ins Ländliche mit Weiden und Pferdehöfen. Nach einer Kaffeepause auf einem Flugplatz für Kleinflugzeuge fahren wir auf lauschigen Wegen in die Weite der Hetlinger Elbmarsch ein, wo uns der große Strom zum Ziel bringt.

Durch den Volkspark Auf dem Vorplatz der S-Bahn-Station Stellingen orientieren wir uns nach links zur Unterführung der Bahngleise. Auf einem breiten Fußweg geht es geradeaus in den Volkspark. Hinter zwei Brücken wenden wir uns gleich nach rechts die Rampe hinunter. Wir fahren anschließend nach links in die Sylvesterallee und passieren eine große Bronzeskulptur des Fußes von Uwe Seeler. Nach der Überquerung des Hellgrundweges bringt uns am linken Ende eines Parkplatzes eine Fahrradstraße geradeaus durchs Grüne zum Vorhornweg, wo wir nach links zur viel befahrenen Elbgaustraße fahren. Hier biegen wir links ein, fahren über die große Kreuzung hi-

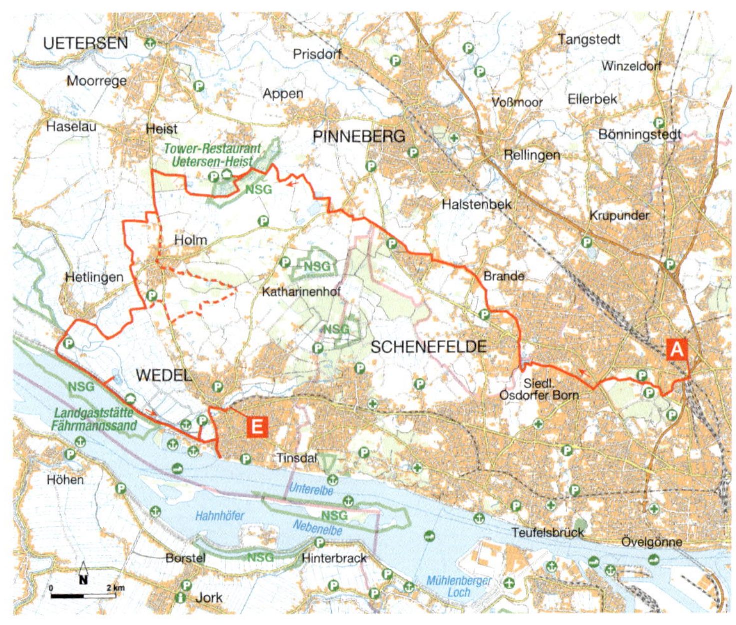

nüber und biegen dann in die erste rechts, den Böttcherkamp, ein. Diesen fahren wir bis zu seinem Ende und können dann gegenüber eintauchen ins Grün der bachbegleitenden Wege.

An der Düpenau Auf der rechten Seite des Luruper Moorgrabens ist ein Weg zum Helmuth-Schack-See, den wir über ein

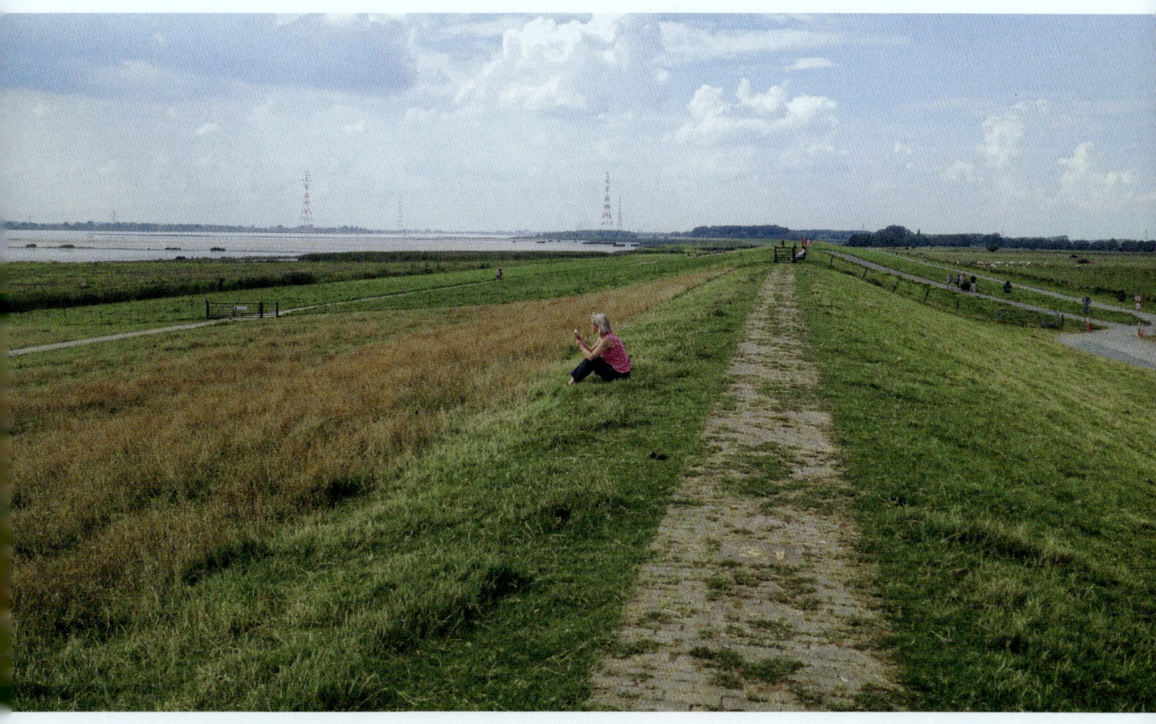

Auf dem Elbdeich Höhe Gaststätte Fährmannssand

Brückchen links herum fast umrunden. Dieser See wird gespeist von der Düpenau, der wir das erste Mal auf der anderen Seite des Sees begegnen. Gegenüber an dem zweiten Brückchen fahren wir mit der Düpenau auf kleinen Wegen nach Norden. Über die viel befahrene Altonaer Chaussee, den Kiebitzweg und den Mühlenweg hinüber setzen wir unseren Weg an der Düpenau fort und verlassen sie erst am Ende eines weiteren Sees nach rechts. Der Weg wendet sich danach nach links und wird zur Straße Olenmoorweg.

Zwischen Pferdekoppeln und Feldern Hinter einer Kreuzung sind wir dann in der Datumer Straße, die bald einen Linksknick macht. Hier überqueren wir ein letztes Mal die Düpenau auf ihrem Weg nach Norden. Am Ende biegen wir rechts in die Datumer Chaussee ein und fahren dann sofort wieder links in den Waldenauer Weg zwischen Wiesen, Weiden und Eigenheimen.

An der kommenden Kreuzung fahren wir rechts, überqueren auf einer Brücke eine Schnellstraße, und biegen danach in die zweite Straße links, den Rissener Weg, ein. An dessen Ende geht es rechts und gleich wieder die nächste links in den Heideweg. Damit gelangen wir nach Etz und biegen links ein, um kurz danach rechts in den Siedlungsweg zu fahren, der uns mit

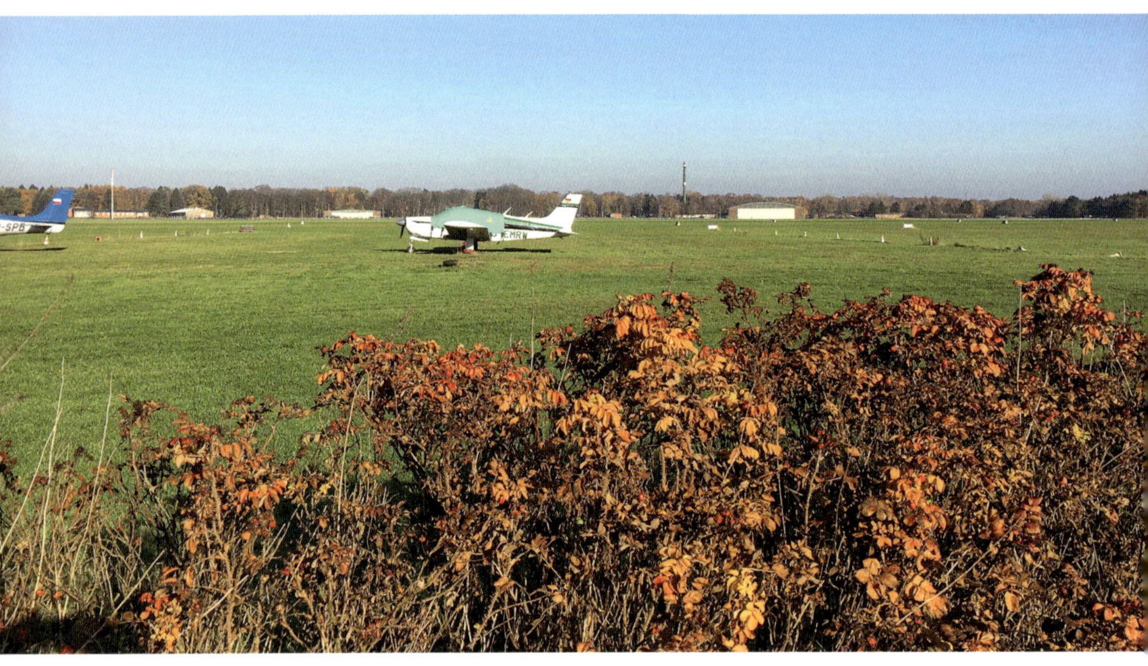

Am Flughafen Uetersen-Heist

einem Linksknick zu zwei Seen bringt. Links durch eine Pforte kommt man zu einem Beobachtungsstand mit Blick auf die Wasservögel.

Durchs Moor zum Flugplatz Unser Weg geht aber rechts weiter, er wird nun ein wenig zum Zickzackkurs. In der Einmündung des Weges geht es nach links, dann zweimal nach rechts und an der Einmündung nach links. Danach können wir ein kleines Moor mit See anschauen, wenn wir von dieser kleinen Straße den zweiten Weg nach rechts abbiegen. Bald treffen wir auf die Begrenzung des Flugplatzes, an der wir dann nach links fahren. Im Inneren des Betriebsgebäudes befindet sich ein geräumiges, modernes Café, durch dessen große Fensterfronten oder auf der Terrasse wir bei einer Tasse Kaffee einen guten Blick auf die Flugbewegungen haben. Wenn wir uns sattgesehen haben, geht unsere Tour weiter auf attraktiven Wegen. Ein paar Meter zurück auf dem Weg, den wir gekommen sind, biegen wir nach rechts auf einem etwas erhöhten Dammweg durch den feuchten Wald ab. Hinter dem Wald fahren wir nach rechts in den Weg Zum Haselauer Moor, der uns in einem weiten Bogen zu einer Kreuzung bringt, wo wir links in den Schlackenweg einbiegen. Dieser führt uns zur Wedeler Chaussee, wo wir jetzt der Hauptstraße nach links einen Kilometer auf einem Radweg folgen.

Durch die Hetlinger Marsch Kurz nach der Überquerung der Holmau biegen wir rechts auf einen Weg ab. Es geht wieder ein bisschen im Zickzack: Als Nächstes fahren wir nach links, dann wieder rechts in den Weg An den Wischen, der im Verlauf nach links abknickt. Wir folgen diesem Weg immer geradeaus, überqueren die Hetlinger Straße, bis wir dann an der Einmündung in den Sauernbeeksweg rechts abbiegen. Wir fahren durch die Marsch auf einen großen Bauernhof zu, mit Blick auf geschützte Wiesen mit Hunderten von Gänsen und im Frühjahr in großer Zahl blühende Schachbrettblumen. In Hetlingen angekommen biegen wir sofort nach links in die Straße Am Heuhafen ein, die uns zum Elbdeich bringt.

Der Fuß von Uwe Seeler am HSV-Stadion

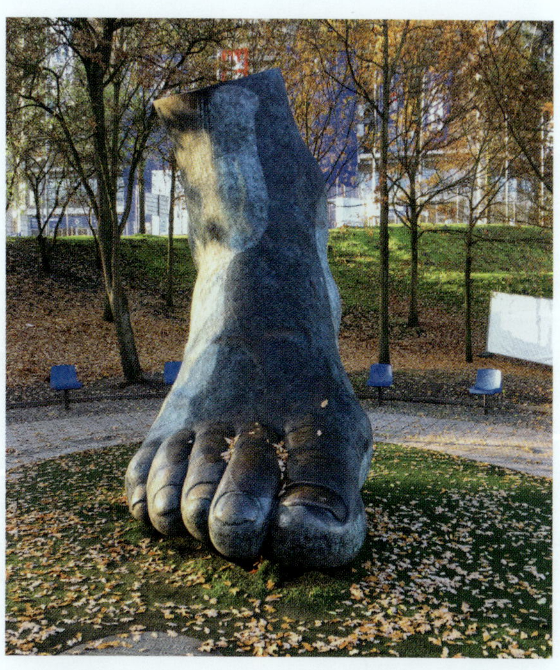

An der Elbe Von der Deichhöhe genießen wir die Aussicht auf den großen Strom. Ich fahre gern auf der Wasserseite des Deiches. An einem Schafgatter ist ein Wegweiser zu einer Vogelstation des NABU. Weiter an der Deichlinie entlang haben wir nach der Überquerung des Sperrwerks der Wedeler Au die Wahl, geradeaus zur Schulauer Straße zu fahren und dann rechts zum Hafen von Wedel mit seinen Restaurants abzubiegen oder nach dem Sperrwerk den zweiten Weg links ins Grüne zu nehmen, der uns mit seinem Rechtsknick auch zur Schulauer Straße bringt. Hier fahren wir links und biegen nach der Überquerung der Au rechts in den Jungfernstieg ein. Er wird schmal und führt uns zur Schulstraße, in die wir rechts einbiegen. Wir landen an der zentralen Mühlenstraße mit dem Mühlenteich und einem Eispavillon davor. Jetzt sind es nur noch wenige Meter nach rechts bis zur Station der S-Bahn.

Tipp

Die NABU-Vogelstation ist ein zauberhafter Ort. Unbedingt besuchen! Auf die Öffnungszeiten achten.

25

Die große Elbquerung

Von Park zu Park über die Elbe in den Moorgürtel

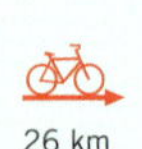

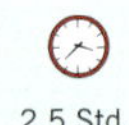

Leicht 26 km 2,5 Std.

Tourencharakter
Parkwege, einige verkehrsarme Deichstraßen, Feldwege

Ausgangspunkt
S-Bahn Stellingen, Lift vorhanden

GPS-Daten
53.589956, 9.918693

Endpunkt
S-Bahn Fischbek, Rampe zum Bahnsteig; Fischbek liegt innerhalb des Großbereichs AB: Eine Tageskarte lohnt.

Anfahrt
Mit der S21 und der S3 zur Station Stellingen. Vom Endpunkt bringt uns die S3 zurück in die Stadt.

Einkehr
Restaurant Engel, www.restaurant-engel.de; The Rilano Hotel, www.rilano-hotel-hamburg.de

Auf dieser Nord-Süd-Tangente fahren wir auf den Radwegen des Grünen Rings von Park zu Park zur Elbe. Wir setzen mit der Linienfähre über die Elbe und lernen Finkenwerders stille Seite kennen. Dann fahren wir durch die Obstplantagen und Moorgebiete der Elbniederung.

Durch den Hamburger Volkspark An der S-Bahn-Station Stellingen wenden wir uns auf dem Vorplatz nach links zur Unterführung der Bahngleise. Dahinter geht es geradeaus weiter auf einem breiten Fußweg zum Volkspark. Nach Straßenüberquerungen auf zwei Brücken geht es geradeaus weiter zu einem breiten Weg hin, wo wir rechts hinunter fahren. Nach Erreichen der August-Kirch-Straße und der Querung der Max-Schmeling-Straße fahren wir nach rechts ins Grün der Volksparkpfade. Wir nehmen den rechten zweier Wege und biegen etwas später rechts in einen weiteren breiten Weg nach rechts ein, der uns in einem langgezogen Halbrund um eine Erhebung herum bringt. Kurz vor dem Dahliengarten wenden wir uns mit der etwas versteckten Radwegweisung wiederum nach rechts zur Straße, auf der wir nach links bis zur Einmün-

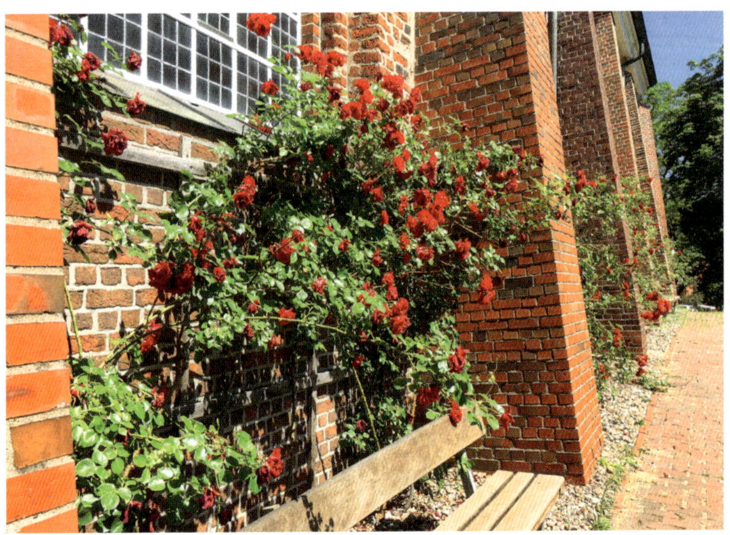

Rosen an der Kirchenmauer St. Pankratius Neuenfelde

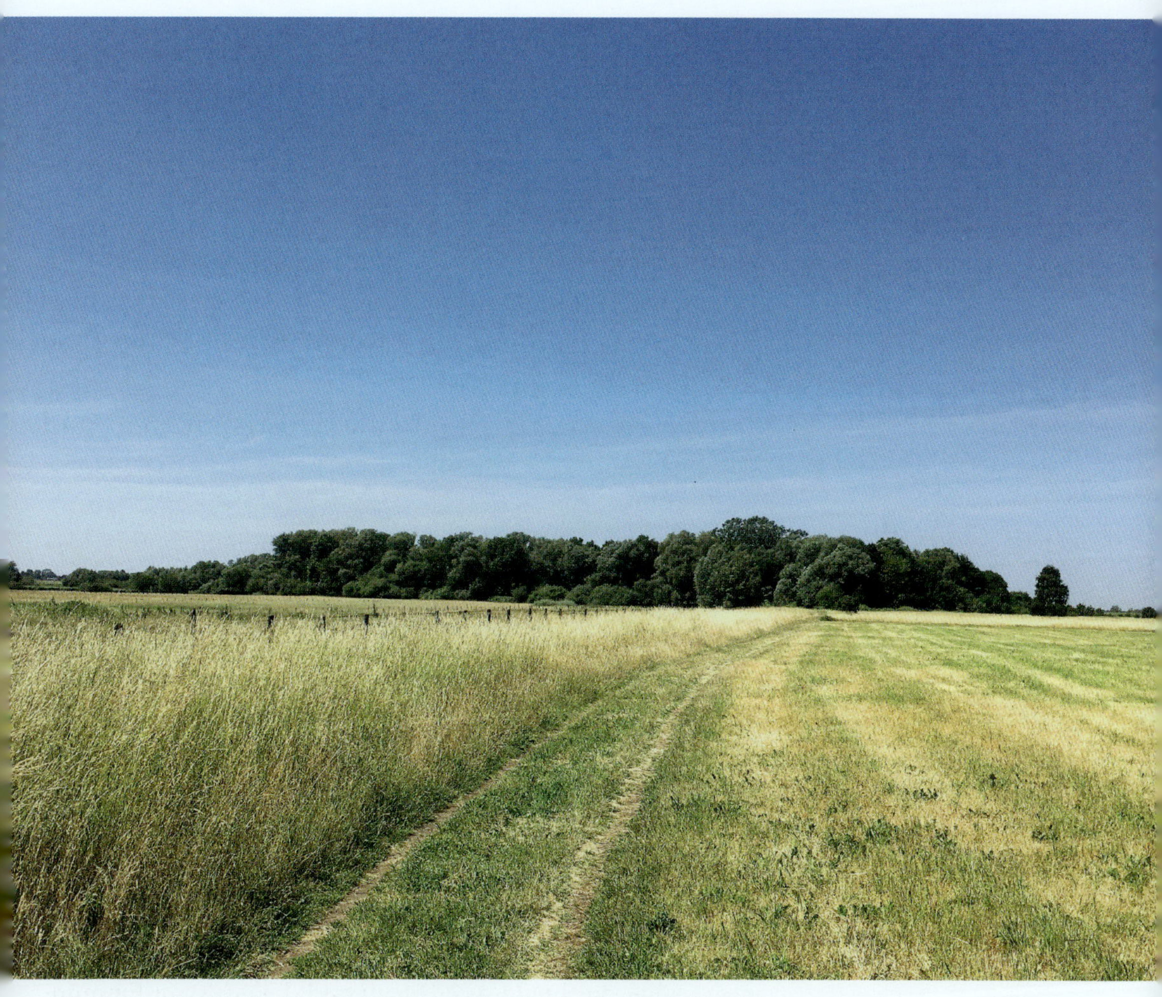

Das Naturschutzgebiet Westerweiden

dung in die Luruper Chaussee fahren. Eine Ampel bringt uns hinüber zu einem Weg an begrünten Parkplätzen vorbei.

Auf dem Ringbeschleuniger An der Straße Blomkamp angekommen, zweigt nach kurzer Zeit mit der Radwegweisung ein Weg nach links einen kleinen Hügel hinauf ab. Oben wenden wir uns nach rechts und bleiben an der Gabelung rechts. Wir befinden uns in dem Gebiet, wo die großen Ringbeschleuniger des deutschen Elektronen-Synchrotrons in der Erde vergraben sind. Unser Weg knickt nach links ab, wenn wir den Friedhof erreichen. Wir queren die Osdorfer Landstraße an einer Fußgängerampel und fahren dann gleich wieder rechts ins Grün der Parkwege.

Ein Park folgt auf den nächsten Dieser Weg geht nach links und wieder nach rechts bis zur Heinrich-Plett-Straße, die wir über-

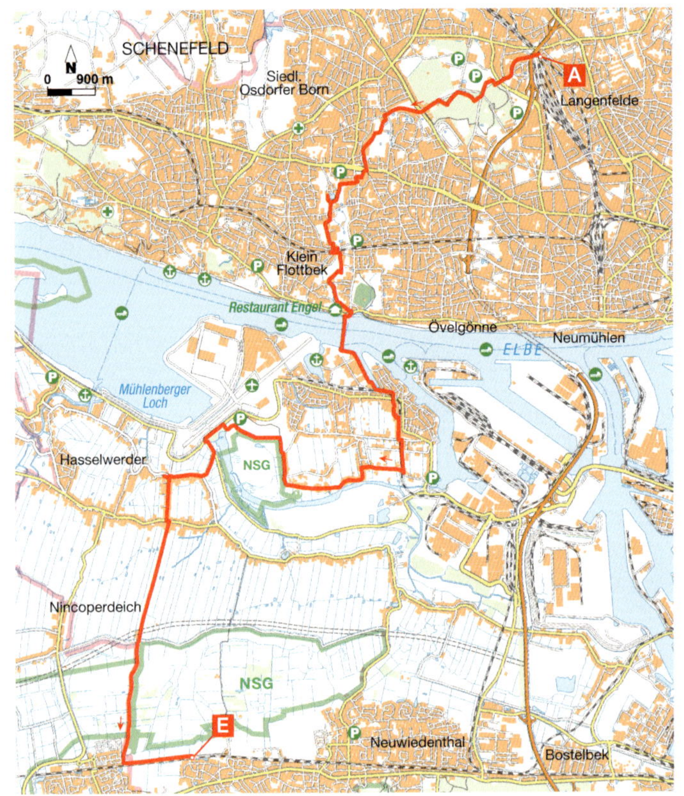

queren. Drüben auf der anderen Seite nehmen wir einen weiteren Parkweg an Kleingärten entlang. Dieser führt an einer Einmündung nach links. Wir kommen in ein kleines Waldstück, in dem rechts sehr hübsch der Ziegelteich liegt. Unser Weg führt weiter geradeaus, aber ein kleiner Abstecher nach rechts lohnt sich. Wieder zurück queren wir den Hemmingstedter Weg zu einem schönen Weg entlang der Außenkante des Botanischen Gartens. Nach einem Linksknick wird es noch spannender: Rechts von uns ist ein veritables Polostadion. Wenn man Glück hat, kann man durch den Zaun diesen exklusiven Sport beobachten. Aus der Sackgasse Hesten fahren wir rechts heraus und überwinden den Sperrriegel der S-Bahn-Gleise auf einer Rampe zur Unterführung. Drüben fahren wir 100 Meter nach links in einen Parkweg nach rechts, den Eduard-Franz-Pulvermann-Weg. Links von uns liegt jetzt die Springderbyarena. Unser Weg macht einen Rechts-Links-Schlenker und führt dann abwärts auf die Straße Quellental zu. Vorsicht beim Überqueren! Wir fahren nicht über das Brückchen im nächsten Park, sondern nehmen den schönen Weg mit Abwärtstendenz halb links an der Talkante. Am Ende fahren wir halb links zwischen Villen hindurch und erreichen die Einmündung am Elbufer bei Teufelsbrück.

Der Fähranleger In diesem sturmflutgefährdeten Gebiet sind die Zugänge zu den Villen durch Flutschutzmauern und -tore geschützt. Wir überqueren die Elbchaussee und schieben auf den Anleger. Hier mache ich wegen der schönen Szenerie immer eine Pause. Auf dem Ponton zu sitzen und auf den Strom mit den vorbeifahrenden Ozeanriesen zu schauen, macht mir immer Freude. Schön ist es auch, im ersten Stock im Restaurant Café Engel einen Drei-Gang-Mittagstisch einzunehmen. Am Anleger können wir mit der Linienfähre 64 auf die andere Seite

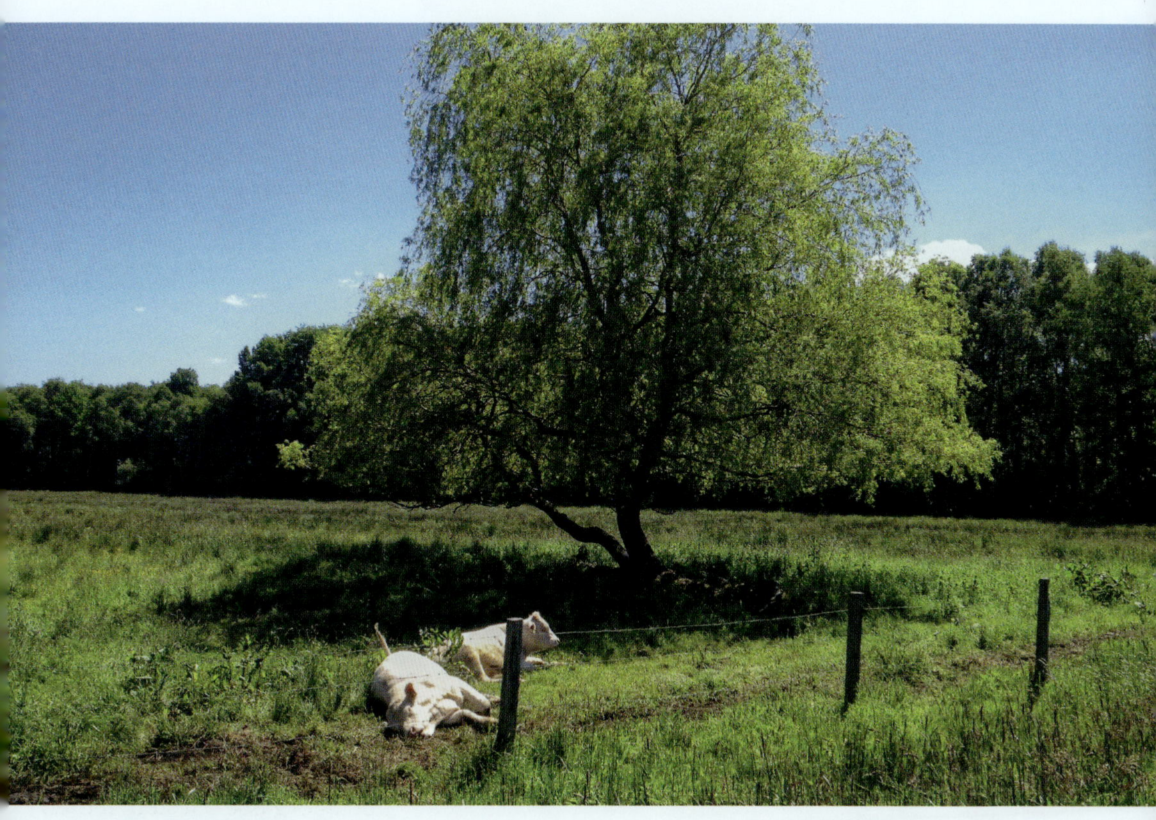

Im Moorgürtel der Elbeniederung kurz vor Neu Wulmstorf

zum Rüschpark fahren. Drüben ist das Hotel Rilano, wo man auf der Terrasse auch sehr gut für eine Tasse Kaffee oder gar für ein Mittagessen sitzen kann.

Eine ehemalige Insel Am Anleger Rüschpark schieben wir die Gangway hoch und wenden uns nach links. An der Wasserkante des Hafenbeckens Steendiekkanal kommen wir zum Hein-Sass-Weg, biegen links ein und fahren auf dem Finksweg nach rechts bis zum Marktplatz. Gegenüber beginnt der neugebaute Bahntrassenweg, der uns später durch Apfelplantagen ins ländliche Finkenwerder bringt. Am Ende des Weges biegen wir rechts in den Osterfelddeich.

Deiche und Gärten In früheren Zeiten, als Finkenwerder noch eine Insel war, schützten die Deiche das Innere der Insel und damit auch die Häuser vor Überflutung. Heute ist die Alte Süderelbe abgeriegelt und Finkenwerder Teil des Festlands geworden. Die Alte Süderelbe ist jetzt ein stilles, romantisches Gewässer, das teilweise unter Naturschutz steht. Die inzwischen nutzlosen Deiche aber machen diesen Teil so hübsch. Wir fahren erhöht durch die Landschaft und schauen auf blühende

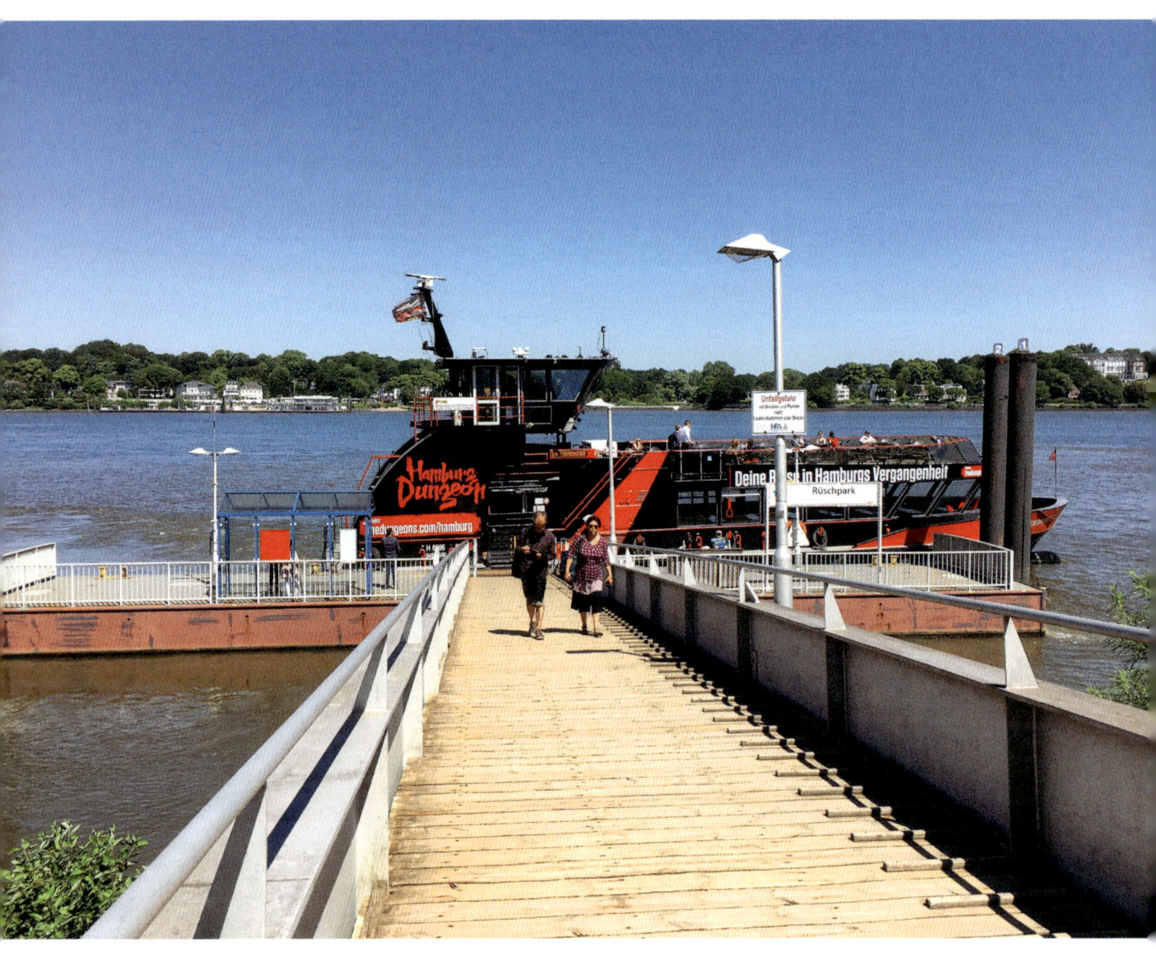

Am Anleger Rüschpark

Gärten links und rechts des Deiches. Wir sind hier im Off der Verkehrswege. Die Skyline Hamburgs ist zu sehen und doch sind wir in der Stille. Wir fahren den Osterfelddeich entlang. Bei einem Rechtsknick bleiben wir geradeaus auf dem schmalen Plattenweg auf der Deichlinie. Dieses Schmuckstück ist leider nur von kurzer Dauer. Wir biegen links ein in den Süderkirchenweg, der später am Rechtsknick zum Finkenwerder Süderdeich wird. Die Straße knickt vor einem Wiesengebiet unter Naturschutz wiederum nach rechts ab und heißt nun Westerdeich. Vor einem Kleingartengebiet kommt halb links ein Weg an den Westerweiden, der uns zum Ness-Hauptdeich bringt, wo wir links abbiegen könnten.

Ein toter Elbarm Wenn das Wetter es hergibt, können wir vorher links auf einen Pfad in die Westerweiden einbiegen. Der Pfad führt uns an den Rand eines kleinen Gehölzes, wo wir innerhalb weniger Meter zuerst links und dann zweimal rechts abbiegen. Dieser teilweise etwas zugewachsene Weg führt an den Rand der Alten Süderelbe, wo wir einen schönen Blick auf das abgeriegelte Gewässer haben und vielleicht den einen oder anderen Reiher oder Kormoran erspähen. Nach dieser kleinen Episode kommen wir zur großen Dreieckskreuzung – egal ob wir über die Westerweiden oder den Ness-Hauptdeich gefahren sind. Wenn wir die Straße überquert haben, tut sich links an der Straße An der Alten Süderelbe ein Radweg auf, der sich langsam von der Hauptstraße entfernt und auf einer verkehrsberuhigten Straße hinüber nach Neuenfelde führt. Dort biegen wir nach rechts ab und können ein kurzes Stück oben auf der Deichkrone fahren. Auf der Höhe der Sankt Pankratiuskirche nehmen wir die Abfahrt vom Deich herunter und biegen in den Arp-Schnitger-Stieg ein. Ich mache immer noch einen Abstecher zur Kirche mit ihren Rosenstöcken an der Kirchenmauer.

Apfelbäume und Wachtelkönig Jetzt schlagen wir aber ein anderes Kapitel auf: Es geht durch die lang gezogene Elbeniederung. Zuerst von Häusern gesäumt wird es nach der Überquerung der Nincoper Straße ländlich entlang des Nincoper Moorwegs. Für lange Zeit fahren wir jetzt schnurgeradeaus und sehen links und rechts scheinbar unendliche Apfelplantagen. Aber wie der Wegname schon sagt, kommen wir noch in ein Moorgebiet. Nach der Überquerung des Neuenfelder Hinterdeichs passieren wir Weiden und Feuchtgebiete. Hier lebt auch der Wachtelkönig, der mit seiner Präsenz bis jetzt verhindert hat, dass durch dieses Gebiet eine Autobahn gebaut wird. Wir fahren weiter geradeaus bis zu den Siedlungen. Vor der Bahnlinie führt ein Weg nach links, der uns zur S-Bahn-Station Fischbek bringt. Rampen zu einer Unterführung bringen uns auf die andere Seite und damit zum Bahnsteig in Richtung Stadt.

Ein Kleinod: der Ziegeleiteich nahe dem Botanischen Garten Klein Flottbek

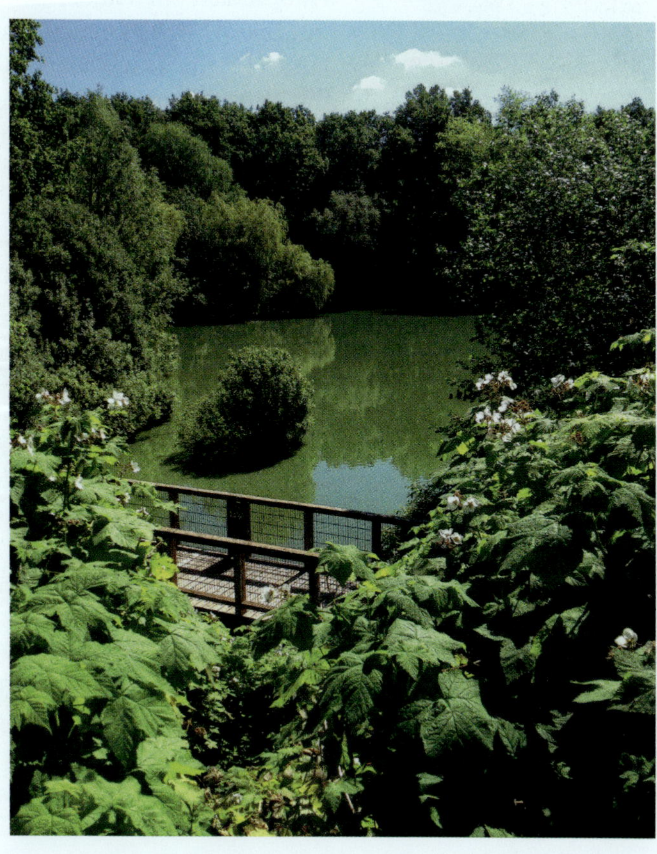

26 An Elbe und Engelbek

Die große Magistrale in den Süden Hamburgs

Leicht | 25 km | 2,5 Std.

Tourencharakter
Rad- und Parkwege, in Wilhelmsburg auf straßenbegleitenden Radwegen und in Harburg wenige Nebenstraßen

Ausgangspunkt
U- und S-Bahn Landungsbrücken, Lift vorhanden

GPS-Daten
53.546037, 9.970835

Endpunkt
Bahnhof Hittfeld, kein Lift, sondern Treppen; Regionalzug Metronom, Tageskarte, Großbereich AB hat hier noch Gültigkeit, der Fahrkartenautomat für die Fahrradkarte ist auf dem Bahnsteig.

Anfahrt
Die schönste Anfahrt zur Station Landungsbrücken erfolgt mit der U3 auf der Panoramatrasse vom Hauptbahnhof kommend. Die S1, S2, S3 fahren ebenfalls zur Station Landungsbrücken; Lifte vorhanden. Vom Endpunkt bringt uns die Regionalbahn Metronom RB41 zurück zum Hauptbahnhof, wo wir Anschluss an alle Schnellbahnen haben.

Abkürzung
In der Unterführung des Harburger Rings den Lift hinunter zur S-Bahn-Station Harburg Rathaus nehmen

Einkehr
Bootshaus Harburg, www.bootshaus-harburg.de

Diese außerordentlich abwechslungsreiche Tour führt uns auf Rad- und Schleichwegen über Elbarme mit Aussichten, an Kanälen und durch romantische Parks hinein ins ländliche Umland.

Der erste Teil des Weges ist identisch mit der Tour 2. Am Ende des Parkweges des Veringkanals trennen sich die Routen.

Der Radweg Loop Mit dem Radweg Loop fahren wir rechts über die Brücke zum Reiherstieg, einem Seitenarm der Elbe. Hinter der Brücke geht es links in die Industriestraße, dann rechts in die Straße Bei der Wollkämmerei und links in den Reiherstieg Hauptdeich zur Wasserkante. Dort können wir einen Moment mit Blick auf die gewaltigen Hafenanlagen verweilen. Danach fahren wir links auf eine Radfahrer- und Fußgängerbrücke zu mit einem schönen Blick auf die Veringskanalschleuse und den Wilhelmsburger Wasserturm. Hinter der Brücke weiter geradeaus sehen wir später an der Georg-Wilhelm-Straße schräg gegenüber einen Eingang zum Inselpark.

Im Inselpark Für unsere Tour fahren wir in den westlichen Teil des Inselparks hinein, der bis 2019 noch durch eine Schnellstraße geteilt war. Wir nehmen den ersten Weg nach rechts zum Ufer des Rathauswettern und bleiben ihm nah. Hinter den zwei Teichen Kükenbrack und Mahlbusen wendet sich der Weg nach links und dann parallel zur ehemaligen Schnellstraßentrasse nach rechts.
Wir können jetzt diesem herrlichen Radweg mit einem Rechts-Links-Knick folgen bis zum König-Georg-Deich. Vor uns liegt dann die südliche Elbquerung.

Über die Süderelbe Wir überqueren die Straßen und schwingen uns auf zum Radweg über die historische Süderelbe, der Radfahrern und Fußgängern vorbehalten ist. Auf der anderen Seite müssen wir leider ein Stück auf der Straße fahren. Wir halten uns geradeaus in die Nartenstraße, die nach einem Rechtsknick Veritaskai heißt.

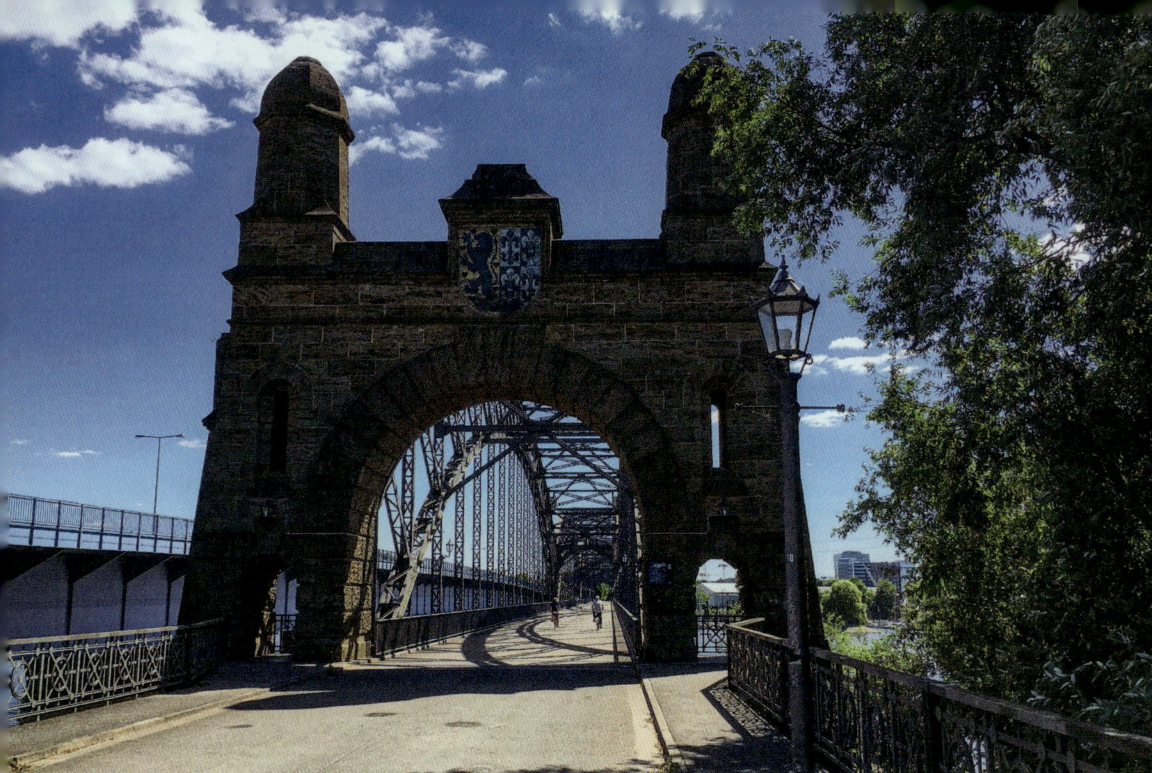

Gewaltig: die Süderelbbrücke – jetzt exklusiv für Radfahrer und Fußgänger

Neues Leben im Harburger Binnenhafen Das einst verödete Hafengebiet ist ähnlich wie die Hafencity neu erschlossen und bebaut worden. Über eine Fußgängerbrücke rechts machen wir einen Abstecher zur sogenannten Schlossinsel. Wir können ein bisschen auf ihr herumstreifen, z. B. die Straße An der Horeburg durchfahren zu einer schönen Hafenszenerie an der Wasserkante.

Im Harburger Zentrum Zurück über die Brücke fahren wir über den Platz und in die Harburger Schlossstraße hinein. Noch vor ihrer Einmündung geht es rechts hinunter zur Unterführung der Bahngleise und drüben die Neue Straße hoch. In die vierte Straße links (Sand) biegen wir ein und kommen gleich zum Fußgängerbereich um das Rathaus Harburg. Wir rollen oder schieben nach rechts in die Unterführung des Harburger Rings.

Zum ursprünglichen Tal des Außenmühlenteichs 200 Meter hinter der Unterführung kommen wir an eine Kreuzung. Links von der St.-Johannis-Kirche geht ein Weg die Geestkante hoch in den alten Friedhof, der jetzt ein wunderschöner Park ist. Wir halten uns immer rechts an der Außenkante, bis der Weg nach links und gleich danach rechts zum Ausgang des Parks schwenkt. Halb links vorbei an einem Sportplatz geht es auf eine Brücke über die Schnellstraße. Jetzt müssen wir nach rechts die Geestkante hinunter und gleich den ersten Weg nach links nehmen, der uns mit Kurven auf den Promenadenweg rund um den See bringt. Für einen Imbiss fährt man auf der linken Seite herum zum Café Bootshaus mit dem Tretbootverleih. Auf dieser Seite befindet sich auch das Schwimmbad Midsommerland. Für die Weiterfahrt muss man sich dann immer nah an die Wasserlinie halten. Wir aber fahren um die romantischere rechte Seite. Der Teich schmiegt sich auf dieser Seite an die Geestkante der Harburger Berge und wir halten uns immer an die Uferkante, teilweise auch auf Holzstegen durch Feuchtgebiete.

An der Engelbek Am Ende des Sees biegen wir an einer Einmündung nach rechts in einen Querweg ab und fahren dann am nächsten Weg wieder links. Hier sieht man die Engelbek

Das Kükenbrack im Wilhelmsburger Inselpark

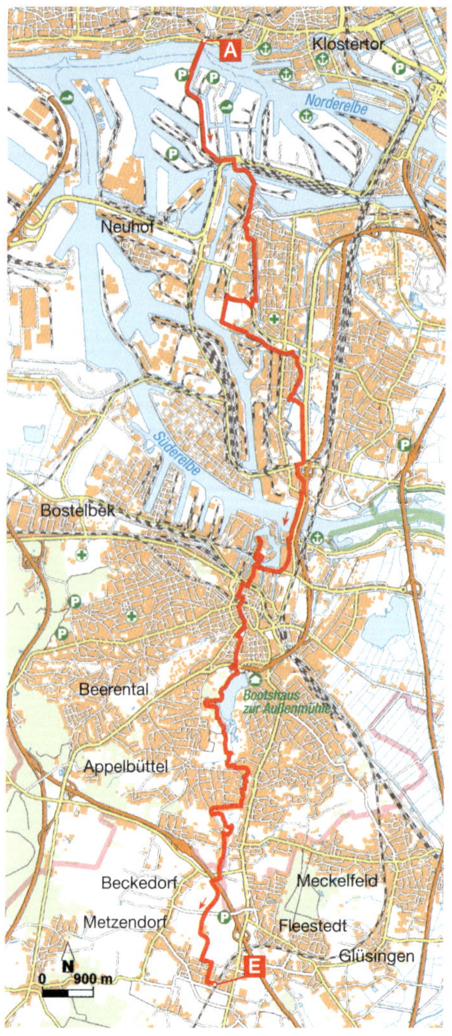

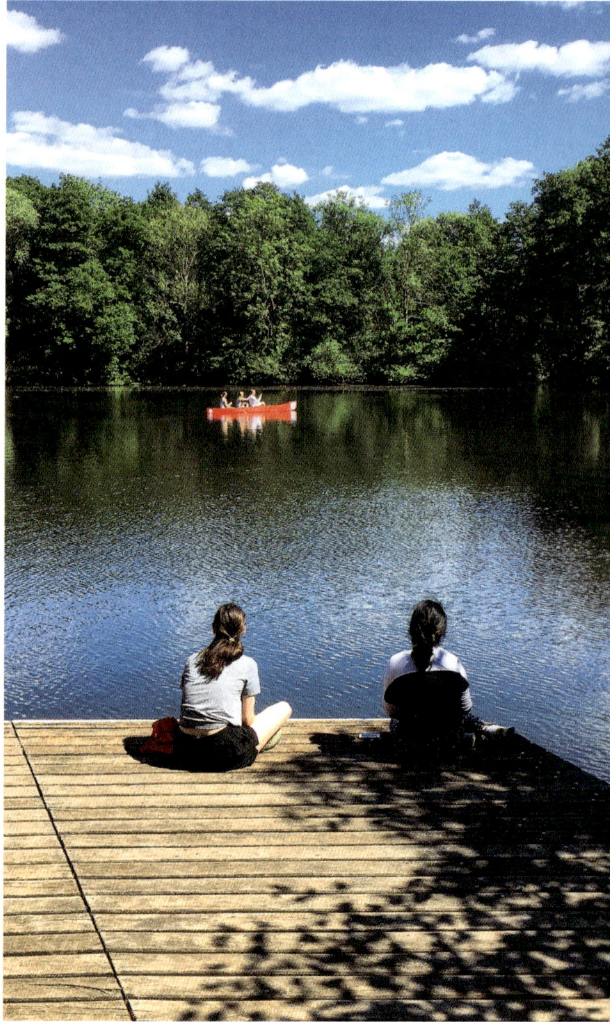

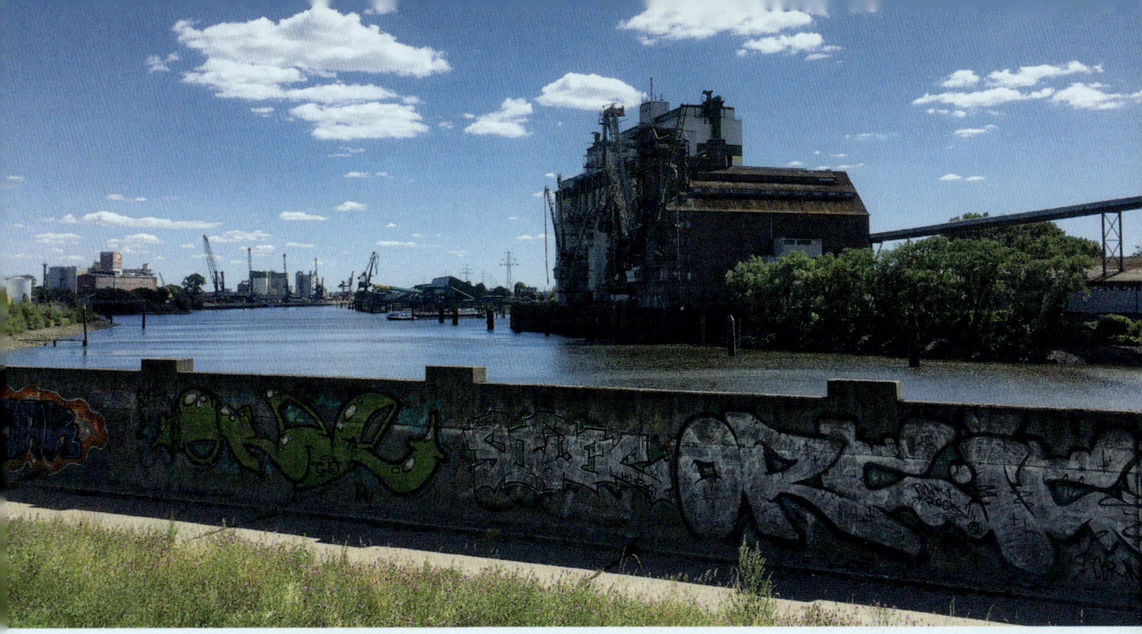

Der Elbarm Reiherstieg mit seinen Hafenanlagen

auf ihrem mäandrierenden Weg zum See. Über ein Brückchen kommt jetzt auch der Parcours der Linksumrundung dazu. Vor diesem Brückchen fahren wir nach rechts und an einer Gabelung links bis zur Einmündung in die Straße Am Frankenberg. Hier geht es rechts und gleich wieder die nächste links in den Krönenbarg, wo in seiner Rechtskurve links ein kleiner, sich gabelnder romantischer Weg an der Engelbek entlang abgeht. Wir nehmen den rechten Weg, der uns idyllisch über zwei kleine Brückchen führt. Am Ende wieder über ein Brückchen kommen wir zur Straße Moorlage, der wir bis zum Ende in den Sinstorfer Weg folgen. Links und gleich wieder links nehmen wir einen Weg in das Kleingartengelände hinein, das wir in einem Halbrund durchfahren. Wir halten uns hier immer links, bis wir am Waldrand scharf rechts abbiegen. Unten im wilden Tal fließt die Engelbek. Der Waldrand führt uns zum Sinstorfer Weg zurück, den wir links abwärts zu Ende fahren. Nach der Überquerung des Sinstorfer Kirchenwegs sind wir wieder auf einem Weg an der Engelbek.

Nach Hittfeld Unter der Maldfeldstraße und mit dem zweiten Weg nach rechts auch unter der Autobahn hindurch wendet sich unser Weg dann nach links. Der Weg mit unterschiedlichem Belag quert den Mühlenweg und mündet in den Weg Wittenberg ein. Wir biegen mit ihm, der später Kiebitzweg heißt, nach links ab und fahren in eine Siedlung ein. Dort fahren wir links in die Gartenstraße und dann etwas versetzt geradeaus in den Schulweg, der am Bahnhof Hittfeld endet. Einziger Wermutstropfen dieser Tour ist, dass wir jetzt leider das Fahrrad die Treppe hinunter- und zum Bahnsteig wieder hochtragen müssen.

27

An Saselbek und Mellingbek

Durch ursprüngliche Flusstäler

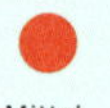
Mittel

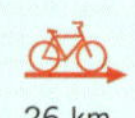
26 km

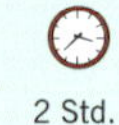
2 Std.

Tourencharakter
Parkwege und bachbegleitende Wege, im Raakmoor stellenweise unruhige Waldwege, fast keine Straße

Ausgangspunkt
U-Bahn Volksdorf; mit Lift

GPS-Daten
53.650642, 10.163181

Endpunkt
U-Bahn Fuhlsbüttel Nord; mit Lift; oder U-Bahn Hagenbecks Tierpark; mit Lift

Anfahrt
Mit der U1 zur Station Volksdorf. Vom Endpunkt bringt uns die U2 an der Station Hagenbecks Tierpark zurück in die Stadt.

Einkehr
Restaurant Alte Mühle, www.alte-muehle-hamburg.de; Café Reinhardt, www.cafe-reinhardt.de; Stock's Restaurant, www.stocks.de; Antonios Eiscafé, Flughafenstraße

Hinter dem Naturschutzgebiet Teichwiesen fahren wir auf kleinsten Wegen entlang der Saselbek bis zu ihrer Mündung in die Alster. Dann spüren wir der Mellingbek bis zum Kupferteich nach, von wo uns weitere Wege zum Hummelsee und ins idyllische Raakmoor führen.

Im Naturschutzgebiet Teichwiesen Von der Straße Halenreie am Vorplatz des Bahnhofs Volksdorf können wir nach 100 Metern links ins Grün der Teichwiesen verschwinden, die von der Saselbek und der Gussau gespeist werden. Wir passieren die Teiche an der rechten Seite. Wenn wir die Saselbek auf einem kleinen Brückchen überquert haben, nehmen wir den nächsten Weg nach rechts und überqueren anschließend die Straße Waldweg.

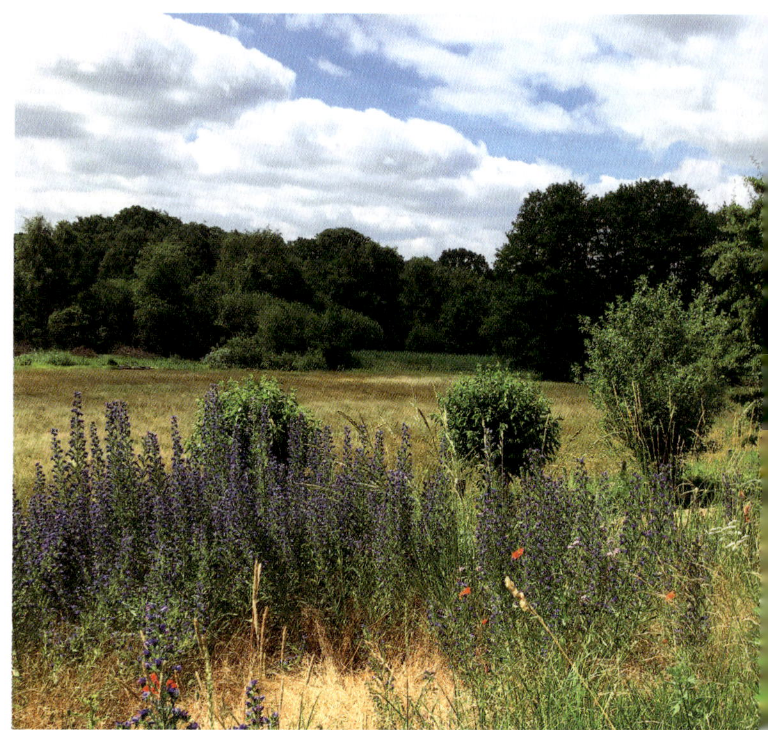
Die wunderschönen Volksdorfer Teichwiesen

Das Bächlein Saselbek Drüben führt unser Weg weiter, knickt aber gleich vor dem Pumpwerk nach links ab und wechselt später die Seite der Saselbek. Auch hier gibt es vor einem Waldstück renaturierte Abschnitte, an denen unser Weg mal kurz von der engen Begleitung des Baches abweicht. Im folgenden Wald folgen wir dem Weg und kommen zur Überquerung der Bergstedter Chaussee. Vorsicht: Hier ist viel Verkehr!

Im Urwald Auf der anderen Seite geht es in das Waldstück Hainesch-Iland hinein, wo sich Grabhügelfelder aus dem Altertum befinden. Die Saselbek hat sich hier ein tiefes Tal gegraben und weitet sich zu einem Teich auf. Unser Weg führt an der rechten oberen Talkante entlang bis zu einem Weg links hinunter zu einer Brücke mit Blick auf den Teich. Mitten in der Stadt wirkt dieser Ort verwunschen. Wir fahren die gegenüberliegende Talkante hoch und nehmen den Weg nach rechts immer nahe der Talkante bis herunter zum Mühlenteich, wo die Saselbek aufgestaut ist. Hier befindet sich auch das Restaurant Alte Mühle mit zauberhaften Außenplätzen für eine Einkehr.

Zum Hohenbuchenpark Wir fahren jetzt links das kurze Stück Straße mit Kopfsteinpflaster hoch, die später Mellingburgredder heißt. In gerader Linie kommen wir auf einen Weg, der recht

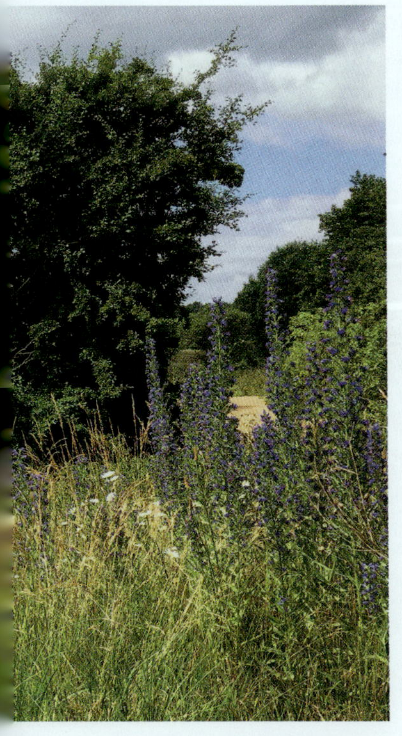

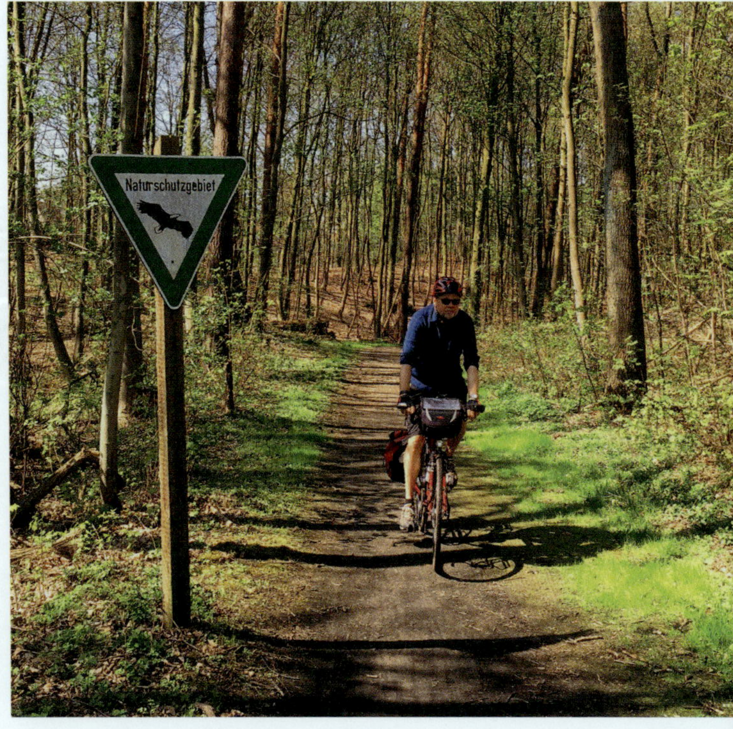

Im Naturschutzgebiet Iland-Hainesch

steil abwärts ins Alstertal führt. Also Vorsicht: Unten geht es sofort nach links zu einem Brückchen über die Alster. Wir fahren – jetzt im Hohenbuchenpark – geradeaus und gleich danach nach rechts. Dieser Weg führt uns – einen Weg querend – recht steil wieder auf das Hochufer, wo wir uns nach rechts wenden auf einen Weg, der einen Linksbogen beschreibt und dann nach rechts über die Mellingbek führt. Wir kommen zur Straße An der Alsterschleife. Für eine Pause könnten wir nach links zum Café Reinhardt fahren oder etwas rechts hoch zu Stock's Fischrestaurant. Beide Locations haben schöne Außenplätze.

Der romantische Kupferteich Unser Weg jedoch führt uns jetzt gerade gegenüber in die Straße Kupferhammer, die ein Weg wird – begleitet von der Mellingbek – und zum Kupferteich hochführt, der von dem aufgestauten Bach gebildet wird. An einer Gabelung hinter der Straßenunterführung führen beide Weg zum Teich. Wir passieren diesen Teich auf der linken Seite. Auch dieser ist ein Juwel mit seinen waldigen Rändern: je nach Sonneneinfall mal düster, mal glänzend. Am anderen Ende des Sees fahren wir geradeaus in einen bewaldeten Streifen zwischen Feldern, der uns zur Sackgasse Kupferteichweg bringt. Diese Straße fahren wir noch über die Harksheider Straße hinüber bis zu ihrem Ende am Kiwittredder.

Baden am Hummelsee? Wir fahren kurz nach rechts auf einen Feldweg und biegen danach links auf einen Weg am Zaun einer Wiese ein, der uns zum Hummelsee führt , wo man Lagern und auch Baden kann. Unser Weg biegt vor dem See nach links ab und trifft nach einem Rechtsknick auf den Weg Rehagen. Dem

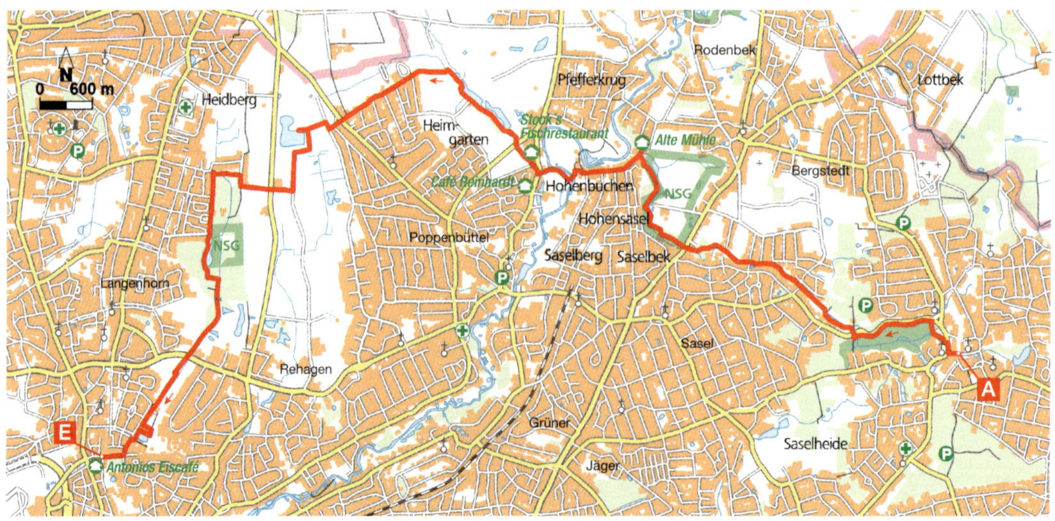

folgen wir nach links und biegen danach rechts ein in die Straße Hüsermoor. Wir überqueren die Glashütter Landstraße zur Straße Dweermoor, die uns zu dem Waldstück mit dem Raakmoor bringt.

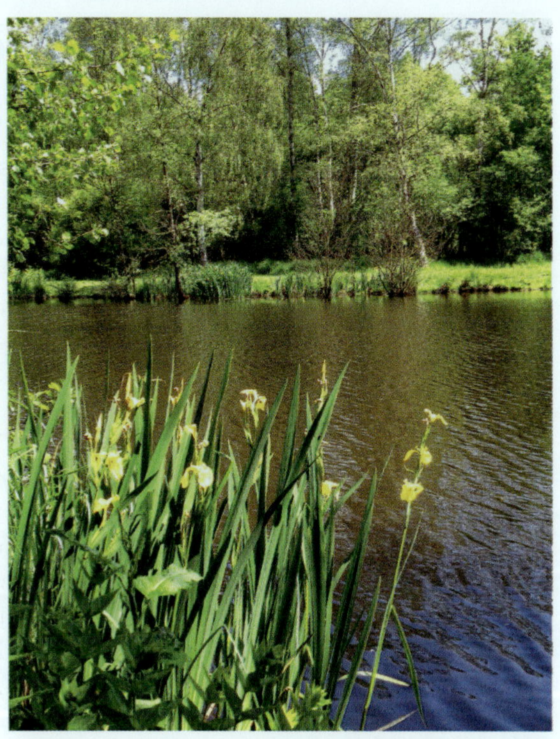

Im Raakmoor Wenige Meter fahren wir in den Wald hinein und nehmen den Pfad nach rechts, parallel zur Straße. An der ersten Gelegenheit biegen wir links ein und folgen dem Pfad, bis wir den Raakmoorgraben erreicht haben, vor dem wir nach links abbiegen. Jetzt geht es schnurgeradeaus, bis wir den zentralen Teich erreichen. Hier haben Gänse und Enten die Oberhoheit. Wer noch einmal einen Blick auf die schön renaturierten Moorgebiete werfen will, kann hier vor dem Teich kurz nach links zu einem etwas erhöhten Aussichtspunkt fahren. Wir kommen aber zum länglichen Teich zurück und fahren an ihm entlang.

Tipp

Diese Tour durch ursprüngliche Bachlandschaften ist besonders schön, wenn die Buschwindröschen oder die Wasserlilien blühen.

Der lange, gerade Weg Am Ende des Teiches ist es wieder nur der Graben, den wir an seiner rechten Seite begleiten. Wenn der Graben einen kleinen Knick macht, bleiben wir bei ihm. Jetzt geht es auf einer langen Geraden aus diesem Gebiet heraus – immer mit dem Graben links von uns. Wir überqueren die Verkehrsachse Ring 3 und kommen drüben in Kleingartengebiete. Bei einem kleinen Brückchen wechseln wir lediglich die Seite des Grabens. Am Ende müssen wir einem Sperrgrundstück ausweichen und ein Rückhaltebecken umfahren. Dazu fahren wir nach links, dann rechts und gleich wieder rechts um den Rand des Rückhaltebeckens. Dort treffen wir wieder auf den Graben, der uns zur Flughafenstraße begleitet. Hier nach rechts kommen wir zur U-Bahn-Station Fuhlsbüttel-Nord.

Oben: Wasserlilien im Raakmoorgraben

Dort gibt es auch Antonios nettes Eiscafé, wo man einen Capuccino oder gar einen Eisbecher zu sich nehmen kann. Wer schließlich jetzt noch nicht genug hat vom Radfahren, kann bei Tour 7 nachsehen, wie man noch weitere 12 Kilometer anhängen könnte.

28 An Elbe und Seeve

Die Osttangente: Landwirtschaft und Naturschutzgebiete

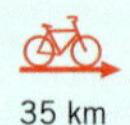 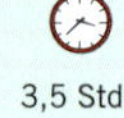

Leicht 35 km 3,5 Std.

Tourencharakter
Straßenbegleitende Radwege, verkehrsarme Nebenstraßen, Bahntrassenradweg, Feld- und Deichwege

Ausgangspunkt
S-Bahn Bergedorf; mit Lift

GPS-Daten
53.489448, 10.206831

Endpunkt
S-Bahn Harburg; mit Lift

Anfahrt
Mit der S21 zur Station Bergedorf. Vom Endpunkt bringen uns die S3 und S32 zurück in die Stadt.

Einkehr
Zollenspieker Fährhaus, www.zollenspieker-faehrhaus.de; Café Salzbäcker in Fliegenberg

Die Osttangente führt auf einem Bahndamm durch die Vierlande zur Fähre Zollenspieker und an die Elbdörfer hinterm Deich, um anschließend das Naturschutzgebiet Untere Seeveniederung zu durchstreifen. Bei warmem Wetter lohnt es sich, Badekleidung einzupacken.

Zubringer in die Vierlande Am Ostausgang der S-Bahn-Station kommen wir geradewegs zu einem kleinen Hafenbecken. Rechts fahren wir auf eine Promenade am Wasser bis zur Rampe einer Fußgängerbrücke, die uns auf die andere Seite bringt. Die Dietrich-Schreyge-Straße führt uns zur Vierlandenstraße, in die wir rechts hineinfahren. An der Einmündung in den Curslaker Neuer Deich biegen wir nach links ab, wo wir auf dem Radweg über die Autobahn hinweg durchfahren, bis sich links die Straße Curslaker Deich zeigt.

Idyllische Grundstücke an der Dove Elbe Gleich hinter deren Einmündung geht rechts die Straße An der Böge ab. Damit sind

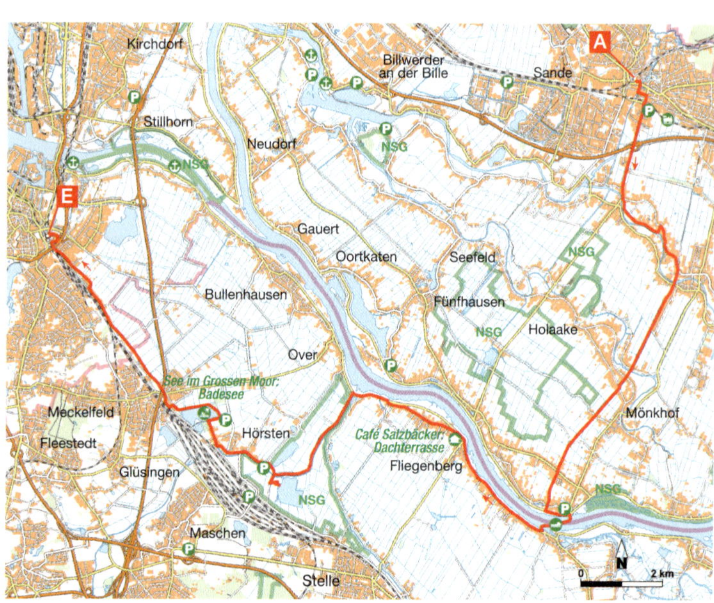

wir in den idyllischen Straßen der Vierlande angekommen. Wir folgen der Böge zwischen Wiesen und Feldern und hübsch hergerichteten Häusern mit einladenden Gärten an der Dove Elbe. Unsere Straße kehrt bald wieder zum Curslaker Deich zurück, in den wir rechts einbiegen. Auf der erhöhten Deichstraße ohne Durchgangsverkehr lässt es sich gut fahren mit schönen Ausblicken.

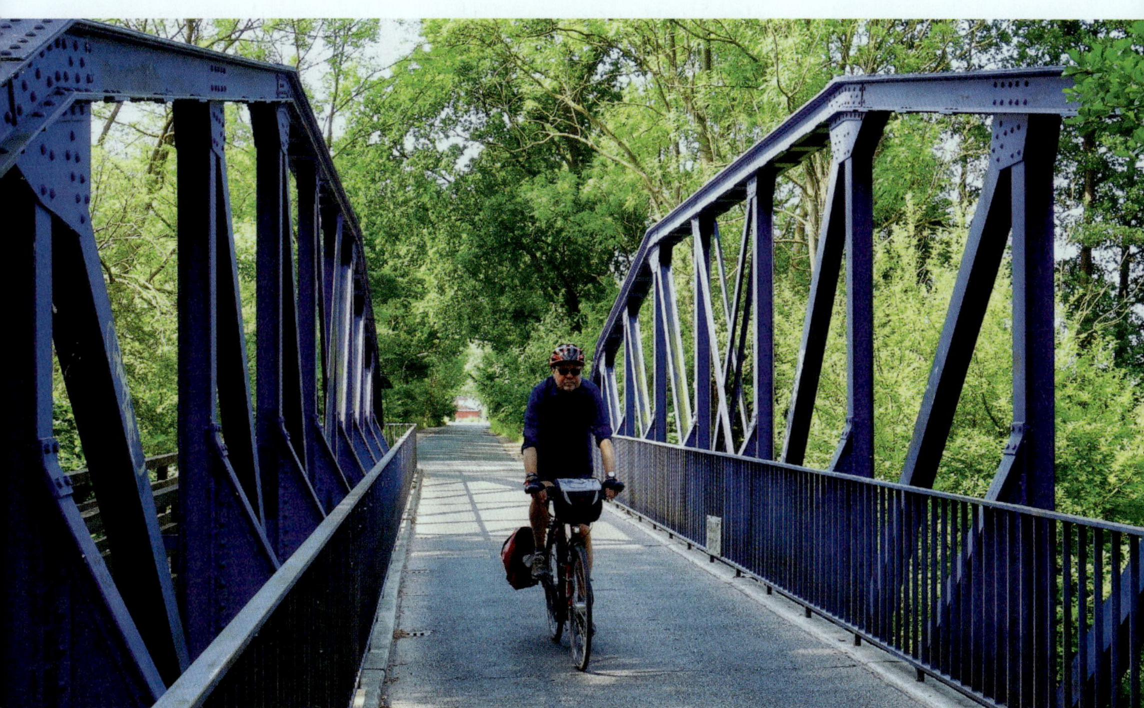

Die schöne Odemannbrücke über die Dove Elbe

Auf dem alten Bahndamm In Curslack beim Feuerwehrhaus quert der Radweg des Bahndamms die Deichstraße, in den wir jetzt rechts hineinfahren. Bald kommen wir über die Dove Elbe auf einer blauen Brücke mit zauberhaften Blicken auf die Wassergrundstücke links und rechts. Wir rollen jetzt immer weiter geradeaus auf dem Bahndamm bis zur Elbe. Der Weg ist gesäumt von Bäumen mit Ausblicken auf Wiesen. Auf einer weiteren Brücke überqueren wir die Gose Elbe. Später am ehemaligen Gleisdreieck gibt es einen Rastplatz und einen attraktiven Spielplatz. Wir aber fahren weiter geradeaus und können auch noch über den Kirchwerder Elbdeich hinüber auf einem Weg bis zur Deich-

Tipp

Bei schönem Wetter Badekleidung mitnehmen für eine erfrischende Pause im Badesee Großes Moor.

linie der Elbe fahren. Hier biegen wir links ein und sind nach 600 Metern am Fähranleger Zollenspieker mit dem gepflegten Restaurant und dem rustikalen Imbiss an der Wasserkante. Die Fährfahrt ist kurz, aber ein Genuss, den ich immer wieder einbaue in meine Touren.

Dörfer hinterm Elbdeich Auf der anderen Seite fahren wir die Rampe zur Straße hoch und dann nach rechts. Jetzt müssen wir leider sechs Kilometer auf einem Radweg an der Straße fahren, wo der Deich uns den Blick auf die Elbe versperrt. Aber an passender Stelle können wir auf einer Bank auf dem Deich eine Rast machen. Bald kommt auch das Café Salzbäcker, wo wir einen Kaffee ordern und ihn oben auf der Dachterrasse mit einem herrlichen Weitblick genießen könnten. In Fliegenberg fahren wir links durch die Dorfstraße, die aber bald zur Hauptstraße zurückkehrt. In einem Bogen quert die Straße später die Mündung der Seeve. Direkt hinter dem Flüsschen biegen wir links in den Weg An der Seeve ein und fahren damit in das Naturschutzgebiet Untere Seeveniederung.

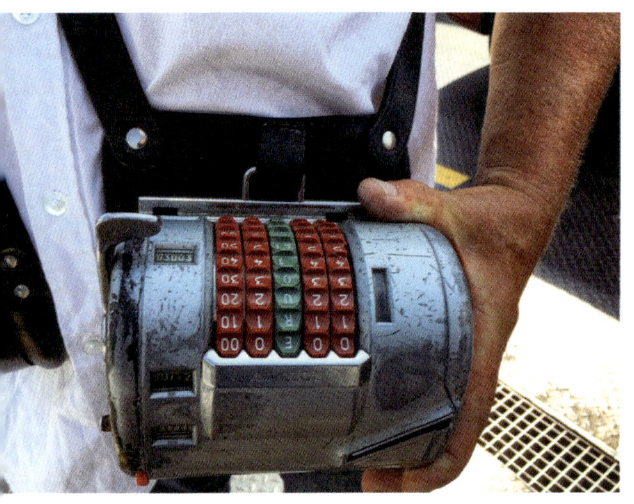

»Bordcomputer« auf der Fähre Zollenspieker

Das Naturschutzgebiet Untere Seeveniederung Dieser Teil ist für mich eine Neuentdeckung und begeistert mich. Wir fahren entlang des Flüsschens mit seinen Kopfweiden und den extensiv genutzten Wiesen bis zu einer kleinen Brücke, die links über die Seeve führt. Wir kommen gleich zu diesem Punkt zurück, aber nutzen die Gelegenheit, zu einem Aussichtpunkt zu fahren, der uns Blicke über den Steller See bietet. Dazu fahren wir nach links über die Brücke und bei der nächsten Gelegenheit wieder links. Der Weg wird immer schmaler und führt zu einem aufgeschütteten Hügelchen, wo man an einer Holzwand mit Gucklöchern seltene Wasservögel beobachten kann. Zurück an dem Brückchen fahren wir nun geradeaus und kommen zu einem hölzernen Beobachtungsturm, den wir erklimmen können. Die Seen sind entstanden durch Kiesabbau für den riesigen Maschener Güterbahnhof, der sich unsichtbar für uns auf der linken Seite befindet.

Ein Badesee Kurz nach dem Turm kommen wir zur Straße Zum Junkernfeld, wo wir nach links oben auf der Deichkrone fahren können. Wir verlassen später den Deich, um nach rechts in die Straße Moordamm einzubiegen. An deren Ende geht es kurz nach rechts in die Straße Zum Großen Moor am gleichnamigen See, um diesen dann gleich wieder links auf einem Pfad halb zu umfahren. Immer wieder tun sich kleinste Zugänge zum See auf, wo man baden und lagern kann. Nachdem wir den See fast umrundet haben, verlassen wir den Pfad und kommen in die Straße Zürnweg, biegen links ein in den Zürnkamp und dann rechts in den Seevedeich.

Am Seevekanal Zum Abschluss geht es unter der Autobahn hindurch noch einmal auf einen sehr schönen, autoarmen Parcours entlang des Seevekanals. Rechts von uns sind Feuchtwiesen, links der Kanal und auf der anderen Seite Kleingärten mit schönen Gärten an der Wasserkante. Vom Seevedeich, der später Kanzlershof heißt, können wir die zweite Straße nach rechts (Wasmerstraße) abbiegen und hinter der Bahndammunterführung nach links in die Hörstener Straße fahren. Jetzt geht es immer geradeaus entlang von Gewerbegebieten zum Bahnhof Harburg. Nach der Überführung über die A253 bringt uns die Harburger Poststraße rechts in einem Bogen hinunter zum Eingang der S-Bahn-Station. Noch vor dem Tunnel befindet sich links etwas versteckt ein Lift, der uns und unsere Räder nach unten zum Bahnsteig bringt.

Idyllische Gärten an der Dove Elbe

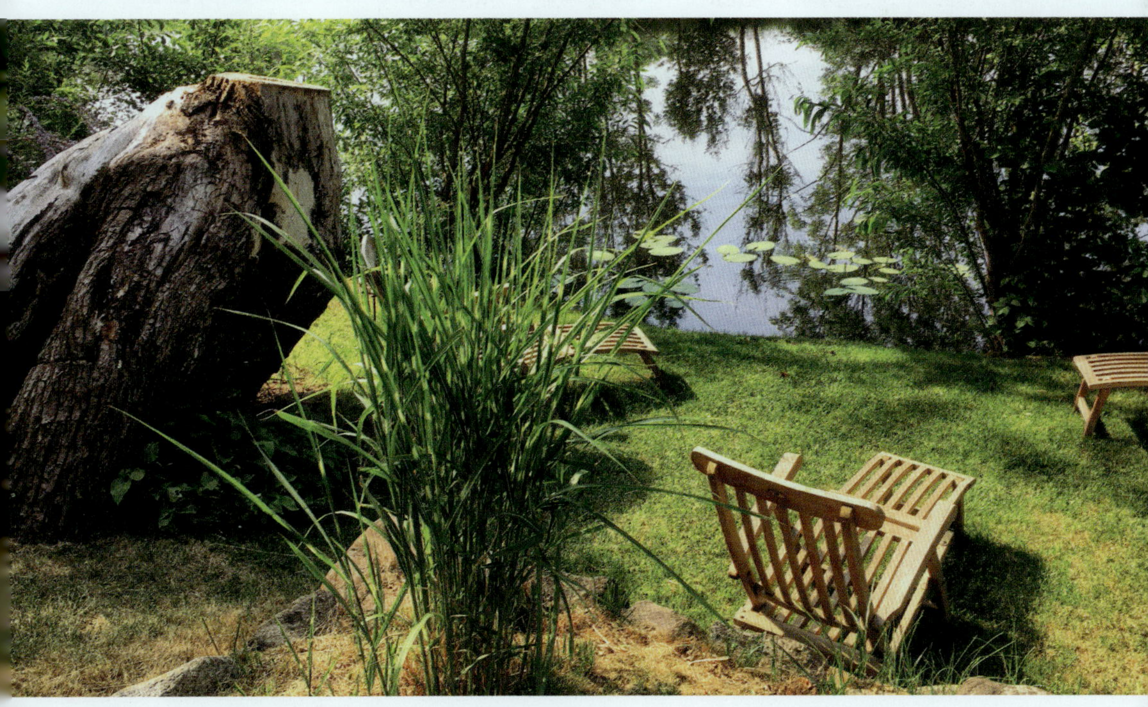

29 Von Osterbek zur Glinder Au

Schleichwege verbinden beide Flüsschen

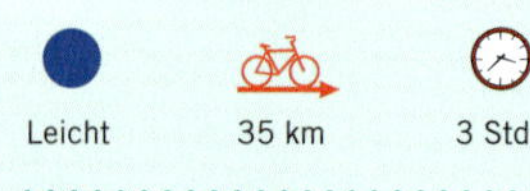

Leicht 35 km 3 Std.

Tourencharakter
Park und Radwege, breite Waldwege, sehr wenig Straße, Wirtschaftswege

Ausgangspunkt
U- und S-Bahn Barmbek; Lift vorhanden

GPS-Daten
53.584917, 10.044388

Endpunkt
S-Bahn Reinbek; Lift vorhanden, innerhalb von Ring AB

Anfahrt
Mit der U3 und der S1 zur Station Barmbek. Vom Endpunkt bringt uns die S21 zurück in die Stadt.

Abkürzung
Nach Verlassen des Öjendorfer Parks auf der Glinder Straße nach links und dann in die Möllner Landstraße nach rechts zur U-Bahn Steinfurther Allee oder am Weiher der Glinder Au nach rechts in die Siedlung Mümmelmannsberg und dort zur U-Bahn-Station

Einkehr
Kiosk im Öjendorfer Park; Restaurants auf dem Glinder Markt

Von der Osterbek bringt uns der Grüne Ring zur Glinder Au. Dabei passieren wir auch noch die Wandse, die Rahlau, den fantastischen Öjendorfer See mit seinem großen Park und den kleinen, wilden Schleemer Bach. Und hinter Glinde geht es durch Wald zum S-Bahnhof Reinbek.

Vom U- und S-Bahnhof Barmbek folgen die ersten fünf Kilometer der Beschreibung von Tour 9 und dann 14 bis zum im Text erwähnten Punkt, wo sich unsere Tour von Tour 14 trennt. Dort verlassen wir den Bach und fahren hinter dem Brückchen geradeaus.

Die Trabrennbahn 200 Meter später kommen wir zum Traberweg mit der U-Bahn-Station Trabrennbahn. Wer jetzt eine Rennbahn sucht, dem muss man sagen: es war einmal. Aber wenn wir nach rechts fahren über die Eckerkoppel und dann

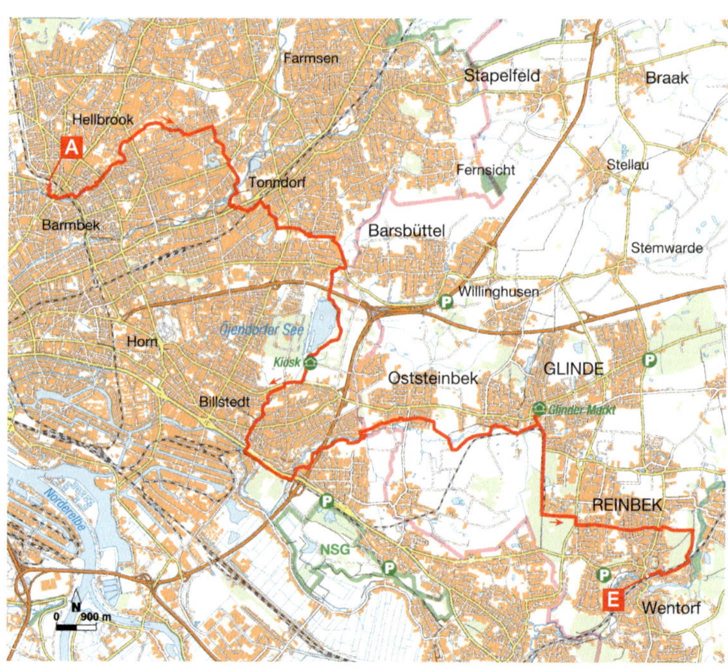

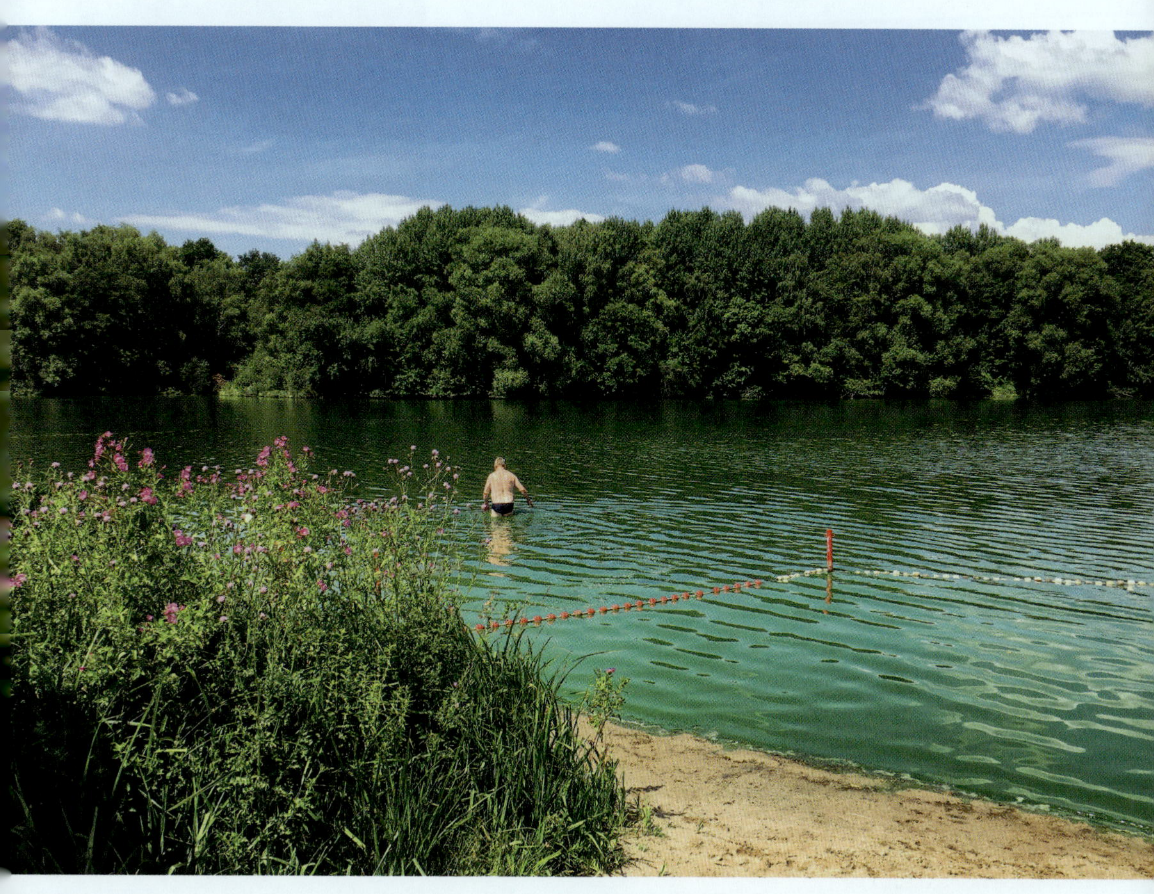

Baden im Öjendorfer See

hinter einer Art runden Kehre in den Weg zwischen den Häusern einbiegen, können wir sehen, dass die Bebauung dieses Gebiets die Form der ehemaligen Trabrennbahn wieder aufnimmt. Die Häuser sind in einem Oval um eine zentrale Grünfläche angeordnet. Auch die Tümpel in der Mitte sind geblieben. Ich habe noch gute Erinnerungen an die Rennbahn, weil ich mir hier als Schüler an Renntagen ein wenig Taschengeld verdient habe. Unser Weg führt uns auch wieder aus unserer Anlage heraus zum Friedrich-Ebert-Damm, wo wir nach dessen Querung an einer Fußgängerampel rechts fahren und am Halligenstieg links einbiegen. Wir überqueren die Walddörferstraße und fahren geradeaus hinüber in ein Kleingartengebiet, dessen Hauptweg uns ins Wandsetal bringt. Hier wenden wir uns nach rechts zur Nordmarkstraße, die wir nach links ganz hinunterfahren könnten.

Eine Gedenkstätte Wer die KZ-Gedenkstätte noch nicht gesehen hat, kann hinter der Brücke über die Wandse rechts hinein ins Grün fahren und dem Weg geradeaus folgen. Es gibt dort

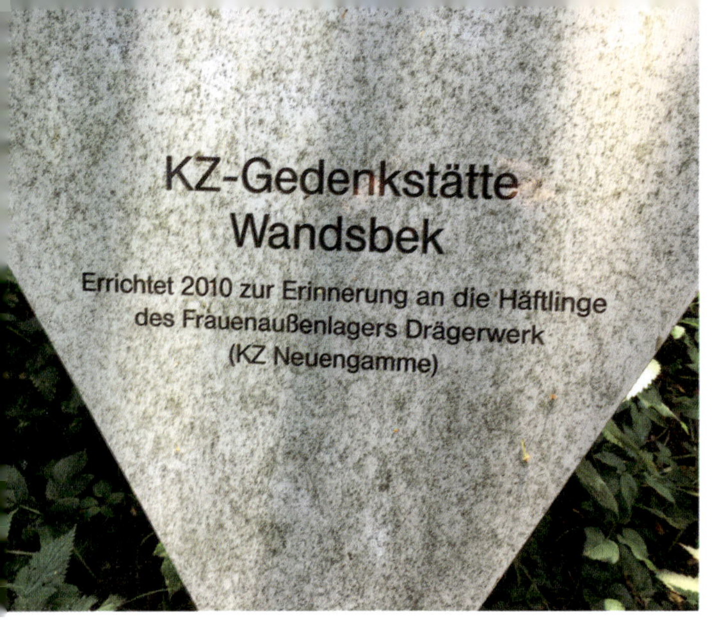

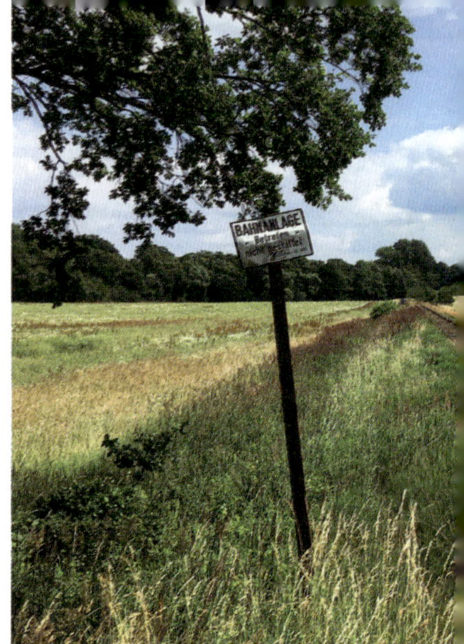

Gedenkstein in Tonndorf

Rechts: Die Trasse der südstormarnschen Kreisbahn

nicht viel zu sehen, aber den abstrakten Kenntnissen der Gräuel der Nazidiktatur eine präzise Verortung beizugesellen macht sie begreifbarer.

An der Rahlau Nach diesem Abstecher folgen wir dem Weg weiter, um kurz danach links abzubiegen und über einen Parkplatz zur B75 zu kommen. Links fahren wir zur Einmündung der Nordmarkstraße und treffen wieder auf den Parcours ohne Gedenkstättenbesuch. An der Fußgängerampel überqueren wir die Straße und sehen drüben die Rahlau aus ihrem Lauf unterhalb der Straße hervorkommen. Ein kleiner Weg an der Seite des Baches – unter den Bahngleisen hindurch – führt bis zur Straße, die auch Rahlau heißt. Geradeaus – etwas links versetzt – geht es weiter über ein Brückchen über den Bach, der uns jetzt nach links verlässt.

Abstecher zum Jenfelder Moor Wir kommen zur Kuehnstraße, wo es rechts versetzt geradeaus weitergeht. An der Gabelung führt der Weg rechts zum Jenfelder Moor. Wer will, kann den Weiher einmal umrunden und hierher zurückkommen. Unser Parcours nimmt den linken Weg. Bei der nächsten Gelegenheit biegen wir wieder nach links ab und kommen dann zur Jenfelder Allee.

Im Zickzack zwischen den Häusern Direkt gegenüber kann man zwischen den Häusern durchfahren zur Kelloggstraße, diese überqueren und dann den Weg weiter zwischen den Häusern fortsetzen. Der Plattenweg bringt uns zur Charlottenburger Straße. Wir überqueren sie an der Ampel links und fahren auf der

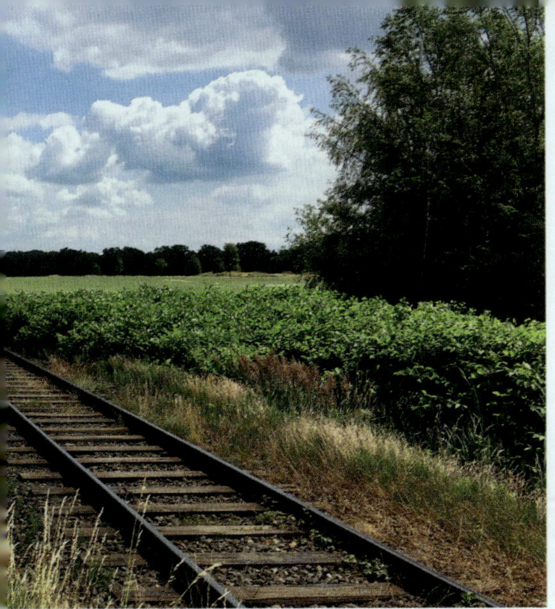

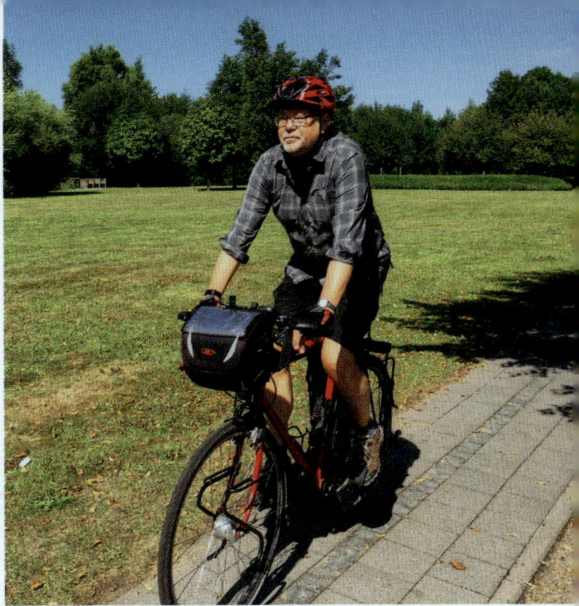

Radweg durch das Gelände der ehemaligen Trabrennbahn

anderen Seite ein kleines Stück zurück zu einem Weg, der links abgeht und nach einem Linksknick wieder zwischen den Häusern verschwindet. Am Ende kommen wir zum Bekkamp und fahren nach rechts und in der Rechtskurve schließlich nach links ins Grüne.

Am Schleemer Bach Bald treffen wir auf den Schleemer Bach, den wir auf einem Brückchen vor einem Weiher überqueren. Den Weiher passieren wir an seiner linken Seite auf dem zweiten Weg nach rechts, der uns zur Barsbüttler Straße führt, die wir nach einem finalen Rechtsknick erreichen. Dieser folgen wir wenige Meter nach rechts und fahren dann nach links in die nächste Straße, den Bruhnrögenredder. Der Redder führt uns immer geradeaus über die Autobahn hinüber direkt in den fantastischen Öjendorfer Park.

Im Öjendorfer Park Wir stehen nun etwas erhöht und schauen auf den weitläufigen, aufgeräumten Park mit seinem zentralen See herunter. Den See, in dem man auch baden kann, fahren wir – nicht der Radwegweisung folgend – auf seiner linken Seite ab. Am Ende befindet sich ein Spielplatz und ein Kiosk mit Imbiss, der ganzjährig ab 10 Uhr geöffnet hat: ideal für eine kleine Pause. Hinter dem Kiosk nach links fahren wir aus dem Park hinaus und erreichen auf dem Reinskamp die Glinder Straße. Vor der Fahrbahn geht rechts ein Weg zum Mattkamp, wo wir die Straßenseite wechseln. Etwas später geht es links hinein ins Tal des Schleemer Bachs, der nach Süden fließt. Ein schöner Parkweg, auf den wir jetzt einschwenken, begleitet ihn. Rechts vom Bach sehen wir bald das Schwimmbad Billstedt liegen.

Am Geesthang abwärts Immer am Bach entlang fahren wir zum Schluss in schneller Abwärtsfahrt unter der Billstedter Hauptstraße und die B5 hindurch und landen an einem Radweg unterhalb des Geesthangs. Nach links erreichen wir gut einen Kilometer später die Glinder Au auf einer alten Steinbrücke. Wir sind jetzt auf den Spuren von Tour 11.

An der Glinder Au Wir fahren direkt hinter der Brücke nach links auf der Straße die Geestkante wieder hoch. An der Einmündung geht es nach links und gleich darauf rechts in den Mümmelmannsberg. Vor der Brücke über die Autobahn fahren wir links auf einem Parkweg hinunter in die Auen der Glinder Au. Wir bleiben auf der rechten Seite der Au, unterqueren die Autobahn und kommen ins Parkgebiet vor der Siedlung Mümmelmannsberg. Hier ist wieder ein hübscher Weiher, an dessen Ende es links über ein Brückchen auf die andere Seite und hoch zur Straße geht. Rechts führt ein Feldweg nach Oststeinbek in die Straße Am Eich, die zur Uferstraße wird. Später nach rechts in der Brückenstraße überqueren wir eine kleine Brücke. Die Stormarnstraße querend finden wir schräg gegenüber die Straße Lägerfeld. Kurz nach Erreichen des Friedhofs auf der linken Seite geht rechts ein Wirtschaftsweg ab, der uns zum Gut Domhorst bringt.

In der Feldmark Domhorst ist eine schöne, schon etwas in die Jahre gekommene Gutsanlage mit Pferdekoppeln und einem

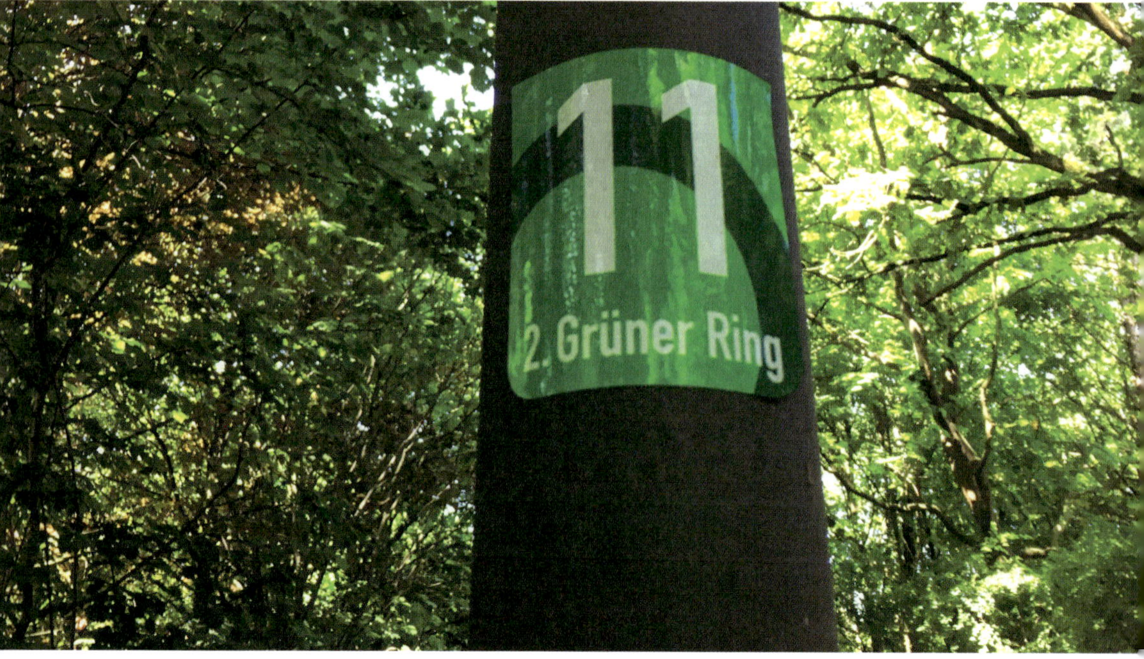

Wegweiser Grüner Ring

Mühlenteich. Nachdem wir sie durchquert haben, nehmen wir den Feldweg nach links bis zu seinem Ende am Havighorster Weg. Wir fahren links Richtung Glinde, biegen aber bei der ersten Gelegenheit rechts auf einen Fußweg entlang der Au ab. An dessen Ende queren wir die Au wieder über ein Brückchen und fahren dann nach links auf die Straße In der Trift. Wir passieren den ehemaligen Bahnhof der südstormarnschen Eisenbahn. Am Ende des Bahnhofsgeländes treffen wir auf die Avenue St. Sebastien.

Glinde Wenn wir jetzt eine Pause brauchen, biegen wir nach links zum Glinder Markt ein. Wenn es weiter zum Ziel gehen soll, fahren wir nach rechts, bis die Avenue eine deutliche Linkskurve macht.

Luftbild vom Öjendorfer Park mit seinem See

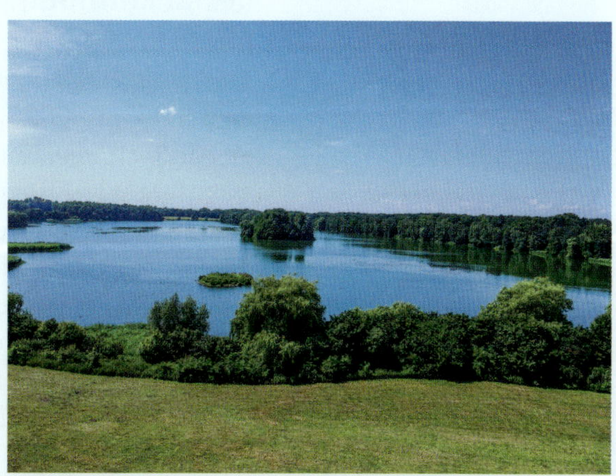

Durch den Wald nach Reinbek Geradeaus führt der Weg in einen Wald hinein, der begleitet wird von dem Gleis der Bahn. Das Gleis verschwindet bald nach links auf dem Gelände eines Gewerbeparks, hinter dem wir nach links einbiegen. Wir queren die Kreisstraße und fahren nach rechts versetzt, also fast geradeaus, in den Mühlenredder, bis sich später ein kleines Parkstück mit einem Teich auftut. Wir passieren den Teich auf der linken Seite und überqueren die Schönningstedter Straße für einen Weg zwischen den Häusern gegenüber. Vorsicht: Neben ein paar Stufen ist eine kleine Rampe. An der Einmündung in die Kückallee biegen wir links ab und fahren gleich die nächste wieder nach rechts: eine Sackgasse, die uns in den Wald bringt.

Tipp

Im Öjendorfer See kann man ein erfrischendes Bad nehmen und im Park auch gut lagern!

Im Staatsforst Im Wald kommen wir an eine Wegkreuzung und fahren dort nach rechts. Der Weg gabelt sich sofort: Wir nehmen den linken und folgen ihm, bis wir einen linken, abwärts gehenden Abzweig treffen, wo man schon die Unterführung der Bahngleise sehen kann. Auf der anderen Seite der Gleise halten wir uns rechts immer nah der Bahngleise. Oben an der Herzog-Adolf-Brücke angekommen, überqueren wir diese, fahren dann nach links in die Sophienstraße und sind damit nach wenigen Metern am Eingang zum S-Bahnhof.

30

In Hamburgs Norden

Eine Tour durch romantische Wälder und wilde Moore

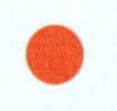
Mittel

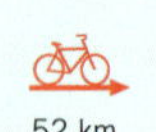
52 km

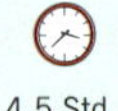
4,5 Std.

Tourencharakter
Rad- und Waldwege, Wirtschaftswege, Bahntrasse, Nebenstraßen

Ausgangspunkt
U-Bahn Ohlstedt; Lift vorhanden

GPS-Daten
53.694468, 10.137097

Endpunkt
S-Bahn Poppenbüttel; Lift vorhanden

Anfahrt
Mit der U1 zur Station Ohlstedt. Vom Endpunkt bringen uns die S1 und die S11 zurück in die Stadt.

Abkürzung
Auf der Bahntrasse nach Henstedt durchfahren und dort die Bahn nehmen.

Einkehr
Alte Rader Schule, www.raderschule.de; Café Reinhardt, www.cafe-reinhardt.de; Stock's Restaurant, www.stocks.de

Auf dieser Tour durch Wald und Feuchtgebiete erreichen wir eine Bahntrasse im Oberalstertal. Verschwiegene Wirtschafts- und Waldwege bringen uns ins Wittmoor. Über das Naturschutzgebiet Kupferteich, den Hohenbuchenpark und das Alstertal kommen wir zurück.

Durch den Wohldorfer Wald Am U-Bahnhof Ohlstedt müssen wir links unter der Bahnbrücke hindurch und finden auf der gegenüberliegenden Seite unseren Pfad. Wir weichen einem Schulhof nach links aus. Danach fahren wir rechts in die unbefestigte Straße Kupferredder, auf der wir bis zum Ende des Wohldorfer Waldes bleiben. Am Ende treffen wir auf das Herrenhausensemble am Kupferteich. Wenig später – die Straße heißt hier schon Herrenhausreihe – biegen wir nicht mit der Straße nach links ab, sondern nehmen den Weg geradeaus in den Duvenstedter Brook.

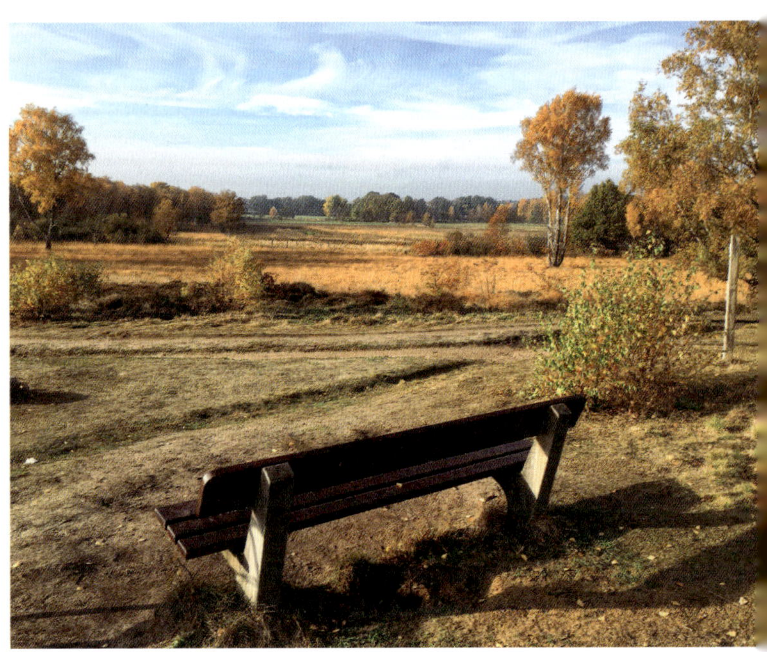

Bank im Naturschutzgebiet Wittmoor

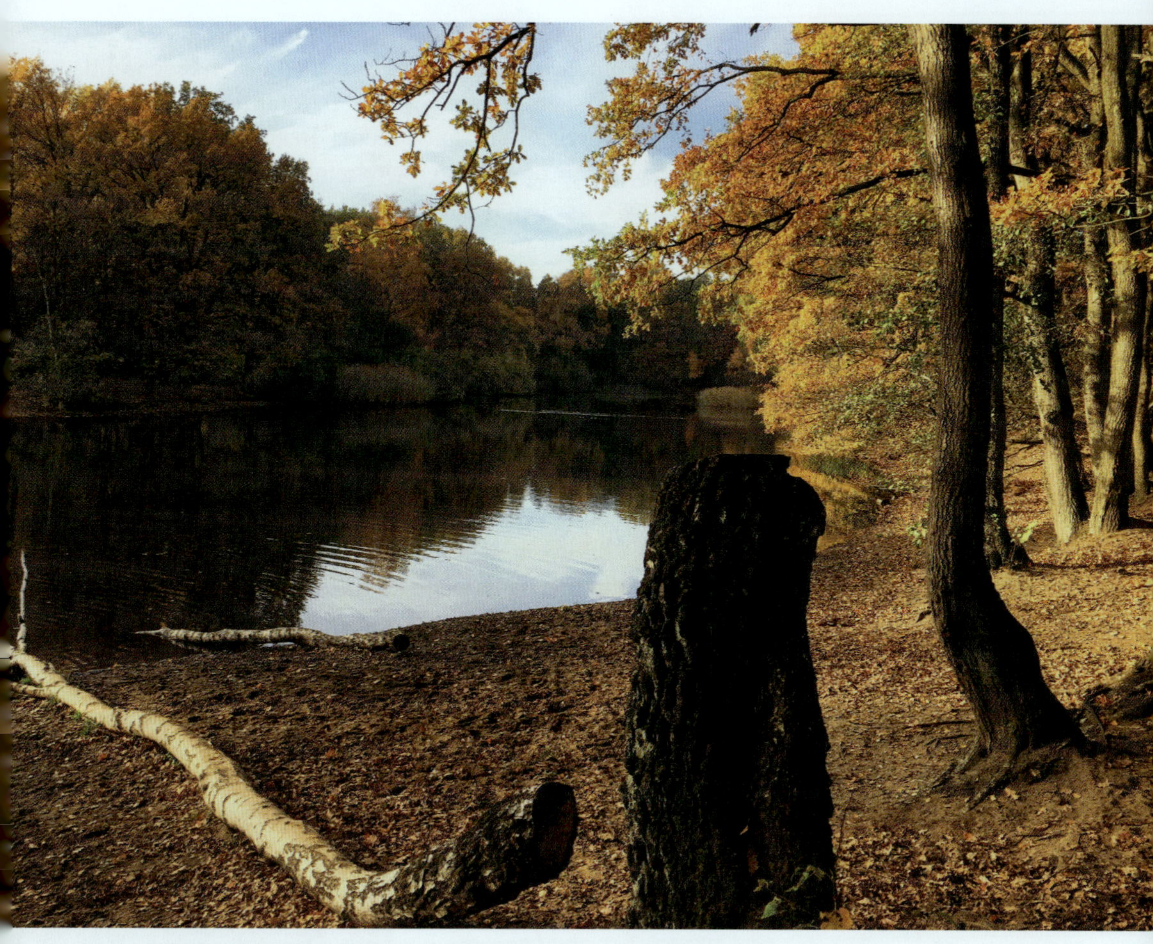

Der geheimnisvolle Kupferteich

In den Duvenstedter Brook Am Ende des kleinen Weges informiert das Infohaus des NABU über das zweitgrößte Naturschutzgebiet Hamburgs. Für eine etwas kürzere Tour fährt man hier geradeaus. Wir aber biegen rechts ab auf den Duvenstedter Triftweg, auf dem es sich herrlich rollen lässt. Nach dem Forsthaus biegen wir nach einem Rechtsknick links in den Langenreiher Weg ein und danach links in den Bültenskrugweg. Dieser nur kurze Schlenker durch den Duvenstedter Brook macht Appetit auf mehr. Am Ende des Brooks fahren wir nach links in den Wiemerskamper Weg. Am Rader Weg, in den wir rechts hineinfahren, treffen wir auch auf den Abkürzungsparcours.

Durch die Oberalsterniederung Der unbefestigte Rader Weg bringt uns zum Wulksfelder Weg, in den wir rechts einbiegen, um dann gleich wieder links in die Fortsetzung des Rader Wegs zurückzukehren. Nach dem Rechtsknick dieser Straße geht es sehr lange geradeaus, bis wir in Ehlersberg auf die B75 treffen. Vorher, am Rader Weg, sind wir am Restaurant Alte Schule vorbeigekommen, wo man hinten im Gastgarten eine kulinarische Pause einlegen könnte. An der B75 fahren wir auf einem Radweg ein kurzes Stück nach rechts, bevor wir nach 700 Metern nach links in den Krögersweg einbiegen. Am Ende erreichen wir das Gut Stegen mit seinem Hofcafé, das samstags und sonntags ab 12 Uhr geöffnet hat. Etwas versetzt führt der Weg auf der rechten Seite des Gutsgeländes weiter geradeaus: ein schöner Plattenweg, der uns zur Alster führt, die auf dem Weg zur Elbe hier gerade nach Süden abgeknickt ist. Rechts kommt bald das Gelände, auf dem in früheren Zeiten die Burg Stegen stand. Wir fahren jetzt geradeaus ziemlich einsam zwischen Feldern und alten Bäumen bis zu einem Rechtsknick, wo wir in der Kurve den zweiten Weg nach links nehmen und uns auch danach links halten. Um ein kleines Waldstück fahren wir wiederum links herum und kommen an einem Hof auf den Weg Nienrögen, der uns nach Nahe an die B432 bringt. An der Bundesstraße fahren wir nach rechts, um dann links in die Mühlenstraße mit ihrem geschwungenen Verlauf einzubiegen, die später in die Dorfstraße einmündet. Nach links Richtung Orts-

Der Rundweg um den Kupferteich

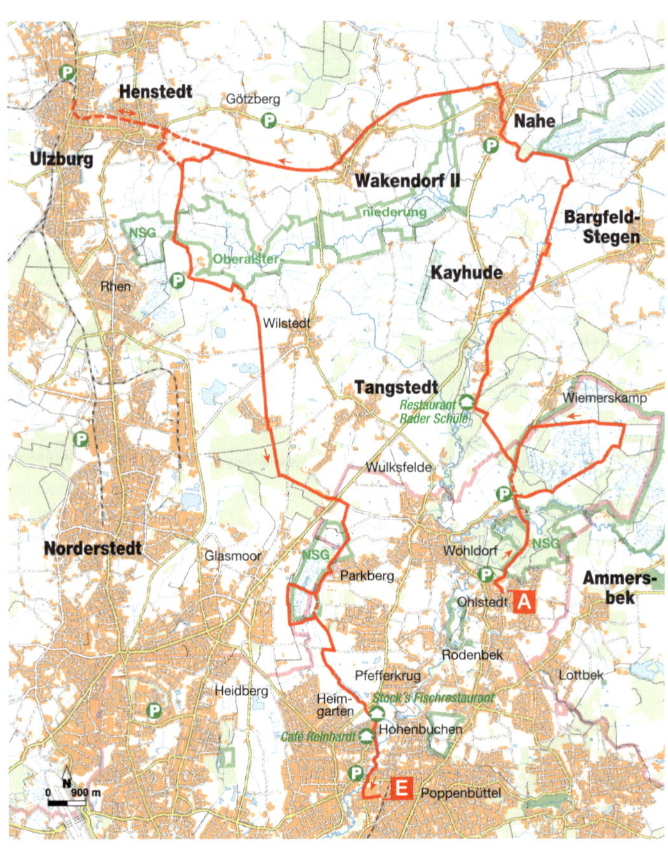

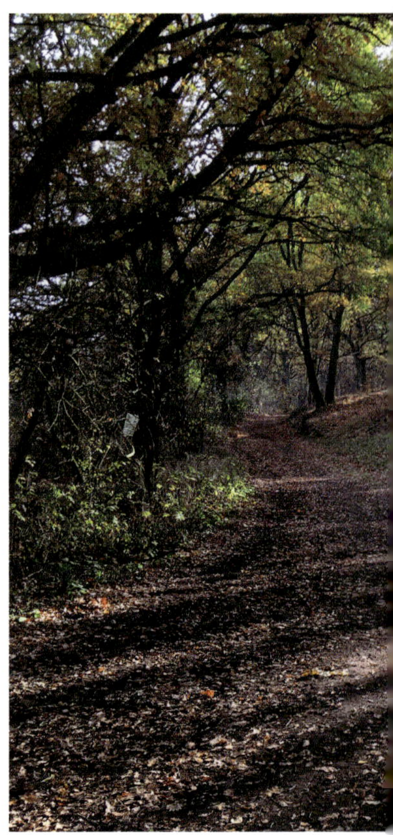

ausgang treffen wir bald auf die lauschige Bahntrasse, der wir nach links folgen.

Auf der Bahntrasse Die Bahntrasse führt uns etwas erhöht auf einem Damm durch die schöne Landschaft und lässt uns den Alsterzufluss Rönne überqueren. In Wakendorf geht die Trasse etwas links versetzt in der Straße Am Bahnhof weiter. Wir haben superschöne Ausblicke nach links und rechts. Ohne Pause in Henstedt verlassen wir nach weiteren 3,1 Kilometern die Trasse nach links (hinter Wakendorf die zweite Möglichkeit, die Trasse zu verlassen) und folgen einem geschwungenen Wirtschaftsweg, der bald von einem asphaltierten abgelöst wird, dem wir nach rechts folgen. Nach einer Linkskurve kommen wir zu einem Abschneider der uns nach links zum Wohldweg führt, dem wir nach links folgen, auch noch wenn er in der Verlängerung dann Hohnerberg heißt.

Durch Wald und Wiesen zurück nach Hamburg Auf einer Brücke überqueren wir die Alster kurz hinter ihrer Quelle: ein kleiner Bach, links und rechts in einer großen Niederung mit feuchten

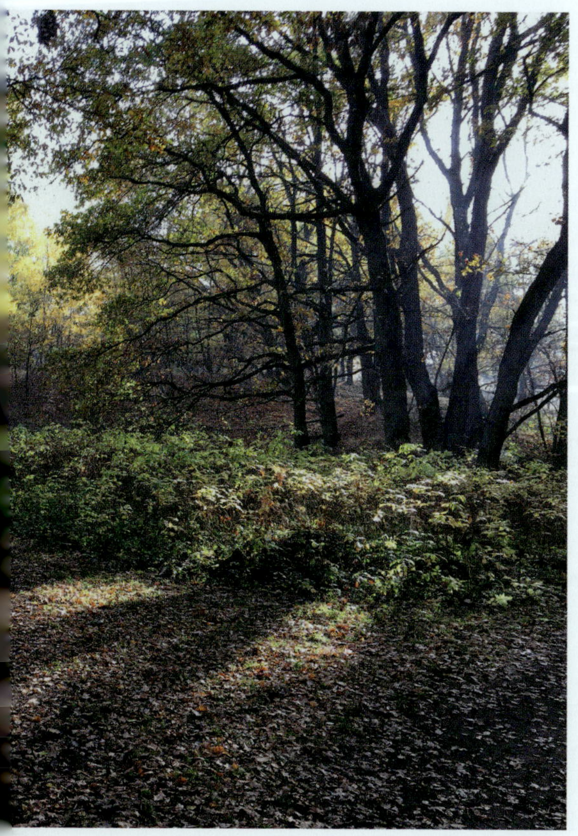

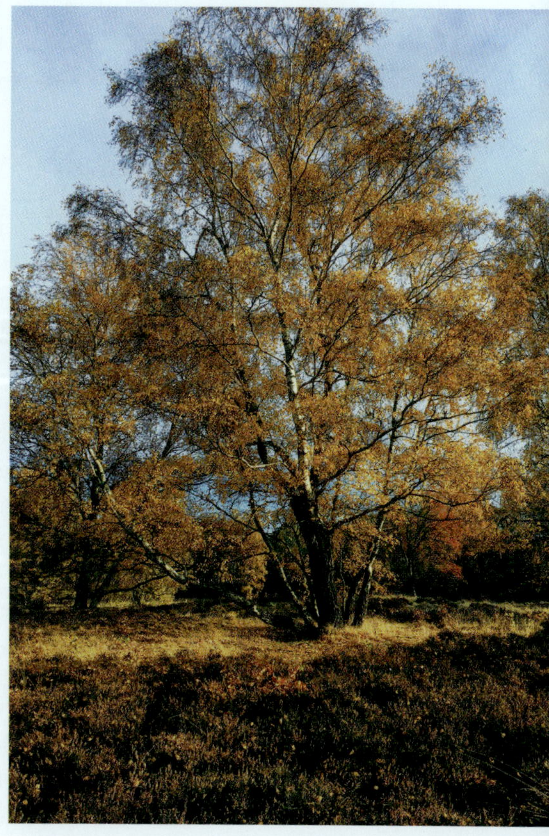

Herbstfärbung im Wittmoor

Wiesen, ein zu jeder Jahreszeit schöner Anblick. Am Ende der Straße biegen wir nach links ab in die Straße Hohenhorst und später wieder links in die Straße Togenkamp, die zum Henstedter Weg wird, der uns in einem geschwungenen Verlauf durch ein Waldstück bringt. Direkt dahinter biegen wir in Geradeausrichtung in einen unbefestigten Weg ab, der uns – drei Straßen querend – nach Wilstedt Siedlung bringt. Der Weg endet an der Waldstraße. Hier müssen wir jetzt aufpassen: Nur 50 Meter nach links, ziemlich versteckt, ist rechts ein kleiner Durchschlupf durch die erste Baumreihe des Waldes zu einem Weg, der die ersten 350 Meter etwas unbequem zu fahren ist wegen der Baumwurzeln. Dann aber ab der ersten Querung ist er sehr schön hergerichtet und breit und lässt sich geradeaus weiter gut fahren. Wir treffen auf einen breiten Querweg hinter einem Hundeauslaufgelände, biegen hier links ab und folgen dem Weg, der bald asphaltiert ist, in südöstlicher Richtung zur Segeberger Chaussee. Nach der Querung erreichen wir drüben den Puckaffer Weg, wo wir den Brunsteenweg rechts nehmen.

Tipp

Wer schon auf der Hälfte der Tour einkehren möchte, investiert sieben zusätzliche Kilometer und fährt auf der Bahntrasse weiter geradeaus durch bis zu ihrem Ende im Zentrum Henstedts. Zurück kommt man auf demselben Weg.

Im Wittmoor Jetzt nähern wir uns den sandigen Hügeln und den Feuchtarealen des Wittmoors. Wenn der Brunsteenweg sich gabelt, biegen wir links ein und fahren dann nach rechts am Fuße eines Hügels, der mit Birken und Heide bewachsen ist. Kurz müssen wir später doch noch den kleinen Hang hoch. Oben ist eine Bank zum Verweilen mit einem wunderbaren Ausblick. Wir behalten die Richtung bei: Der Weg führt an der Hügelkante entlang, vorbei an einer weiteren Ruhebank. Nun macht der Weg einen Linksknick und danach wenden wir uns nach rechts – wieder im Flachen. Der Weg würde jetzt immer geradeaus am Rande des Moorgebiets gehen. Es lohnt sich aber, etwas später nach rechts auf einem Dammweg durch das Moorgebiet zu fahren. Auf der anderen Seite geht es links an einer Gedenkstätte vorbei und dann am nächsten Weg nach links wieder zum geraden Parcours zurück. Ursprünglich aufgestellte Radverbotsschilder waren 2021 nicht mehr zu sehen.

Am Kupferteich zurück zum Alstertal Der Weg führt jetzt aus dem Moorgebiet hinaus zum Eichelhäherkamp, wo wir 250 Meter nach rechts fahren und dann über die Straße auf einen

Weg, der hier ins Naturschutzgebiet Kupferteich geht. Den großen Teich können wir links oder rechts umfahren. Er hat schöne Plätze zum Verweilen und sogar einen kleinen Strand. Am Ende des großen und des kleinen Teiches fahren wir einen Weg rechts vom Bach hinunter, der dann als Straße Kupferhammer an der Poppenbüttler Hauptstraße endet. Hier könnte man in Stock's Fischrestaurant einkehren oder weiter nach rechts ins Café Reinhardt mit einem Mittagstisch und netten Außenplätzen. Um unsere Tour abzuschließen, überqueren wir die Straße und finden gegenüber einen Weg in den Hohenbuchenpark. Nach einem Brückchen gabelt sich der Weg: Wir fahren rechts. Am Ende sind wir im Alstertal und folgen dem Lauf der Alster erst auf der rechten Seite, später nach einer Brücke auf der linken Seite. Kurz vor der Unterführung des Weges unter den Saseler Damm (Ring 3) führt links ein Weg hoch, der uns auf Straßenniveau bringt. Wir überqueren die Straße an der Fußgängerampel und fahren auf einem Weg links den Hügel hoch. Wenn er sich gabelt, fahren wir rechts auf dem Weg am Rand der Talkante. An der Kreuzung Kritenbarg geht es links die Straße hoch zum Busbahnhof und zur S-Bahn-Station. Hinter dem Busbahnhof befindet sich eine Rampe, die uns zum Bahnsteigzugang bringt.

Der Sumpf im Wittmoor

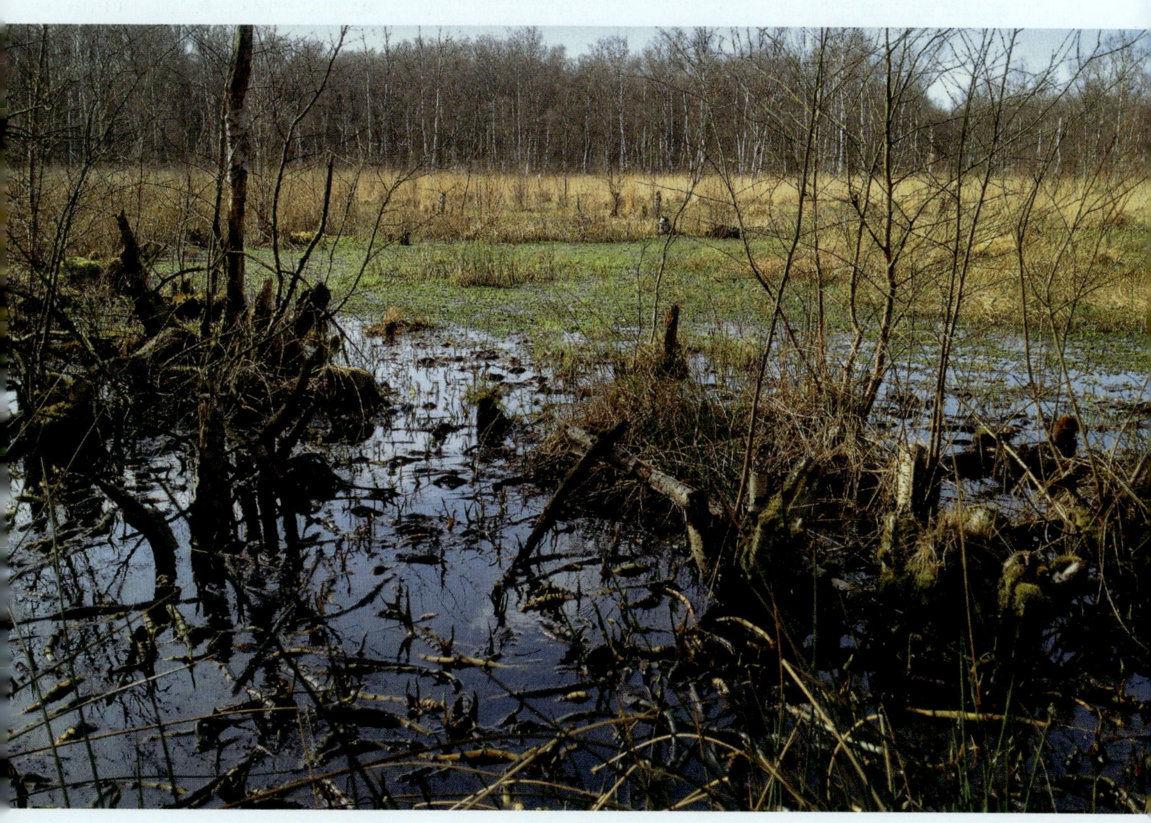

Für jeden Tag die richtige Tour

Nr.		Tour									
1	●	Einmal um die Außenalster	16 km	1,5 Std.	●	●	●	●			●
2	●	Große Inselrundfahrt	31 km	3 Std.	●	●	●	●			●
3	●	Rund um die östlichen Hafenbecken	34 km	3 Std.	●		●	●			●
4	●	Große Flughafenrunde	31 km	3 Std.	●	●			●		●
5	●	An Kollau und Tarpenbek	21 km	2 Std.	●	●			●		●
6	●	Von der Geest in die Marsch	55 km	5 Std.	●		●	●			●
7	●	Rundtour durch drei Moore	39 km	3,5 Std.	●				●		●
8	●	An Gose und Dove Elbe	45 km	4 Std.	●		●	●			●
9	●	An Osterbek und Seebek	27 km	2,5 Std.	●	●	●		●		●
10	●	An der Bille	32 km	3 Std.	●		●		●	●	●
11	●	Am Geestrand zur Glinder Au	25 km	2,5 Std.	●			●		●	●
12	●	An der Wandse	27 km	3 Std.	●			●		●	●
13	●	An Wandse und Berner Au	30 km	3 Std.	●				●	●	●
14	●	An der Osterbek	19 km	2 Std.	●	●	●	●			●
15	●	An Kollau und Mühlenau	25 km	2,5 Std.	●	●	●	●			●
16	●	An der Tarpenbek	35 km	4 Std.	●				●	●	●
17	●	An Elbe und Luhe	32 km	3,5 Std.	●	●		●			●

Nr.		Tour	Länge	Fahrzeit	Einkehr	kindergeeignet	Sehenswürdigkeit	viel Sonne	schattiger Weg	Baden	ÖPNV
18	●	An Este und Elbe	27 km	2,5 Std.	●	●		●			●
19	●	Vor dem Elbdeich/Süd	41 km	4 Std.	●	●	●	●			●
20	●	Der Elbewanderweg	23 km	2 Std.	●	●	●	●			●
21	●	Vor dem Elbdeich/Nord	50 km	4 Std.	●			●			●
22	●	An Krückau und Elbe	41 km	4 Std.	●			●			●
23	●	An der Alster	49 km	4,5 Std.	●				●		●
24	●	An Düpenau und Elbe	43 km	4 Std.	●				●		●
25	●	Die große Elbquerung	26 km	2,5 Std.	●	●		●			●
26	●	An Elbe und Engelbek	25 km	2,5 Std.	●		●	●		●	●
27	●	An Saselbek und Mellingbek	26 km	2 Std.	●				●		●
28	●	An Elbe und Seeve	35 km	3,5 Std.	●	●		●		●	●
29	●	Von Osterbek zur Glinder Au	35 km	3 Std.	●		●	●		●	●
30	●	In Hamburgs Norden	52 km	4,5 Std.	●			●			●

Piktogramme erleichtern den Überblick

Länge
Einkehr
viel Sonne
ÖPNV
Höhenunterschied
kindergeeignet
schattiger Weg
Fahrzeit
Sehenswürdigkeit
Baden

Nachschlag

Als gebürtiger Hamburger fand ich schon als Kind und Jugendlicher die motorverkehrsfreien Schleichwege spannend und bin sie in meiner Umgebung alle mit dem Fahrrad abgefahren. Später dann kam die große, weite Welt Westeuropas dazu mit ausgedehnten Radtouren – je nachdem, was die knapp bemessene Urlaubszeit hergab.

Besonders tiefe Erlebnisse waren die Zelt-Fahrrad-Ferien mit den Kindern, zuerst mit ihnen im Fahrradhänger. Als die Kinder groß und selbstständig waren, wurden es wieder Touren zu zweit und auch solo. Freunde drängten darauf, die Touren und Erlebnisse anderen zugänglich zu machen. So wurde die Idee des Radreiseblogs geboren (www.radreiseblog.blogspot.com), den ich seit 2012 betreibe. Und in diesem Blog wurde dann auch irgendwann die Rubrik Hamburger Erkundungen gestartet. Allein oder mit gleichgesinnten Freunden wurde ganz Hamburg durchforstet nach grünen Routen, die zu schönen Tagesradtouren führten. Dass jetzt der Bruckmann Verlag in seiner Reihe *Radtouren am Wasser* diesen Erkundungen mit einer Veröffentlichung einen breiteren Raum gibt, freut mich sehr:

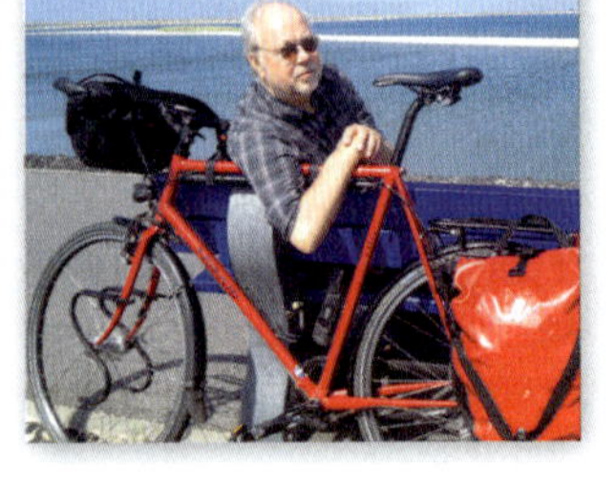

Herbert Rönneburg

Denn das grüne Hamburg ist einen (Rad-)Urlaub wert!

Ihr

Herbert Rönneburg

Register

In gleicher Reihe erschienen ...

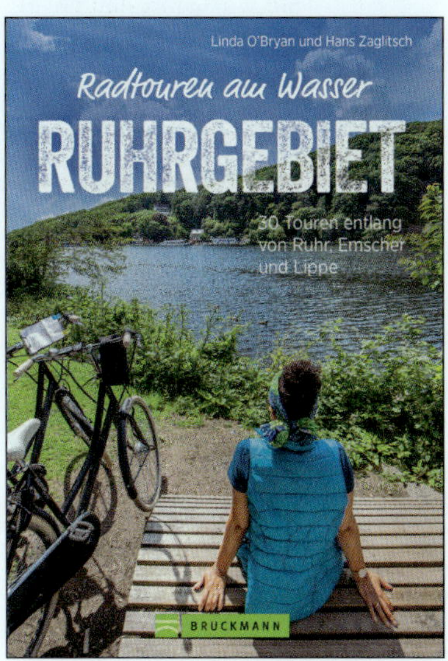

ISBN 978-3-7343-2005-7

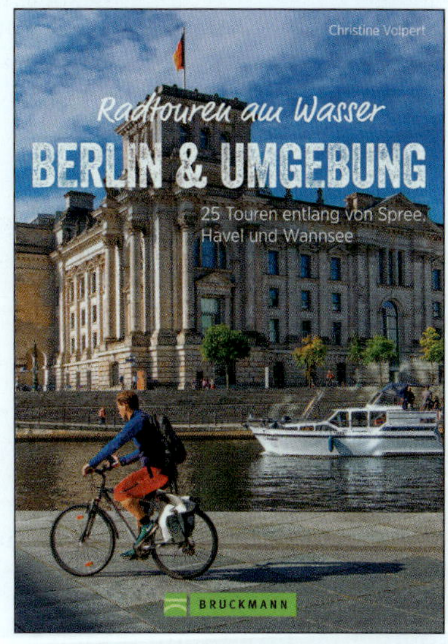

ISBN 978-3-7343-1317-2

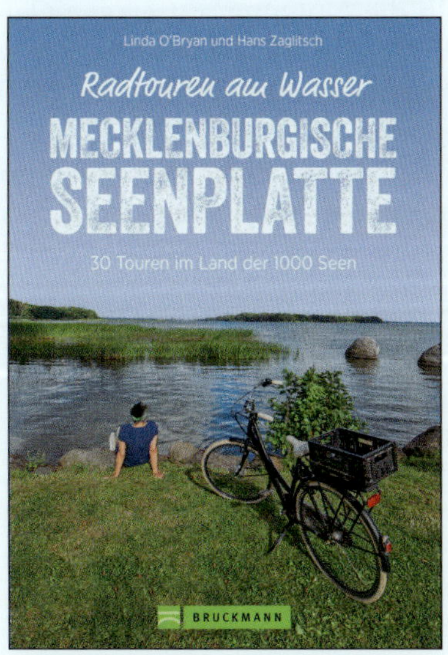

ISBN 978-3-7343-1850-4

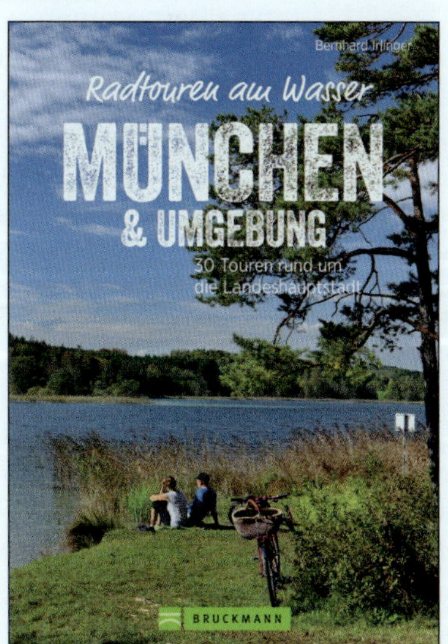

ISBN 978-3-7343-1851-1

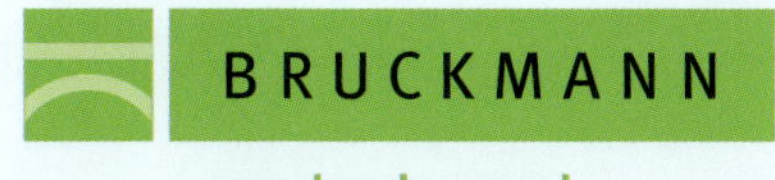

www.bruckmann.de

Impressum

Verantwortlich: Johannes Abdullahi
Redaktion und Lektorat: Christian Schneider
Layout: Eva-Maria Klaffenböck
Repro: LUDWIG:media
Kartografie: Bruckmann Verlag GmbH,
Heidi Schmalfuß
Herstellung: Alexander Knoll
Printed in Poland by CGS Printing

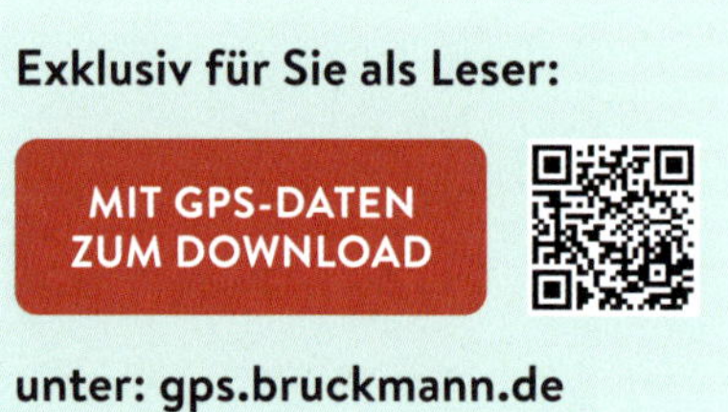

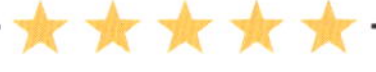

Sind Sie mit diesem Titel zufrieden? Dann würden wir uns über Ihre Weiterempfehlung freuen. Erzählen Sie es im Freundeskreis, berichten Sie Ihrem Buchhändler, oder bewerten Sie bei Onlinekauf. Und wenn Sie Kritik, Korrekturen, Aktualisierungen haben, freuen wir uns über Ihre Nachricht an den Bruckmann Verlag, Postfach 40 02 09, D-80702 München oder per E-Mail an lektorat@verlagshaus.de.

Unser komplettes Programm finden Sie unter 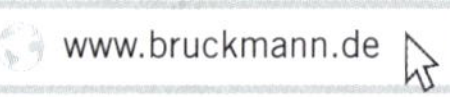

Alle Angaben dieses Werkes wurden von den Autoren sorgfältig recherchiert und auf den neuesten Stand gebracht sowie vom Verlag geprüft. Für die Richtigkeit der Angaben kann jedoch keine Haftung übernommen werden, weshalb die Nutzung auf eigene Gefahr erfolgt. Insbesondere bei GPS-Daten können Abweichungen nicht ausgeschlossen werden. Sollte dieses Werk Links auf Webseiten Dritter enthalten, so machen wir uns die Inhalte nicht zu eigen und übernehmen für die Inhalte keine Haftung.
In diesem Buch wird aus Gründen der besseren Lesbarkeit das generische Maskulinum verwendet. Weibliche und anderweitige Geschlechteridentitäten sind dabei ausdrücklich mitgemeint, soweit es für die Aussage erforderlich ist.

Empfehlung der Redaktion
Sie sind auf der Suche nach weiterführender Literatur? Dann empfehlen wir Ihnen den Titel *Deutschlands schönste Radfernwege* von Thorsten Brönner.

Bildnachweis
Alle Bilder im Innenteil und auf dem Umschlag stammen vom Autor mit folgenden Ausnahmen: S. 78: Sabine Petri-Wolff, www.sabine-petri-wolff.de
Umschlagvorderseite: An der Außenalster (shutterstock/Lina Zavgorodnia)
Umschlagrückseite: Elberadweg bei Glückstadt (Tour 21)

Die Deutsche Nationalbibliothek verzeichnet diese Publikation in der Deutschen Nationalbibliografie; detaillierte bibliografische Daten sind im Internet über http://dnb.d-nb.de abrufbar.

4. aktualisierte Nachauflage

ISBN 978-3-7343-1375-2